川陕革命老区振兴发展理论与实践研究

（第一辑）

主　编　刁永锋　陈　岗
副主编　朱德莉
编　委　李　维　兰　奎　陈熙隆

西南交通大学出版社
·成　都·

图书在版编目（CIP）数据

川陕革命老区振兴发展理论与实践研究. 第一辑 / 刁永锋，陈岗主编. —成都：西南交通大学出版社，2018.12
ISBN 978-7-5643-6665-0

Ⅰ. ①川… Ⅱ. ①刁… ②陈… Ⅲ. ①革命纪念地 – 区域经济发展 – 四川 – 文集②革命纪念地 – 区域经济发展 – 四川 – 文集 Ⅳ. ①F127-53

中国版本图书馆 CIP 数据核字（2018）第 290923 号

川陕革命老区振兴发展理论与实践研究
（第一辑）
主编 刁永锋 陈 岗

责任编辑 武雅丽
封面设计 原谋书装
出版发行 西南交通大学出版社
（四川省成都市二环路北一段 111 号
西南交通大学创新大厦 21 楼）
发行部电话 028-87600564 87600533
邮政编码 610031
网址 http://www.xnjdcbs.com
印刷 四川煤田地质制图印刷厂
成品尺寸 185 mm × 260 mm
印张 11.25
字数 240 千
版次 2018 年 12 月第 1 版
印次 2018 年 12 月第 1 次
书号 ISBN 978-7-5643-6665-0
定价 68.00 元

序

川陕革命老区位于川陕渝交界的秦巴山区，是中国古文明发祥地之一，处于长江与黄河之间，是我国地理的中心地带。土地革命时期，中国共产党领导的红四方面军在川陕边界建立的革命根据地，是土地革命战争时期第二大苏区。该区域包括四川省南充市、巴中市、广元市、达州市、绵阳市，陕西省的宝鸡市、安康市、汉中市、商洛市，以及重庆的城口县，区域内共有68个县（市、区），总面积15.7万平方千米。

由于受历史、自然、地理等多方面因素的影响，川陕革命老区经济发展相对滞后，自我发展能力弱、公共服务水平低、脱贫攻坚任务艰巨、生态环境保护压力大，是我国贫困人口最集中的连片贫困地区之一。

为支持川陕革命老区振兴发展与脱贫攻坚，确保老区人民同全国人民同步进入全面小康社会，2016年国家出台了《川陕革命老区振兴发展规划（2016—2020）》，吹响了川陕革命老区振兴发展的集结号，川陕革命老区迎来了振兴发展重大的历史机遇。

2017年四川省、陕西省分别公布了《四川省川陕革命老区振兴发展规划实施方案》《陕西省川陕革命老区振兴发展规划实施方案》，进一步明确了革命老区振兴发展、脱贫攻坚的具体举措和目标任务，对于支持川陕革命老区振兴发展，发挥区域比较优势，探索贫困革命老区全面建成小康社会新路子、进一步推进西部大开发、缩小区域发展差距，补齐扶贫开发“短板”等，具有十分重要的意义。

2017年6月，四川文理学院为服务国家战略需求，紧密结合《川陕革命老区振兴发展规划（2016—2020）》的要求，整合学校各级科研平台、各二级学院及相关职能部门的研究力量，成立了一个跨专业、跨学科的开放性研究机构和区域战略研究智库平台——川陕革命老区振兴发展研究院（以下简称研究院）。

研究院以《川陕革命老区振兴发展规划（2016—2020）》《四川省川陕革命老区振兴发展规划实施方案》为指导，坚持“创新、协调、绿色、开放、共享”的发展理念，通过项目申报、团队组建、论坛研讨、引进外智、院地合作等方式与手段，以问题为导向，密切关注区域各级政府实施振兴战略过程中的决策需求，以服务老区振兴发展为最终目的。

当前，如何广泛凝聚各方面力量，群策群力，加快川陕革命老区振兴发展已经成为亟待解决的重大课题。发展需要理论的支持和指导，研究院成立以来，召开了三届全国范围的学术研讨会，对川陕革命老区振兴发展的相关问题进行了深入的研讨。同时，研究院专兼职研究人员以前瞻性、针对性、储备性的视角，围绕川陕革命区域振兴的重点、热点和难点问题开展基础理论与应用对策研究，期冀为川陕革命老区振兴发展提供智力支持和社会服务。

本书收集了近20篇研究报告或论文，这些成果呈现以下三个明显特点。

一是研究内容丰富、研究范围广泛。本书在内容主题上划分为精准扶贫、产业发展、人才队伍、文化传承四个板块，对川陕革命老区振兴发展中众多问题进行了思考与探索。

二是研究视野宽广，研究方法独特。关注川陕革命老区的当代发展问题已引起专家学者强烈的思想共鸣，一些研究成果运用了文献研究、社会调查、比较研究等多种研究方法，开展了广泛的田野调查，研究成果具有较强的针对性、操作性。

三是研究时效性强烈，问题意识浓厚。以问题为导向，以现实发展需要开展精准研究，是学者发挥智库作用的基本要求，一些成果选题体现了川陕革命老区地方政府在振兴发展中的最新理念和发展定位，具有强烈的时代感，较好地处理了现实问题、学术研究与振兴发展实践的对接。

透过这些研究成果，我们能够充分领略到学者对川陕革命老区包含的深厚感情，也能够充分感受到学者对川陕革命老区加快振兴发展的迫切期待。

我们期盼以出版《川陕革命老区振兴发展理论与实践研究》论文集为契机，凝聚有志于研究川陕革命老区振兴发展问题的专家，共同推动川陕革命老区振兴发展研究走向深入，为川陕革命老区振兴发展献计献策；我们也希望本书出版能对相关问题的研究提供有价值的借鉴，对政府了解情况、正确决策提供有益的参考。

刁永锋
2018年12月

目 录

第一编 精准扶贫

第二编 产业发展

第三编 人才队伍

第四编　文化传承

第一编
精准扶贫

驻村“第一书记”精准扶贫效能提升研究

——以四川革命老区W市为例

兰　奎　王洪辉

（四川文理学院政法学院 四川达州 635000）

摘　要：驻村“第一书记”作为中央实施精准扶贫战略中的一项重要制度，是推动精准扶贫、精准脱贫和打赢扶贫攻坚战的重要抓手。驻村“第一书记”制度在宏观层面是党中央关于精准扶贫战略的顶层设计，微观层面是党的精准扶贫战略在基层的贯彻落实，驻村“第一书记”是精准扶贫、精准脱贫的一支先锋队，是攻克贫困的排头兵，其工作效能决定了能否实现全面建成小康社会的进度和实现脱贫攻坚的效度以及人民的满意度，关系党和政府在基层的公信力。以精准扶贫效能为视角，以四川革命老区W市驻村“第一书记”为个案，探讨W市驻村“第一书记”履行中央赋予的四项职责及精准扶贫效能。研究发现：多头管理交叉、交织，驻村“第一书记”后援单位实力的非均等性，不同贫困村、贫困户致贫成因问题的复杂性，驻村“第一书记”自身学历层次、专业特点、年龄、生活阅历的差异性，思维理念的局限性，工作能力的胜任力等，影响了驻村“第一书记”精准扶贫效能。据此得出研究结论：精准扶贫、精准脱贫，关键在人，要切实解决好“扶持谁、谁来扶、怎么扶、如何退的问题”，必须持续提升驻村“第一书记”的精准扶贫效能，把创新驻村“第一书记”思维理念、抓好驻村“第一书记”学习培训、加强驻村“第一书记”科学考核、强化驻村“第一书记”激励保障、明确驻村“第一书记”权力清单、强化驻村“第一书记”为民服务意识作为具体解决措施。

关键词：革命老区；驻村第一书记；精准扶贫；效能；路径

一、引言

党的十九大报告提出：“坚决打赢脱贫攻坚战，确保到2020年我国现行标准下农村贫困人口实现脱贫，贫困县全部摘帽，解决区域性整体贫困，做到脱真贫、真脱贫。”[1]从2013年11月习近平总书记首次提出“精准扶贫”战略至今已过去五年。在这五年里，从中央关于“精准扶贫”战略的顶层设计到省市县乡村各级落实，从政府主导到各行业、社会力量的协同联动，精准扶贫取得了显著成效。据统计，截至 2017 年末，全国农村贫困人口已从 2012 年末的 9 899 万人减少至 3 046 万人，累计减少 6 853 万人；贫困发生率已从 2012 年末的 10.2%下降至 3.1%，累计下降 7.1 个百分点[2]。

精准扶贫，关键在人，要明确解决“扶持谁、谁来扶、怎么扶、如何退的问题”。2015 年中共中央组织部、中央农村工作领导小组办公室、国务院扶贫开发领导小组办公室印发《关于做好选派机关优秀干部到村任第一书记工作的通知》（以下简称《通知》），要求各地选派机关优秀干部到党组织软弱涣散村和建档立卡贫困村任驻村“第一书记”，要做到全覆盖。形成中央、省、市、县四级书记协力抓扶贫的格局。姜洁（2017）预计党的十八大以来，全国共有 19.5 万驻村“第一书记”奋战在脱贫一线[3]。如此规模庞大的驻村“第一书记”队伍，在精准扶贫、精准脱贫和村级治理中发挥了哪些重要作用？其工作效能如何？当前，精准扶贫工作“已进入啃硬骨头、攻坚拔寨的冲刺期”，“到了攻克最后堡垒的阶段，所面对的多数是贫中之贫、困中之困”。同时，部分村已实现整体脱贫，完成了脱贫计划，如何防止“返贫”？如何确保扶贫的持续性和长效性？如何做好精准扶贫与乡村振兴战略之间的有效衔接？驻村“第一书记”在脱贫攻坚阶段所面临的一系列问题，该如何破解？这些问题既关系到 2020 年脱贫目标的顺利实现，更关系到后精准扶贫时代的乡村治理和国家提出的乡村振兴战略问题。

W 市是四川省的一个县级市，位于四川省东北部，地处川、陕、渝三省（市）结合部，大巴山腹心地带，境内高山峡谷占 80%以上，是国家扶贫开发重点县（市），属川陕革命老区的一部分，贫困量大、面宽、程度深。全市辖区面积 4 065 平方千米，辖 12 镇 41 乡，373 个村，总人口 60 万，其中，农村贫困人口 8.105 万人，占 13.5%，371 个行政村贫困村就有 170 个，占 45.8%，农民纯收入仅 5 873 元，贫困发生率高达 29.3%。2015 年 8 月 W 市选派了 180 名驻村“第一书记”，全部进驻各自对接的 180 个建档立卡贫困村、党组织软弱涣散村。据统计，全国深度贫困县中，有革命老区县 55 个。革命老区是脱贫攻坚的重点和难点。通过采用驻村“第一书记”口述史研究方法、观察法、调研法和资料收集法，先后走访了 W 市市委组织部、市扶贫移民局、部分乡镇主要领导、驻村“第一书记”、村委干部、贫困户等多个精准扶贫主体，深入了解驻村“第一书记”当前的履职情况和面临的困境。

二、文献回顾

驻村“第一书记”是中央实施精准扶贫战略中的一项重要制度。陈国申、唐京华（2015）指出，驻村“第一书记”在化解两委矛盾、干群矛盾，培养基层自治精神方面发挥了关键作用。使村党支部的工作走向了规范化，党员的素质得到了明显的提高，党组织焕发出新活力。加强了与村民的沟通，村务公开程度大大提高，村民与村两委的摩擦明显减少，村两委的服务型组织形象也逐渐开始明晰。制度完善了，程序规范了，公平、公正、公开也就有了保障，干群矛盾大量减少，村两委的凝聚力、公信力得以不断强化[4]。

杨芳（2016）分析了驻村“第一书记”在村庄治理变革中改变村庄治理的模式，形成国家支持、村委主导、村民参与的民主合作型的新的村庄治理格局，引发了治理主体的变革：由内生型转向嵌入型；治理目标的变革由维护到重建；治理方式的变革由权威到参与[5]。蒋永甫、莫荣妹（2016）以驻村“第一书记”产业联盟为案例，分析了驻村“第一书记”产业联盟具有突出驻村“第一书记”的带动作用，引导贫困村农民成立专业合作社，进行组织化、规模化生产，走产业化扶贫之路，驻村“第一书记”产业联盟实现了联盟资源与本村资源有机结合，提出增强驻村“第一书记”对当地农业产业化的带动效力[6]。

吴振华（2017）指出，职责定位把握难、能力素质匹配难、“双书记”关系协调难和村民预期难等“四难”问题是影响驻村“第一书记”作用发挥的根本症结。要更好发挥驻村“第一书记”作用，明确职责定位，做到有的放矢；把好选派关，加强岗前培训，做到精准选派；理顺关系，做到“双核驱动”；转变观念，做到“智志双扶”。[7]尹明星（2017）就如何促使第一书记更好发挥作用，提出“住下来”是农村第一书记开展工作的前提，“帮起来”是农村第一书记开展工作的核心，“连起来”是农村第一书记开展工作的关键，“带起来”是农村第一书记开展工作的目的，“严起来”是农村第一书记开展工作的保障[8]。刘刚（2017）就如何发挥驻村“第一书记”脱贫攻坚先锋作用提出加大宣传和培训力度，着力创新第一书记管理考核机制；选优配强村级党组织带头人，着力强化农村党员队伍管理；带头制定和落实基层制度，着力提升村级便民服务水平；培育发展集体经济，着力推动扶贫由“输血”向“造血”转变[9]。

王亚华、舒全峰（2017）对于驻村“第一书记”扶贫是否有用的问题进行了调查问卷和数据分析，分析认为，绝大多数的第一书记保持了乐观，有 95.92%的驻村“第一书记”认为短期内对于乡村发展而言有积极作用，但也有高达 20.41%的驻村“第一书记”认为只有一定的短期效果，在长期内则没有积极作用，还有 3.06%的驻村“第一书记”认为第一书记扶贫政策在一定程度上有消极作用[10]。陈婷婷（2017）认为，驻村“第一书记”的工作重心宜定位于增强贫困村内生性动力与能力，对现有的乡村领导班子的领导力进行重塑的基础上发展年青一代的优秀基层干部，赋予第一书记更多的资源和资源配置权[11]。

综上所述，学界关于驻村“第一书记”的研究是当前精准扶贫、精准脱贫工作的热点问题，为深入开展精准扶贫工作提供了理论参考。学界关于驻村“第一书记”的角色定位、价值作用、工作重心等研究成果较多，涉及驻村“第一书记”的精准扶贫效能方面较少，精准扶贫效能决定了脱贫目标的如期实现以及脱贫的满意度和脱贫质量。革命老区、高原藏区、乌蒙山区等深度贫困区域是脱贫攻坚的重点、难点，针对上述区域的研究成果较少。基于此，本文以四川革命老区为个案，并就驻村“第一书记”精准扶贫效能提升提出对策建议，以利于革命老区在脱贫攻坚阶段，进一步聚焦问题，充分发挥好驻村“第一书记”的先锋队、排头兵作用，全力打赢这场脱贫攻坚战，实现“真脱贫、脱真贫”。

三、精准扶贫效能内涵阐述

目前学界关于精准扶贫效能的研究，并没有给出统一的具体的定义。而是从不同角度、不同方式所做的理解。海特（Hitt，M. A.）、米德里米斯特（Middlemist，R. D.）和麦斯（Mathis，A.）认为：“效能是组织在一段时间内有效达成目标的程度。”世界著名管理学家、诺贝尔经济学奖获得者赫伯特·西蒙认为：“要提高效能必须有政策水平，战略眼光，卓绝的见识和运筹能力。”“效能”是指“事物所蕴藏的有利作用、事物的运作或活动所产生的积极结果”。[12]目前，国内学者对效能的研究，主要侧重于“政府效能”或“行政效能”，这方面的理论性研究成果较多。另外，地方政府也在通过开展主题活动的形式，探索“行政效能”的提升，积累了较多的实践成果。那么，精准扶贫效能的内涵是什么？精准扶贫效能是精准扶贫和效能两个概念的组合，关于精准扶贫，习近平总书记提到“六个精准”和“五个一批”，即“对象要精准、项目安排要精准、资金使用要精准、措施到位要精准、因村派人要精准、脱贫成效要精准”；“发展生产脱贫一批、易地扶贫搬迁脱贫一批、生态补偿脱贫一批、发展教育脱贫一批、社会保障兜底一批”。这“六个精准”和“五个一批”是对精准扶贫内涵的高度概括和提炼总结。关于精准扶贫效能，我们认为主要是针对精准扶贫工作在实现目标过程中，扶贫主体的政策执行力度，被扶贫对象的获得感、满意度，扶贫措施与根除贫困问题之间的契合度，确保决策目标实现预期效果的能力，以及达到的程度。精准扶贫效能是“在扶持对象、项目安排、资金使用、脱贫成效等方面做到最大限度地提高扶贫效率，驻村‘第一书记’以更高的积极性和求是精神，精准设计、整合、运作扶贫事业相关要素与环节，创新党建，强化班子，走党性法纪科学规律正道，多角度全方位界定整合优化脱贫工作，在规定的时限内，完成脱贫指标。”[13]驻村“第一书记”担负着精准扶贫、精准脱贫的重任，其效能关系着脱贫目标的如期实现。通过考量驻村“第一书记”的工作实践，以问题为导向，提出解决之策。

W 市自 2015 年 4 月向贫困村选派驻村“第一书记”，至今已三年时间，驻村“第一书记”的工作状况怎样？取得了哪些显著成效？以三年的 W 市政府工作报告为样本，梳理了 W 市三年来的精准扶贫工作成效。

《2016 年 W 市人民政府工作报告》指出：“扶贫攻坚成效显著。争取扶贫专项资金 2.45 亿元，发放精准扶贫支农贷款 9.96 亿元、小额担保贷款 7 861 万元。完成连片扶贫开发项目 6 个、整村推进项目 150 个，开展实用技术培训 50 万人次，转移农村富余劳动力 80 万人次。减少贫困人口 6.33 万人。”

《2017 年 W 市人民政府工作报告》提出，脱贫攻坚首战告捷。坚持精准原则，严格精准识别，做到精准施策，扎实推进“六个一批”和“10+3”专项行动，开展贫困群众实用技术培训 1 940 人次，提供公益性岗位 1 185 个；完成易地扶贫搬迁 1 133 户

3 722 人、农村危房改造 585 户；发放贫困寄宿生生活补助 968.47 万元；3 007 名建档立卡贫困群众实现贫困线和低保线“两线合一”；在全省率先开展农村困难群体新农合再保险试点工作，贫困群众新农合参合率达 100%。发放扶贫小额信贷 8 649 万元、产业扶贫项目资金 1 948 万元、产业扶持周转金 1 240 万元，实现精准减贫 13 547 人，顺利通过省、市考核验收和第三方评估。

《2018 年 W 市政府工作报告》指出，脱贫攻坚连战连胜。整合投入扶贫资金 4.1 亿元，新增产业、项目扶贫贷款 9 亿元，发放小额信贷 3.98 亿元。全年实施易地扶贫搬迁 15 016 人、危房改造 12 770 户、土地增减挂钩 6 500 户、人居环境改善 17 041 户，发展“五小庭院经济”10 363 户；新改建农村公路 82 条、供水工程 3 672 处、通信基站 52 个、村文化室和卫生室各 58 个，新开通宽带网络村 53 个，贫困群众生产生活条件得到极大改善。58 个贫困村顺利退出，2.193 6 万贫困人口如期脱贫，贫困发生率降至 5.6%。提出 2018 年要探索建立退出贫困村和脱贫示范户激励机制，确保 80 个贫困村退出，1.540 6 万贫困人口脱贫。

W 市精准扶贫工作取得成效，既是中央、省市的坚强领导，也是 W 市各级政府的全力主导、谋划决策，还有来自各社会团体、行业的协作帮扶。当然，还有驻村“第一书记”这个先锋队、排头兵的重要作用。本文以分别来自企业、政府部门、高校派驻在 W 市的三名驻村“第一书记”为个案，对他们这三年来的主要工作和面临的问题进行梳理分析，围绕驻村“第一书记”的四项职责展开探讨。

四、W 市驻村“第一书记”工作实践与效能分析

（一）建强基层组织

W 市三名驻村“第一书记”共同反映，刚到贫困村时，由于对村情、贫困户等各方面情况不熟悉，都一致选择了以党建为抓手，率先打开了工作局面。这种开局思路恰恰符合中央选派驻村“第一书记”的初衷，就是对村“两委”班子不健全的要协助配齐，着力解决班子不团结、软弱无力、工作不在状态等问题，防范应对宗族宗教、黑恶势力的干扰渗透，物色培养村后备干部；严格落实“三会一课”，严肃党组织生活；建设和完善村级组织活动场所、服务设施等，努力把村党组织建设成为坚强战斗堡垒。这也是中央赋予驻村“第一书记”的第一项职责。

按照上级要求，W 市三名驻村“第一书记”做好了“村委”班子换届，选优配强了“村委”班子。在换届选举中严格按照《中华人民共和国选举法》组织村民“一人一票”，禁止和杜绝“代票”，对部分村民选举意识淡漠，不关心选举，无视选举纪律进行了纠正。近年来，个别地方农村“村委”选举被操纵，据报道，“广东一团伙操纵村委会选举：每票给村民百元不等选票费”。[14]对选票实施买卖、拉票贿选、让他人“代票”等现象被频频曝光。驻村“第一书记”刘常青谈道：他驻村的“村委”班子在过

去换届时也有“拉票”“代票”“买票”的现象。比如，在选举前有候选人通过打电话或暗示，或投票付费等形式影响选举。“三会一课”也难于落到实处。党员参会、主动上缴党费的积极性不高，甚至部分党员的先进性、模范性不如群众。还有缺乏阵地、没有党员活动室，等等。如果这些问题不解决，党和政府的公信力就无法体现，长此以往，就会陷入“塔西佗陷阱”。习近平总书记指出，“东西南北中，党政军民学，党是领导一切的。”必须突出党在农村的核心领导地位，发挥好领导核心作用。精准扶贫、精准脱贫，关键在党、关键在人。驻村“第一书记”抓党建，无疑是抓住了主要矛盾，抓住了牛鼻子。“党建工作抓基础、管长远，有利于增强贫困村的造血功能。只有强基固本，把党支部这个战斗堡垒建好了，使党的领导核心作用发挥好，才能为精准扶贫等工作指明正确方向、提供坚强组织保障。否则，就算有再好的扶持政策、再多的扶贫资金，也不一定用得好，甚至可能滋生腐败。”[15]习近平总书记强调，“真正把基层党组织建设成为带领群众脱贫致富的坚强战斗堡垒。抓党建促脱贫攻坚，离不开驻村‘第一书记’这支先锋队。”笔者考察的三个村都很重视抓党建工作，以党建带动脱贫攻坚，完善制度，建立党员活动室，保障了阵地。

注重发挥老党员的示范作用，焕发起老党员的工作热情和激情。老党员在农村大部分德高望重，很受群众认可，由他们宣讲、解读党的扶贫政策和惠民政策，帮助协调解决扶贫攻坚中的复杂问题，传递了正能量，确实起到了很好的效果。但是，由于农村青壮年劳动力的大量外出务工，党员老龄化问题较为突出，甚至出现了“青黄不接”的现象。驻村“第一书记”李章提到，“村委班子年龄偏大，不懂电脑，不会使用网络等新媒体，甚至填表、写材料基本的文字能力都很吃力。驻村‘第一书记’在扶贫期间承担了大量的文字材料工作。”据统计，三个村的村支部书记和村委会主任都是65岁以上，村委班子成员也都是50岁以上。这些问题确实在未来很长一段时间很难改变，必须引起高度重视。否则，农村党组织建设一旦陷入“真空”，极易被宗教势力、黑恶势力渗透，危害农村社会安定和发展。驻村“第一书记”在任期内，既要团结带领村委班子建强基层党组织，又要做好后备人选的选拔培养，后备人选从哪里来？这是一大考验。如何发挥好党建的驱动力，以党建带扶贫；如何解决好利益驱动、经济驱动与党建驱动之间的关系；如何充分发挥好基层党组织在脱贫攻坚中的凝聚力、向心力，团结带领基层群众共同攻克贫困这个战斗堡垒，打赢脱贫攻坚战，这都是需要“第一书记”下大力抓的问题。目前，驻村“第一书记”以党建促扶贫、以党建带扶贫，通过党建驱动扶贫的方法措施还不够扎实，不够具体，效能发挥还不够明显。

（二）推动精准扶贫

推动精准扶贫是赋予驻村“第一书记”的第二项职责。重点是大力宣传党的扶贫开发和强农惠农富农政策，深入推动政策落实；带领派驻村开展贫困户识别和建档立卡工作，帮助村“两委”制定和实施脱贫计划；组织落实扶贫项目，参与整合涉农资金，积极引导社会资金，促进贫困村、贫困户脱贫致富；帮助选准发展路子，培育农民合作社，增加村集体收入，增强“造血”功能。

笔者调研的三个村的驻村“第一书记”在推动精准扶贫中的主要做法和存在的问题：

一是入村、入户调研，结合贫困村、贫困户的特点，制定了详细的脱贫实施方案。

二是针对贫困村的基础设施等硬件问题，主动对接上级部门，通过项目扶持，援助单位捐助等，筹集资金，完善了村级道路、农村水电管网、村委活动室、卫生室、文化室等建设。驻村“第一书记”在筹措资金时，其派出单位给予了大量支持，但由于派出单位自身资源的差异性和驻村“第一书记”个人专业不同，在具体实施过程中存在不均等性。比如，驻村“第一书记”刘常青的后援单位是央企，在金融贷款、融资等方面优势明显，刘书记结合自己的金融专业，注重发展产业扶贫，效果较好。驻村“第一书记”李章的后援单位是高校，他更多依靠教育资源开展教育培训、文艺演出等“文化惠民”活动，对解决“智”“志”扶贫有一定的优势。但在推动产业扶贫时难度较大，由于是政治学专业，缺乏系统的经济专业知识，引入市场扶贫、产品扶贫，思路和措施都不明确。座谈中，部分驻村“第一书记”、村民反映，“后援单位重视程度是影响精准扶贫效能的重要因素”。

三是实施产业扶贫，培育集体经济和农村合作社等合作组织。驻村“第一书记”刘常青在谈到产业扶贫时，提到“产业扶贫不适合所有的贫困村和贫困户，产业扶贫要持续、持久，必须做大，只有实行规模化经营，保证资金投入的不中断，降低风险，才能提升农民参与积极性”。而贫困户担心投入与回报不符，积极性不高。驻村“第一书记”张星讲到，“动员贫困户走养殖脱贫时，大部分贫困户觉得前期有修建圈舍等投入，见效时间长，后期销路等问题无法保证。甚至个别地方出现了上级单位送的鸡鸭牛羊，贫困户不是卖了，就是要求提供喂养饲料，甚至还提出资助修建圈舍等过高要求。”要激活贫困村的内生动力，真正从“外援”向“内生”转变，必须转变扶贫策略，通过以奖代补、以工代赈等形式，动员更多的农民风险共担，利益共荣，消除“等、靠、要”的思想。通过拉动项目支持，以扶贫资金奖励、补贴等倒逼机制，改变资金“植入”式扶贫，更多地以政策、项目来激发农民的内生动力，这也是后扶贫时代的转型路径。

四是实施教育扶贫，根除贫困的代际传递，把“扶智”与“扶志”相结合。驻村“第一书记”李章谈到教育扶贫时，提到“国家目前实施的九年义务教育和 W 市的中小学教育布点基本可以满足贫困村、贫困户子女的教育问题，但是职业技术教育、远程教育缺乏，要培养现代化、专业化的产业化农民还很难”。目前大学生就业形势的不乐观，尤其是有些大学生每月工资还不及在工厂搬砖者的工资，“读书无用论”一时在农民中泛起，教育的长期投入等也影响了教育扶贫的效果。

五是贫困村、贫困户需求的差异性，要因贫施策。在调研中，三个贫困村由于所处地理位置不同，他们的脱贫需求也有差异。比如，在山上的贫困村、贫困户首要需求就是村道路入户、水电网入户，帮助销售农副产品。而在山下路边的贫困户则希望能就近就业，希望能从事养殖、种植，走产业化经营的路子，还有众多贫困户除了共性贫困之外，也有不同的个性需求。

六是呼吁政策长效扶贫。三位驻村“第一书记”都谈到，国家“精准扶贫”政策在革命老区确实发挥了重要作用，如同改革开放初期，国家对沿海的开放政策，政策扶贫保证了脱贫的持续性。建议国家继续加大政策扶贫力度，延长对深度贫困地区的扶贫政策，通过配套的扶贫政策，加上社会保障体系的完善，建立健全风险预警体系，堵住“返贫”的最后关口。其实，精准扶贫成效不仅看扶贫的数量，更注重扶贫的质量、脱贫后不返贫，防止陷入“全面小康”陷阱，是推动精准扶贫工作必须高度重视的问题。如何从注重完成脱贫计划到重质量、讲实效？如何从注重外部帮扶向外部帮扶与激发内生动力并重转化？这些问题是脱贫攻坚和精准扶贫转型升级所面临的新问题，对驻村“第一书记”在脱贫攻坚阶段有没有前瞻性和战略性思维提出了挑战。

（三）为民办事服务

“为人民服务”是我党的根本宗旨，一切为了人民，一切依靠人民，一切服务于人民，也是驻村“第一书记”的应尽职责。据调研了解，以前“村民反映的办事难”得到了极大的改善。驻村“第一书记”针对为民办事服务存在的问题，协调上级部门，做好服务的“延伸”。主要做法：

一是建议将公益性强、公众关注度高的职能部门纳入乡镇服务中心大厅，实行集中式办公、一站式服务。W 市部分乡镇结合当地赶集的习俗，合理调整了办事时间。比如，之前老百姓一般选择赶集时去乡镇上办事，如果恰遇周末就找不到人，办不了事。部分乡镇根据当地赶集日期调整了办事时间，安排专人值班延时服务，解决为民办事的效力。

二是便民服务延伸到村一级，设立了村级便民服务代办点，将农民建房审批、迁转新上户口、低保补助申报、计划生育、农村合疗纳入代办服务内容，并实行村干部代办制，提升服务效能，降低群众办事成本。

三是利用好网络服务。结合互联网+、APP 客户端，提升服务的便捷。随着互联网技术的普及，开通微户政办理户籍、APP 预约挂号、12306 购买火车票，等等，打通了联系服务群众“最后一公里”。

据笔者调查了解，在驻村实践中，最让驻村“第一书记”牵挂的就是五保户、残疾人、农村空巢老人和留守儿童，这些群体是最弱势的群体。随着中国步入老龄化社会，养老问题成为一大难题。长期以来，农村“养儿防老”“居家养老”模式被打破，虽然当地政府也在探索“政府养老”和“社会养老”并重，但由于老年人的心理担忧，离开长期生长的环境，缺少熟人沟通交流等，而不被大多数老年人接受，养老问题仍是农村的难题。目前，乡村一级还没有建立养老院。下一步，在村一级探索建立养老院，或者建立养老联盟，建立村级老年协会等组织，实行互助式养老可能是解决农村养老问题一个较好的办法。既可以解决老年人不愿意离开长期生长的环境，希望有熟人沟通交流的问题，同时还可以解决一部分农村妇女的就业岗位，实现资源的共建共享。再就是留守儿童的管理和教育问题。关于留守儿童问题在学界已有很多研究成果，社会关注留守儿童问题已有近 20 年，但至今留守儿童问题还是没有得到根本的解决。笔者调研的 W 市部分贫困村，还存在大量的留守儿童，对这些群体的关爱和教育，要引起重视。比如由于缺少关爱而产生的自闭症，因为教育条件限制而产生的厌学、辍学等。阻隔贫困的代际传递措施还要细化和具体，并且有更强的操作性。为民服务落到实处，就是做到服务精准、服务到人。目前农村的“一老一少”两大弱势群体的问题需要驻村“第一书记”在帮扶中给予更多的关注，要思考更加有力的解决之道。要因事施策，提出切实可行的思路和可操作性的方案。

（四）提升治理水平

实施“精准扶贫”战略是消除农村整体性贫困的伟大创举。党中央一声号令，全国各行业、各单位、各部门，来自不同单位、不同学科背景的驻村“第一书记”、扶贫干部、志愿者奔赴贫困一线，送钱、送物，出人、出力，在强大国家的动员下，再一次体现了社会主义制度的优越性，体现了国家集中力量办大事、解决难事的能力。对长期以来习惯了“日出而作，日落而息”小农生活的农民来说，精准扶贫改变了他们的生活状态。精准扶贫工作对于村级治理也提出了挑战。在村一级，同时存在上级政府、派驻单位、扶贫协作单位、驻村“第一书记”、扶贫干部、村委干部等多元主体，多元主体之间如何协同？如何进一步推动完善村民自治机制，提升村级治理能力，都摆在了村委和驻村“第一书记”面前。座谈中，有乡镇干部、驻村“第一书记”谈到，“上面千条线，下面一根针”，多头管理、交叉管理，上级各部门之间缺少协作、统一，导致基层要疲于应付检查、重复开会、重复做材料、填报表，陷入了复杂的日常事务中。还有脱贫项目“嗷嗷待哺”，扶贫资金长期趴窝不动……

服务作风不严不实，实际难题不管不问，政策执行就会出现“两种温度”：上级温度高、决心大、力度大，到了基层温度层层递减、力度绵软无力。[16]

在与驻村“第一书记”刘常青座谈时，他谈道：“刚到村时，满怀激情，扮演着领导者的角色，认为自己是驻村‘第一书记’，就应该冲锋在前，决策在前。殊不知，对农村的情况没有摸清楚，搞熟悉，对存在的村情、民情没有了然于胸，很多决策得不到贯彻落实，或者部分决策不符合具体实际，老百姓配合度不高，工作推进不力。”角色定位的错乱也影响了精准扶贫效能。但是，随着工作的深入，对问题的全面掌握，驻村“第一书记”的角色定位也由领导者转向了辅助者、监督者、参与者，增进了与村委班子成员的协作共事，协商解决扶贫难题。驻村“第一书记”刘常青在谈到近三年来的驻村扶贫工作时，说自己收获很大，由过去对农村的了解停留在宏观上、理论上，浮在表面上，而现在对农村的了解是深入到了骨子里。驻村“第一书记”围绕提升村级治理水平做了种种时事：

一是指导完善村规民约的修订。村规民约是农村的“小宪法”，也是一部村民自治的“软法”，依法治理，依法办事，增强村民的法治意识，是建设法治国家的重要一环。长期以来，村民法律意识淡薄，违法的事件屡屡发生，当个人权益受到损害时不是首先拿起法律的武器来维权，而是采取“你打了我，我就打回去”“以牙还牙”的办法，甚至出现暴力抗法，不利于农村的和谐稳定。

二是进一步倡导公平、公正、公开。贫困户的精准识别，大家都看在眼里，谁贫、谁不贫，他们内心也都有一杆秤，驻村“第一书记”在精准识别时切实做到信息的对称传递和公开，让大家来评判，来监督，“只有让群众起来监督我们的工作，工作才更有生命力”，这是驻村“第一书记”的共同心声。但是，由于人力有限、信息的不全面性，精准识别的具体操作难，甚至有个别人想方设法套用国家的扶贫政策，这样一方面加大了公平难度，另一方面也引起了新的矛盾。比如，驻村“第一书记”张星谈到，“有的村民有儿有女，甚至儿女在城里也有车有房，但是对老人实行户口剥离，也不管不顾老人的生活起居，老人独自住在农村，基本丧失了劳动能力，没有固定的生活来源，住房、医疗等无法保障。”对贫困户认定时，对收入识别过于精确，过于量化，没有一定的弹性区间，也造成了今天不是贫困户，明天因病、因事，又成了新的贫困户的“脆弱性贫困”现象。这些问题看似是精准扶贫的具体问题，但也关系到治理的水平问题。

党的十八届三中全会提出：“全面深化改革的总目标是完善和发展中国特色社会主义制度，推进国家治理体系和治理能力现代化。”通过实施精准扶贫战略，推动新型农村治理结构的重塑，是驻村“第一书记”扶贫的重中之重，关系到后扶贫时代的农村振兴。在与部分乡镇干部、村委干部、贫困户座谈时，他们谈到，“驻村‘第一书记’在如何加强村级治理现代化还没有明显的思路，关于农村治理，基本维持现状。”农村所有问题的核心都是围绕农村的治理，怎么治理？由谁治理？党的十九大提出了乡村振兴战略，2018 年中央 1 号文件专门针对实施乡村振兴战略进行了安排部署。习近平总书记从战略和全局的高度提出：“实施乡村振兴战略，要推动乡村产业振兴，推动乡村人才振兴，推动乡村文化振兴，推动乡村生态振兴，推动乡村组织振兴。”[17]目前学界也有很多的研究成果支撑。针对农村治理问题在与驻村“第一书记”座谈时，他们认为“当前农村治理还是维持现状”。至于结合村情、民情，结合时代特征，在完善村民自治机制的基础上，如何创新治理模式？他们反映“确实还没有考虑太多，工作重心都是在基础设施建设和经济脱贫上”。

驻村“第一书记”作为中央在实施精准扶贫战略中的一项制度，在基层得到贯彻落实，发挥了重要的作用。但由于多头管理交叉、交织在一起，后援单位实力不均等，不同贫困村、贫困户各自问题复杂，驻村“第一书记”自身学历层次、专业特点、年龄、生活阅历的差异，思维理念的局限、胜任力，以及基层扶贫的长期职业倦怠等，驻村“第一书记”的激励制度还需要进一步优化和完善。驻村“第一书记作为外在力量嵌入乡村社会，其与农村干部、农民的内部关系是开展工作的重要基础，对帮扶绩效产生最直接的影响。贫困村村民的贫困程度、贫困原因各不相同，使得第一书记得到村民信任和认可的难度相对较大，最终在很大程度上影响扶贫工作绩效。”[18]这些问题都影响到了驻村“第一书记”精准扶贫的效能。

五、W 市驻村“第一书记”精准扶贫效能提升对策建议

（一）创新驻村“第一书记”思维理念

习近平总书记强调，“打好脱贫攻坚战，关键在人，在人的观念。”驻村“第一书记”要革除旧有的既定看法和思维模式，以新的视角、新的方法和新的思维模式，形成新的结论或思想观点，进而用于指导新的实践过程。“驻村第一书记扶贫本质上是以增加农村基层领导力资源供给为突破口，实现中国农村公共事务的‘良治’。”[19]国家实施的“精准扶贫”战略，是针对农村贫困问题的一次治理变革，或者说是治理的流程再造。俞可平（2014）认为，“有效的治理涉及三个基本问题：谁治理，如何治理，治理得怎样。”[20]这三个问题实际是阐释了治理体系的三大要素，即治理主体、治理机制和治理效果。中央对选派的驻村“第一书记”赋予了“提升治理水平”的工作职责。那么驻村“第一书记”作为治理主体之一，就要以贫困问题为导向，围绕脱贫这个治理目标，提出对策，从而实现治理效果。要把治理理念变为驻村“第一书记”的思维理念，在精准扶贫与基层治理有效衔接中，使治理理念实现深层次的嵌入。同时，要认真贯彻执行“五位一体”总体布局和“五大发展理念”，把绿色发展理念贯彻到精准扶贫工作中去，坚决杜绝在扶贫过程中富了村民，却污染了山川河流，切实树立“绿水青山就是金山银山”的绿色发展理念。精准扶贫工作要紧紧围绕中央提出的乡村振兴战略出点子、做方案，要把乡村振兴作为脱贫攻坚的新理念。习近平总书记强调，“发展理念是发展行动的先导。发展理念不是固定不变的，发展环境和条件变了，发展理念就自然要随之而变。”[21]治理理念也要根据发展理念的变化，发展环境的变化而变化，要围绕精准扶贫和乡村振兴，重塑治理结构，要引导村委干部、村民在精准扶贫中真正转变思维理念。思想是行动的先导，只有解决了贫困的深层次思想问题，想通了、会想了、能干了，才能从贫困的深处走出来。驻村“第一书记”要在脱贫攻坚中，把提升精准扶贫效能和乡村治理能力现代化作为脱贫攻坚的两个“抓手”，抓牢、抓实，抓出成效。

（二）抓好驻村“第一书记”学习培训

“学习是前进的基础”。习近平总书记强调，“要突出抓好各级扶贫干部学习培训。对基层干部，重点是提高实际能力，重点是培育懂扶贫、会帮扶、作风硬的扶贫干部队伍。”[22]驻村“第一书记”大多来自上级机关或各单位职能部门，在本部门内可能业

务技能很过硬，但面对精准扶贫工作的复杂性、艰巨性，仅靠老本行是难以应对的。因为驻村“第一书记”“水土不服”，四川省某市宣布召回、调整 241 名履职不力的贫困村党组织驻村“第一书记”，占全市 828 名派驻总数的 29%[23]。要定期和不定期对驻村“第一书记”实施培训，一方面提升驻村“第一书记”的业务技能，另一方面对驻村“第一书记”在精准扶贫中遇到的问题及时“诊治”，“对症下药”。驻村“第一书记”的业务培训要常态化、制度化，且培训形式可以多元化。一是可以采取集中轮训的形式，由专家授课，宣讲精准扶贫和乡村治理的政策及贯彻落实国家关于精准扶贫的新思想、新要求。比如，加强对十九大精神关于精准扶贫的内容、乡村振兴战略，中央 2018 年 1 号文件的宣讲和解读，使驻村“第一书记”与党中央保持高度一致。二是采取集体研讨的形式，召开县、乡、村三级书记研讨会，共同研讨本区域内精准扶贫重点、难题问题，共同制定本区域内脱贫攻坚实施方案，做好区域内精准扶贫的顶层设计。三是采取建立驻村“第一书记”联盟的形式，充分借鉴互联网+，建立驻村“第一书记”微信交流互动平台，以案例分析、经验交流等研讨解决扶贫中的共性问题，互相交流在脱贫攻坚中的经验，达到相互学习、相互借鉴，实现资源共享。四是组织驻村“第一书记”到脱贫攻坚先进示范区参观考察，观摩学习，拓展驻村“第一书记”的思路，开阔眼界。

（三）加强驻村“第一书记”科学考核

“通知”明确了驻村“第一书记”参加派出单位年度考核，由所在县（市、区、旗）党委组织部提出意见。四川省提出驻村“第一书记”的集中考核，按照“述职测评、综合研判、等次确定”三个步骤进行考核。

考核是风向标、是指挥棒，只有制定科学的考核办法，把驻村“第一书记”的职责、效能考出来，考出效果，才能激发驻村“第一书记”扶贫的积极性、责任感、荣誉感。一是驻村“第一书记”派出单位要与管理单位联合成立考核组，完成预期目标的过程性考核和结果性考核并重，突出驻村“第一书记”的工作效能考核。二是探索实行第三方考核，在三方评估时，可以把对驻村“第一书记”的精准扶贫效能考核纳入其中一同考核。三是围绕驻村“第一书记”的四项职责，制定配套的考核办法。要把基层党建作为考核的第一要素，“驻村‘第一书记’所在的基层党组织强不强，直接影响脱贫攻坚决策部署落得实不实。第一书记只有融入所在党支部，带动班子，才能更好发挥力量。”[24]以科学的考核激发驻村“第一书记”的内生性动力。“纪检部门要对第一书记强化日常考评和绩效问责，对履职不到位、工作不得力的进行约谈、调整或召回。”[25]同时，派出单位要注重对驻村“第一书记”考核结果的运用。做到考核与使用相结合，考核与履职的动态监测相结，以考核促效能提升。

（四）强化驻村“第一书记”激励保障

激励理论早期出于对“需要”的研究，是组织行为学中处理动机、目标和行动的相互关系的核心理论，合理运用可以有效激发和强化人们的内心活动，是提高工作满意度的重要理论基础。根据西方激励理论研究，可以分为三种理论形式，分别是内容激励理论、过程激励理论和综合激励理论，每种激励理论的内容和侧重不同。激励水平越高，完成目标的努力程度和满意度也越强，工作效能就越高。“差异化激励理论认为，没有普遍适用的激励模式。任何激励都是针对人的激励，都是为了满足人的需要，激发人的潜能，实现人的价值和目标。激励机制和激励方法的运用，没有一成不变的模式可循，要因时因地因人而异。”[26]在强化驻村“第一书记”激励时，要注重多种激励的组合使用。

一是对驻村“第一书记”的激励要根据驻村“第一书记”对象的不同，提出有针对性的激励措施，注重物质激励和精神激励并重。在物质激励中，派出单位要通过适当提高驻村“第一书记”的补贴标准，改变“包干式”补贴机制，实行“报账式”补贴，针对区域不同适当提升补贴标准。在职称、职务晋升方面针对驻村“第一书记”配套具体可操作的措施，改变笼统的提法，真正把关心爱护驻村“第一书记”落到实处，做好驻村“第一书记”的坚实“后盾”。只有派出单位对驻村“第一书记”重视了，让他们有了依靠，才能让驻村“第一书记”无后顾之忧，轻装上阵，冲锋在脱贫攻坚第一线，化激励为力量。在精神激励中，各级宣传部门要通过“大力宣传优秀典型事迹，推广成功的扶贫经验和做法”[27]，组织部门可以探索向优秀的驻村“第一书记”授予“终身荣誉村民”称号，“优秀驻村‘第一书记’”称号等，增强驻村“第一书记”的责任感、成就感、荣誉感。

二是在制定激励措施时，要结合驻村“第一书记”特点，针对不同年龄、不同行业、不同需求，实行分类化激励与多元化激励并重，制定“套餐式”激励模式。

三是在制定激励措施时，注重定性和定量的有机结合，注重上级指导与各单位自主激励有机结合。

四是依托老区本土红色资源、红色文化的思想引领，激励驻村“第一书记”向革命先烈学习，激励驻村“第一书记”在脱贫攻坚中战胜困难、不屈不挠，为实现脱贫目标勇于奋斗的决心和信心。

五是对表现优秀和能力突出的驻村“第一书记”，可以打破身份界限，就地留任或提拔重用。

目前，据了解，还没有哪个地方探索实施了驻村“第一书记”的留任制，这是一大遗憾。驻村“第一书记”在基层工作两三年后，积累了一定的农村基层工作经验，再结合之前在机关职能部门的业务技能和眼界、学识，能进一步夯实地方人才资源短缺这个“短板”。市、县一级组织部门要转变观念，突破用人障碍，改变单一的公开招考、公开选拔等用人渠道，拓宽用人视野。对于在精准扶贫中成长起来的驻村“第一书记”，要有率先发现、率先培养、率先使用的勇气和胆量。对于县级职能部门、乡镇有空编、有领导职数空缺的岗位可以优先向驻村“第一书记”招考、选拔，为驻村“第一书记”提供更多的空间和平台，激励驻村“第一书记”在地方成就一番事业。“弗鲁姆的期望理论认为，人们对从事某项活动能够得到的满足感和自己能否胜任这项工作的评价存在差异，因此一项工作给人带来的激励取决于人们对工作结果的价值评价与期望值的乘积，即：M=V×E(M-motivation 表示激励，V-value 表示价值评价，E-evaluation 表示期望值)。该公式表明假如一个人非常看重某个目标的价值，且预期的目标实现的概率也很高，那么这个目标所带来的激励效果就非常大。”[28]如果对驻村“第一书记”用这种工作活动来激励就可能受到很好的效果。

（五）明确驻村“第一书记”权力清单

权力的有限性，导致驻村“第一书记”在帮扶决策中的自主权力偏弱。“驻村‘第一书记’面临的最大问题就是权责不匹配，也就是说上级下派“第一书记”到农村，要承担经济发展、政治维稳、社会建设等多方面的责任，但并没有匹配相应的权力。”[29]权责的不匹配，导致驻村“第一书记”往往很难起到主导作用，也难以与其他扶贫主体形成平等互动，多元主体的协同共治合力无法形成，导致了扶贫力量的分散性。“国家自身财力有限性的限制及整合不同单位资源的策略，国家让驻村‘第一书记’派出单位给予最大化的支持。”“后援单位的强弱直接影响到贫困村的境况。”[30]后援单位支持不力同时消解了驻村“第一书记”的精准扶贫效能。因此，通过向驻村“第一书记”开出“权力清单”，赋予其“履行领导统筹权、决策决定权、审核把关权、指导督促权、检查监督权、现场处置权、建议推荐权”[31]等权力，确保驻村“第一书记”开展工作有职有权。当然，在向驻村“第一书记”赋权的同时，要突出权责的一致性，让“权力清单”使驻村“第一书记”提升精准扶贫效能更有“底气”。

（六）强化驻村“第一书记”为民服务意识

中华民族 5000 多年的文明史，中国人民近代以来 170 多年的斗争史，中国共产党近百年的奋斗史，中华人民共和国近 70 年的发展史，都是人民书写的历史。党的十九大报告指出：“人民是历史的创造者，是决定党和国家前途命运的根本力量。”[32]坚持以人民为中心，贯穿于我们党的过去、现在与未来。毛泽东同志指出，“共产党员是一种特别的人，他们完全不谋私利，而只为民族与人民求福利。”[33]习近平总书记在十九届中共中央政治局常委同中外记者见面时的讲话指出，“历史是人民书写的，一切成就归功于人民。只要我们深深扎根人民、紧紧依靠人民，就可以获得无穷的力量，风雨无阻，奋勇向前。”驻村“第一书记”要把强化为民服务作为“对党的忠诚和党员职责的恪守，对党的宗旨的深度认知与理性思考，成为内心真正的觉悟和自身灵魂深处的自我需要”。[34]在精准扶贫、精准脱贫，尤其在脱贫攻坚进入关键阶段，更要心里时刻“装着人民”，把为民服务，以人民为中心，以人民对美好生活的向往作为奋斗目标，作为扶贫工作的出发点和落脚点，成为提升精准扶贫效能的动力源，结合新时代扶贫工作面临的新形势、新任务，不断开创扶贫新思路。

综上所述，驻村“第一书记”效能提升，关乎精准扶贫政策在四川革命老区以及全国农村的落实、落地，关乎2020年我国现行标准下农村贫困人口实现脱贫，贫困县全部摘帽，解决区域性整体贫困，做到脱真贫、真脱贫的大业。落实好创新驻村“第一书记”思维理念，抓好驻村“第一书记”学习培训，加强驻村“第一书记”科学考核，强化驻村“第一书记”激励保障，明确驻村“第一书记”权力清单，强化驻村“第一书记”为民服务意识等具体措施，进一步提升精准扶贫效能，切实做好驻村“第一书记”的选派精准、管理精准、考核精准，激励他们扎根贫困村，吃透村情、户情，以百倍的信心，千倍的努力，做好上下联动，在乡镇党委领导和指导下，紧紧依靠村党组织，带领村“两委”成员，建强基层组织、推动精准扶贫、为民办事服务、提升治理水平。四川革命老区以及全国革命老区的共性之一就是拥有丰富的红色革命传统资源，这些红色资源能激励驻村“第一书记”向革命先烈学习，学习他们“智勇坚定、求真务实、团结奋斗、不胜不休”的红军精神，激励驻村“第一书记”在脱贫攻坚中战胜困难、不屈不挠，为实现脱贫目标勇于奋斗的决心和信心，“把红色资源利用好、把红色传统发扬好、把红色基因传承好”。

第一，各级驻村“第一书记”派出部门，要时常关心他们的工作和生活，定期听取工作汇报、思想汇报，及时回应合理诉求，积极想办法解决驻村“第一书记”的工作、生活困难，帮助他们出点子、找对策，做好他们的“坚强后盾”。只有选派部门重视了，他们才更有激情和动力奔赴在扶贫一线。坚决防止不闻不问，消极应付现象。

第二，各级组织部门，要深入贫困一线走访调研，围绕脱贫攻坚形势任务的新变化、新要求，进一步优化和完善驻村“第一书记”考核办法，考核中要突出“效能”权重，重在考核脱贫质量，重在考核抓基层党建，重在考核围绕脱贫和乡村振兴有效结合，让科学考核成为提升驻村“第一书记”精准扶贫效能的风向标和指挥棒。

第三，驻村“第一书记”不应成为阶段性产物，而应成为国家乡村振兴战略长期坚持的一项重要制度，科学总结驻村“第一书记”选派、考核、使用等经验，认真分析驻村“第一书记”群体的潜质和成长规律，为推动乡村振兴战略积累人才资源。

参考文献

[1] 习近平．决胜全面建成小康社会夺取新时代中国特色社会主义伟大胜利——在中国共产党第十九次全国代表大会上的报告[R]．北京：人民出版社，2017.

[2] 杨稳玺，等．精准特色攻坚脱贫即在此战——聚焦多地中国特色的减贫之路[EB/OL].http：//www.xinhuanet.com/politics/2018-02/05/c_1122372043.htm，2018-02-15.

[3] 姜洁．第一书记不是一个人在战斗[N]．人民日报，2017-06-27（17）.

[4] 陈国申，唐京华．试论外来“帮扶力量”对村民自治的影响——基于山东省S村“第一书记”工作实践的调查[J]．天津行政学院学报，2015（6）：62-68.

[5] 杨芳. 第一书记与村庄治理变革[J]. 学习论坛，2016（2）：52-55.
[6] 蒋永甫，莫荣妹. 干部下乡、精准扶贫与农业产业化发展——基于“第一书记产业联盟”的案例分析[J]. 贵州社会科学，2016（5）：162-168.
[7] 吴振华. 驻村“第一书记”作用发挥存在的问题及建议[J]. 中国国情国力，2017（12）：62-63.
[8] 尹明星. “第一书记”如何更好发挥作用的几点思考[J]. 前进，2017（2）：59-61.
[9] 刘刚. 充分发挥第一书记脱贫攻坚先锋作用[J]. 行政科学论坛，2017（11）：10-15.
[10] 王亚华，舒全峰. 第一书记扶贫与农村领导力供给[J]. 国家行政学院学报，2017（1）：82-87.
[11] 陈婷婷. 切实改进第一书记扶贫制度[J]. 党政论坛，2017（10）：41-44.
[12] 陈孝彬. 教育管理学[M]. 北京：北京师范大学出版社，1990.
[13] 韩庆全. 提升“第一书记”工作效率打造合赢脱贫快车道[J]. 中国领导科学，2016（7）：36.
[14] 叶前. 广东70多个涉黑犯罪团伙被查处多涉放高利贷暴力追债[EB/OL].http://news.xinhuanet.com/politics/2017-03/30/c_1120725435.htm，2018-02-05.
[15] 周鸿. 驻村“第一书记”莫荒了“党建责任田”[N]. 江西日报，2017-11-02（B03）.
[16] 人民日报评论部. “脸好看”易“事好办”难——坚决纠正“四风”新表现[N]. 人民日报，2017-12-15（05）.
[17] 高云才. 乡村振兴，五个方面都要强[N]. 人民日报，2018-03-25（09）.
[18] 李利宏，郑甜甜. 第一书记驻村扶贫政治行为的嵌入逻辑[J]. 中共山西省委党校学报，2018（1）：25-29.
[19] 王亚华，高瑞，孟庆国. 中国农村公共事务治理的危机与响应[J]. 清华大学学报（哲学社会科学版），2016（2）：23-29.
[20] 俞可平. 国家治理体系的内涵本质[J]. 理论导报，2014（4）：15-16.
[21] 习近平. 发展理念是发展行动的先导[EB/OL]. http：//news.cctv.com/2016/12/17/ARTIpzzi90E7RRRn9lcw8p Yy161217.shtml，2018-02-15.
[22] 习近平. 提高脱贫质量聚焦深贫地区扎扎实实把脱贫攻坚战推向前进[EB/OL]. http：//www.xinhuanet.com/politics/2018-02/14/c_1122418496.htm，2018-02-15.
[23] 张忠，等. 四川达州从严从实选准管好贫困村“第一书记”：不给力就召回[N]. 人民日报，2016-01-15（04）.
[24] 张立东，等. 带上“作战手册”第一书记精准发力[N]. 四川日报，2017-07-03（01）.
[25] 刘刚. 充分发挥第一书记脱贫攻坚先锋作用[J]. 行政科学论坛，2017（11）：10-15.
[26] 黄晓波. 差异化激励理论与差异化激励机制[J]. 北京工商大学学报（社会科学版），2006（1）：33-37.
[27] 李侑峰，韦小玲. 新形势下“第一书记”脱贫攻坚工作面临的困境及对策思考[J]. 理论建设，2017（3）：65-69.

[28] 刘洁燕. 过程型激励理论对工作满意度的影响研究[J]. 劳动保障世界（理论版），2013（1）：88-92.

[29] 许汉泽，李小云. 精准扶贫背景下驻村机制的实践困境及其后果——以豫中 J 县驻村“第一书记”扶贫为例[J]. 江西财经大学学报，2017（3）：82-89.

[30] 谢小芹. “接点治理”：贫困研究中的一个新视野——基于广西圆村“第一书记”扶贫制度的基层实践[J]. 公共管理学报，2016（3）：12-22.

[31] 乌苏市委组织部. 乌苏市开出驻村第一书记“权责清单”确保“干得好”[EB/OL]. http：//ltx.xjkunlun.cn/sdxw/zgdt/2017/2092791.htm，2018-02-05.

[32] 习近平. 决胜全面建成小康社会，夺取新时代中国特色社会主义伟大胜利——在中国共产党第十九次全国代表大会上的报告[R/M]. 北京：人民出版社，2017.

[33] 毛泽东文集：第 3 卷[M]. 北京：人民出版社，1996.

[34] 唐农. 共产党人为人民服务的自觉性从哪里来[EB/OL]. http：//dangjian.gmw.cn/2016-05/23/content_20226072.htm，2018-02-05.

良政落地：精准扶贫的现实图景

李玉印

（四川文理学院创新创业学院 四川达州 635000）

摘　要："精准扶贫"是确保我国2020年全面建成小康社会的重大战略举措，成为贫困地区各级地方政府的重要工作。这一举措在取得一些脱贫成效的同时，也出现了不少问题：因识别标准和识别方式的掣肘，扶贫对象的精准化程度不高；绩效考核催生了基层政府在项目安排方面的功利选择；扶贫资金使用低效；本该精准到户的扶贫措施落地难且效果欠佳；扶贫干部的意识、能力和减贫效果参差不齐；存在数字脱贫和"被脱贫"现象等。这些实践中的困境需要引起高度重视，以达成精准扶贫的目的。

关键词：精准扶贫；精准脱贫；良政

2013年11月习近平总书记在湖南湘西考察时，首次提出了"精准扶贫"。"精准扶贫"的提出，无疑是以习近平为总书记的党中央集体智慧的结晶，是确保2020年全面建成小康社会的重大举措，是全体人民共享改革发展成果的具体体现，当前已在全国各贫困地区全面展开，总体效果呈现积极态势。但是不同地区也存在一定的差异和不足，如工作声势大，实际效果小；上边发力大，基层受力小等。本文是一个在精准扶贫工作的一线干部对实际工作中存在的问题进行分析，虽然不代表全部的精准扶贫现状，但是由此也可以窥见工作中的不足。实际上，农村的情况远比想象中的复杂。很多人只是年幼时或青少年时期在农村度过，而后走出了农村乡野，融入繁华的社会，对农村之事鲜有经历或很快淡忘。驻村干部由于参与精准扶贫工作才再次有了与农村与乡土得以更为亲密的接触，得以仔细观察与思考乡村的变迁和构思乡间的图画。

我们仅从"六个精准"，即扶持对象精准、项目安排精准、资金使用精准、措施到户精准、因村派人即第一书记精准、脱贫成效精准说起。

一、扶持对象精准：识别标准和方式的掣肘

扶持对象精准就是要找准哪些是真正的穷人，是最需要扶持的对象，是"识真贫、扶真贫、真扶贫"，是精准扶贫的第一步。

驻村干部到村后的首要工作就是核实扶持对象，基层叫作精准贫困户。实际上，驻村干部到村上后拿到的“精准贫困户”名单已经是乡、村两级经过推选、评议、公示、确认等程序确定下来的，已经得到乡、村认可。驻村干部进村之后首先就是按照名单每户走访，入户调查，进行再次核实，同时也向其他非贫困户了解情况。

虽然有一段时间的摸排、了解，但由于乡村的复杂性，扶持对象精准方面各地做得还远远不够。具体存在以下问题：

（一）按照贫困标准核定问题

四川省 2013 年确定的贫困户标准是农民人均年纯收入低于 2 736 元，贫困村的标准是全村农民人均纯收入低于 4 737 元。这两个数字非常精确，但是，在实际操作时只能是根据这个标准大致确定。农民的收入，除了财政转移支付的基本都是靠估算出来的，但是照这样计算的话，真正的贫困户寥寥无几。我们对一家农户（两个 60 岁以上的老年人，根据本人讲述整理）的年收入进行核算：

种粮补贴	农保	山林补贴	低保	杂粮及养殖收入	合计
300 元	1 920 元	180 元	2 400 元	1 000 元	5 800 元

这样，人均 2 900 元，该户已经不是贫困户了。

但是，现实情况是，两位老人年老多病，正常情况下每年的药费需要 6 000 元左右。两者相抵，收入为负。如果单纯按年收入就不是贫困户，但是收支相抵的话，贫困程度还是相当突出。

同时，村组干部、村民根本不去核算，在评议时公正的都是凭印象和感觉对本村相对贫困的进行初步判定，大致确定贫困对象；如果存在私心，则多数都是选自己的家族、亲属或有人情关系的，争取抓个“贫困帽子”，享受贫困优惠资金和政策。

（二）农村分户问题

农村大部分家庭都存在分户现象，这很正常，儿女成家分户独立出去本是人之常情，但是都应当承担赡养老人的义务，而在精准扶贫中的分户却是不正常的。老人没有劳动能力，有些常年体弱多病，需要儿女赡养。但是，有些家庭为了让老人成为贫困户，儿女就有意识地和老人分户，因为农村的贫困是以户为单位核算，单独立户的农村老人无论怎样算都是符合贫困标准的。在扶贫过程中只能把他们归为政策兜底，根本没有产业发展能力，这样子女就把本应自己承担的义务转嫁为国家负担。所以，这样的结果就逐渐演化为所谓的扶贫就是把资金用于农村养老，真正用于农村基础设施和产业方面的资金就相对有限，导致农村无法取得大的发展。

如某村的一个贫困户，户籍上是两个老年人，现实情况是两人年老多病，村上只能将其定为建档立卡贫困户。但是，经过走访群众，也经老人自述，两位老人养育了五个子女（四男一女）。几个儿子都在外地，其中两个都是承包工程的“包工头”，另外两个的打工收入也是相当可观。在没有被确定为贫困户之前，几个子女都给钱给物，还不时回家看望孝敬老人，但是自从定为贫困户之后，钱物不再给老人了，也不回来看望了，都说有扶贫单位、扶贫干部，交给国家了，自己省心了。这种现象群众有意见，两个老人也有意见，同时冲击了中国农村孝敬老人的传统美德，但是，在现有的扶贫模式下，这种情况普遍存在，而且短期无法改变。所以一位乡领导无奈地说，农村现实情况就是这样，国家提出四个一批也好，五个一批也好，六个一批也好，就是没有提出“儿女养老一批”，我们没有政策依据。

（三）贫困县、贫困村的核定问题

通过走访了解，偏远、交通不便的地方贫困现象确实客观存在，但是贫困人口、贫困村的数量远远被夸大了。据一位乡镇干部介绍，贫困县、贫困村都是有硬性指标的，为了争取成为贫困县，各县市都是按照评估指标“做”的材料，然后报上级部门审批，等到审批下来确定为贫困县之后，再按照指标分配到各乡镇，各乡镇再按照上级分配的指标分配到村，村上再按照指标挑拣、筛选，然后走程序确定贫困户。这种从上到下层层分配指标的方式自然识别不准贫困户。真正的扶贫应该是先按照标准精准识别贫困户，然后再逐级上报。

通过以上分析，不难看出，扶贫对象的精准识别是非常复杂的，简单化、机械套用指标和分配指标难以准确识别扶贫对象。

二、项目安排精准：绩效催生功利选择

项目安排的精准是建立在合理的规划之上，总体来说随着各级政府部门的重视，群众观念的改变，扶贫干部能力的提升，在项目的选择、规划上进步很大，基本合理，但是在各地，项目安排却存在巨大差异，也有不少的问题。

主要是急功近利，追求面子，不切实际。全面建成小康社会的时限是2020年，所以各地都是倒排工期，下硬任务。按照要求，扶贫干部的服务期一般是2年，所以下派干部就要考虑在2年时间内做什么、发展什么最能够显现实绩，以便为今后的晋升做铺垫。因此，扶贫干部普遍存在只安排2年内能够立即见效的项目的做法，很多地方都是安排水、电、路、通信等基础设施项目，这些项目建成后摆在面前，效果明显，可以准确地证明帮扶人的业绩。还有的就是发展养殖、种植业。发展养殖、种植一般都是选择短期项目，如养猪、养鸡、养羊等，这些项目最大缺陷是：在偏远地区搞这些养殖、种植毫无特色，养的原料难以保证，将来的销路也成问题，但是大家考虑的是上级来检查时能够看到实实在在的东西。

在选择基础设施建设项目中，道路的走向、布局，水网建设、电力线路安排等由于缺乏专业的规划，多数都是靠乡、村干部的经验自行确定，因此，有些破坏了当地完整的生态系统，有些影响今后更大的发展，这些现象普遍存在。

举两个例子。村 A 具有独特的生态旅游资源，其中，从 3 社到 4 社有一条风景优美的小峡谷，常年水流潺潺，植被茂密，奇花异草点缀其间；而且地形参差，怪石嶙峋，错落有致，高差明显，中间有一瀑布，落差十几米。可以说，仅仅这个峡谷就是一道美丽的风景。但是 3 社到 4 社不通公路，村民间的走动都是穿峡谷而过，住在上面的村民迫切需要一条下山之路，方便出行。帮扶工作开始后，部分干部认为修一条 3 社到 4 社的路解决村民出行，既是一条便民路，又是一个扶贫项目。随后，走了程序，开始了施工。公路就建在峡谷边上，从此这个峡谷风景不在，这对该村的旅游资源造成了严重破坏。

村 B 同样坐落在半山坡，面对一条山谷。山谷的两边的半山坡原来都是村民开垦出的土地，种些玉米、土豆、油菜等普通农作物，再往下面植被茂密。站在村上看去，群山环抱，郁郁葱葱，清风徐来，令人心旷神怡。精准扶贫实施后，扶贫干部开始打造山谷，主要发展养鸡、养牛产业。短时间便争取到资金，引入企业，两边山坡上很快便搭建起了养鸡、养牛的简易棚舍。从上面看去棚舍错落有致，蔚为壮观，一眼便看出村子发生了巨大变化，上级过来检查，看到这种情况也大加赞许，于是成绩斐然，得到了相关部门的肯定。然而，在旅游村整村规划时，前来考察的专家一看，随即给出了否定意见：村子距离城市不远，交通基本便利，发展旅游、康养是该村未来发展的方向，然而，养殖业不适合旅游，种植业（观光农业）才适合，然而这些养殖棚舍大煞风景，破坏了旅游业的发展。

三、资金使用精准：钱多钱少都犯愁

资金是精准扶贫的有效载体，扶贫中听到的最多的话就是“扶贫就是给钱，其他都是虚的”。确实，有了资金才能够开展工作，没有资金的扶贫是无本之木、无源之水。但是，如何取得资金，又如何使用资金却有很大不同。

主要表现在资金来源不一，资金使用散乱，难以有效整合。以四川省为例，全省 88 个贫困县由省级领导、部门及协作部门联系指导，每个省级部门领导联系指导一个贫困村。市级部门也是由市级部门领导、部门及协作部门帮扶一个贫困村。这种帮扶体制从很大程度上调动了多部门参与、全社会共同扶贫，形成了共同帮扶的大好局面，对于充分利用各种资源支持扶贫起到了巨大作用，但是这种类似于群众性运动的扶贫方式，其资金使用效率却难以有效发挥。也举几个例子：

村 C 是某位省级领导对口联系的贫困村。在分配联系村时，地方上考虑为方便领导到村考察、调研，选的是相对交通便利的村子，而且考虑为该村引进一些重大项目，方便获取多方面的资金。其实该村已经是条件相对较好的村子。在确定村 A 为省领导对口帮扶的贫困村后，相关的驻村干部到村，地方上很快将该村作为重点扶贫村。于是政策性资金、社会帮扶资金、省领导协调资金等短时间便集聚了近千万元，可是经了解，驻村干部道出了苦恼，这么多资金该怎么用？扶贫资金的管理很严格，不能缺少程序违规使用，而项目安排要科学合理，可短时间怎么制定出科学合理的方案？驻村干部眼见一大堆资金却一筹莫展，无法安排。这个村为资金多而苦恼。

村 D 是市级某部门牵头对口帮扶的贫困村。当然，地方上也是很给面子，分配了一个条件相对较好的村子，但是，地方上还是打了“小九九”。因为该村贫困程度相对不大，主要是想把该村打造为旅游村，想通过市级部门争取帮扶资金帮助打造。然而，该市级部门也是吃财政饭的部门，自身经费都很紧张，更没有其他权利资源可供使用，因此很难筹措资金。据该村的驻村干部讲，一年来，三个帮扶单位从正常的办公经费中挤出 40 多万元用于该村的村道建设，平均每个单位出资 10 余万元。但是，这些资金对于道路建设来说是杯水车薪，只能修一条简单的泥土路，实用价值不大。这个村为缺资金而犯愁。

村 F 是县级部门牵头帮扶的贫困村。县级部门帮扶的村尽管有远近、优劣之分，但是区别不大，基本属于无额外资金帮扶的村子。因为，原本都是贫困县，县级部门根本没有财力来进行帮扶。村 C 是某县一家粮油公司帮扶的村子，该村地处偏远，交通闭塞，但是该村唯一的好处是村级组织具有较强的组织、管理、协调能力，村社干部能够带头组织村民从事生产自救，发展蔬菜种植；村子道路靠村民集资修建，虽然派了一名驻村干部，但是村级组织已经能够充分发挥自身能力，派驻干部帮扶那就锦上添花了。该村通过自身努力，脱贫指日可待。

通过以上三个村子对比，可以看出资金的使用千差万别，资金的多少取决于谁来帮扶，而不是取决于谁需要帮扶，行政干预、本位主义相当突出，这种“圈圈、点点”的资金难以保证使用精准。

四、措施到户精准：落地难且效果差

按照中央扶贫开发工作要求，中央提出了“四个一批”扶贫措施（扶持生产和就业发展一批，移民搬迁安置一批，低保政策兜底一批，医疗救助扶持一批）。四川省结合省情提出了“五个一批”扶贫措施（扶持生产和就业发展一批，移民搬迁安置一批，低保政策兜底一批，医疗救助扶持一批，灾后重建帮扶一批）。地方上在实际工作中又增加教育脱贫帮扶一批，即“六个一批”。不管是几个一批，都是对贫困户精准施策的具体措施。

驻村干部到贫困村确定贫困户后，按照“六个一批”的帮扶措施，经与贫困户反复探讨协商，然后一一归类（当然只是按照村社干部提供分类的也是普遍存在）。归类后，驻村干部协助制定帮扶工作规划（为规划而规划，以应付检查的情况也是存在的）。帮扶措施制定好了，如何精准下户、落地成了驻村干部最为头疼的问题。

（一）扶持生产和就业发展一批

这是针对有劳动和就业能力的贫困户所采取的帮扶措施。这个听起来很有吸引力，产业发展、就业保障，一劳永逸，然而在实际实施过程中却难尽人意。首先是目前农村的基本状况不允许。当前在农村长期居住的基本上是老年人和儿童，稍年轻一点都外出打工了，原来的所谓“386199部队”现在已经简化为“6199部队”或者“99部队”，靠这部分人来发展生产和就业很不现实。其次是部分农民且顾眼前的小农意识依然严重。如前段时间发现“一些农民打着产业发展的旗号贷款或买小汽车、或为子女还房贷、或归还陈年旧债，改变贷款用途的现象时有发生。精准贷款，本来是政府借鸡生蛋的远景规划，到头来被农民变通为杀鸡取卵的应急措施”。因此，有专家说，部分农民存在“靠着墙根晒太阳，等着别人送小康”的等、靠思想。再次，贫困地区原本就受自然条件的限制，规模化发展养殖种植业和其他工商业很不现实，单靠人为发力，资金投入巨大、产品市场竞争力不强，短时间便再次陷入困境，只剩下领导检查时的面子工程。所以很多地方都选择旅游开发，因为贫困地区自然环境保护相对较好，生态资源相对丰富。但是，很快又变成一窝蜂地搞乡村旅游，特别是有些地方远离人口密集区，自然景观也没有特色，根本没有考虑开发出来后到底能够吸引多少游客前来游玩、消费，这根本没有确定性。

（二）移民搬迁安置一批

这种措施是用对生产生活、居住条件差，即所谓一方水土养不起一方人的贫困户采取搬迁安置的方法来实现如期脱贫目标的措施。这项措施实施中存在以下几个问题：一是村民故土难离，不愿举家迁移；二是迁到新址无业可做，生活难以为继；三是帮扶资金毕竟有限，村民不愿承担过多费用；四是老年群体居多，再建新房实际意义不大。

所以，帮扶干部和乡村干部在移民搬迁安置上确实要下一番功夫。首先要选择合适的聚居点，找来专业人士做好规划；其次要认真做好既有搬迁需求又有搬迁意愿的村民工作；然后协调资金，走相关程序进行建设。

事实上，这项措施真正做得有成效的贫困村都是有资金来源，有巨量资金投入的，一般的贫困村，仅仅按照国家政策的，蜻蜓点水一般，能够解决几户就不错了。

（三）低保政策兜底一批

这项政策是国家针对没有劳动能力的贫困户采取低保政策为其保证基本的生活条件。虽然低保准入有严格的标准，但是在实际认定时还是不够精准，按政策，低保是以户为单位评定，但是，农村在认定时是以人为单位，很少是以户为单位，这样的话，低保户就远远超出了实际户数，因为一人低保，一家就是贫困户，这样就不难理解有些低保户家庭能够买车、购房，但依然是贫困户的现象。

（四）医疗救助扶持一批

这项措施是对长期患病或患有大病的人口实行的帮扶措施。但是，在实际操作时却依然困难重重。如农村新型合作医疗，报销比例偏低，而且只有住院治疗才可以报销。农村家庭由于受人力、经济等多方面限制，能长期在医院住院治疗的仅是少数，很多就是购药在家养病，方便家人照顾，但是所购药物款却没法报销。医疗救助扶持一批政策想很好，但是操作难，落地难。我们遇到有几户都是应该采取医疗救助扶持的，由于种种因素，至今仍未办理下来。

五、因村派人即第一书记精准：意识、能力和效果参差不齐

其实，说到底，任何工作，人都是第一位的关键因素，所以扶贫干部的选派决定了扶贫工作的成败。因村派人即第一书记精准这项措施最为关键，也是存在问题最多的一项措施。

第一书记是什么呢？按照 2015 年 4 月，中共中央组织部、中央农村工作领导小组办公室、国务院扶贫开发领导小组办公室印发《关于做好选派机关优秀干部到村任第一书记工作的通知》要求，第一书记主要是向党组织软弱涣散村和建档立卡贫困村选派，目的是建强基层组织、推动精准扶贫、为民办事服务、提升治理水平。要在乡镇党委领导和指导下，紧紧依靠村党组织，带领村“两委”成员开展工作，注意从派驻村实际出发，抓住主要矛盾、解决突出问题。[1]不难看出，第一书记在精准扶贫中的关键作用，因此，选派什么样的人任第一书记就显得尤为重要。

驻村干部是什么呢？第一书记也是驻村干部，但是为了突出第一书记的地位和作用，这里把他单列出来，把没有任第一书记的统称为驻村干部。其来源是帮扶单位选派的协助从事精准扶贫的干部。驻村干部与第一书记组成驻村工作组，驻村干部和第一书记一样应成为国家方针政策的宣传者。要深入到农户家中，与群众面对面地谈心，有针对性地对群众进行相关业务知识培训，宣讲农村相关法律法规，让群众真切感受到党和政府的关怀。要把推进工作落实牢记在心，在调查摸底基础上，认真分析所驻村特色、修订完善所驻村发展规划。倾听群众呼声，关心群众疾苦，切实帮助困难群众解决生产生活中的突出问题，密切党和人民群众的血肉联系。要吃住在村，严于律己，朴素节俭，做到在艰苦环境中迎难而上，用艰苦朴素和求真务实的作风感染村组干部，为转变干部作风起到良好的表率作用。

（一）派什么人任驻村干部和第一书记

按照要求，任驻村干部和第一书记的基本条件是：政治素质好，坚决贯彻执行党的路线方针政策，热爱农村工作；有较强工作能力，敢于担当，善于做群众工作，开拓创新意识强；有两年以上工作经历，事业心和责任感强，作风扎实，不怕吃苦，甘于奉献；具有正常履行职责的身体条件。主要从各级机关优秀年轻干部、后备干部，国有企业、事业单位的优秀人员和以往因年龄原因从领导岗位上调整下来、尚未退休

的干部中选派。[2]

基本条件有了，但是各单位在派出干部时却千差万别。我们来看个实例。

（1）某省级单位。该单位属行政单位，是牵头联系指导贫困县的部门，有一个对口帮扶的贫困村。协作单位有银行、高校及另一家省级单位。该单位向贫困县下派四名干部，其中一名在贫困县挂职县委常委，一名在下级垂直部门挂职副局长兼某乡党委副书记和某贫困村第一书记，另外两名分别为两个村的村主任助理和村党支部副书记。银行单位下派三名干部，一名挂职副县长，另外两名分别任两个贫困村的第一书记。高校下派一名干部任贫困村党支部副书记。另一家省级单位也派出一名干部在另外一个乡。如下表：

数量（人） 单位	县	乡	村
某省级单位（牵头）	1（县委常委）	1（某局副局长、党委副书记）	3（兼第一书记、党支部副书记、村主任助理）
银行（协作）	1（副县长）		2（第一书记）
高校（协作）			1（党支部副书记）
省级单位（协作）	1（县委办副主任）		1（兼第一书记）

（2）某市级单位。该单位属行政单位，对口帮扶一个贫困村。协作单位是某中学和某高校。该单位指派其二级单位派出一名干部任村主任助理。某中学派出一名干部任第一书记。某高校派出一名干部任村支部书记。后来随着精准扶贫工作的深入，该单位对派出干部做了调整，另派出本单位一名干部挂任第一书记，某中学的下派干部任村支部副书记。

从派出干部数量及任职情况看，因各单位重视程度不同，派出的干部数量和任职级别也不同。按照规定，牵头部门要向对口帮扶的贫困村派出第一书记，协作单位要派出驻村干部协同工作。但是，在干部派出过程中，有的单位是为了应付差事，凑数量，特别是协作部门；还有的单位以锻炼干部为名，派出干部是为了经基层锻炼然后进行提拔。真正把有责任心、工作能力强的优秀干部送到村上的数量很有限。

在与驻村干部交流中发现，有的下派干部年龄小、没经验，做事懵懵懂懂，不知所以，一看就是单位的“闲人”，美其名曰“到基层锻炼”。有的下派干部短时间就把乡村干部的独断专行、满身官痞的习气就学会了，只做表面文章，一心想到的都是个人晋升、获益，不是他来感染基层干部，而是让个别的基层干部把他给感染了。有的干部政策理论低下，对党的理论、方针、政策歪曲理解，甚至有抵触情绪，言之凿凿，牢骚满腹。种种不良现象虽然不是主流，但应该足以引起重视。扶贫攻坚作为一场硬仗，要有能够攻坚克难、勇于前行的干部去努力、奋斗，这场战役才能胜利，才能够保证如期实现全面小康。

某地精准扶贫工作开展不到半年，经过督查检查，派出的 60 名第一书记中有 29 名因工作不力被组织召回。这仅仅是第一书记，那么驻村干部呢？如果核查，估计数量也不会是少数。这足以说明，有些牵头部门、协作部门对精准扶贫工作认识不到位，派出干部不慎重，从大的方面讲是损害党和国家的形象，从小的方面说是损害本单位的形象，影响了精准扶贫工作的大局。

还有的干部挂任了第一书记，就一下子认为老子终于成为天下“第一”了，到了村上，俨然以太上皇自居，独断专行，凡事均按自己的意见行事，虚张声势的不少，实际做事的不多；有的貌似踏踏实实做事，但是，总是打着小九九，变相把自己的利益算计进去，而且大肆宣传，总想搞出名利双收的效果。[3]

（二）驻村工作组

驻村工作组是由牵头单位和协作单位分别派出干部组成的，一般有 3 ~ 4 家单位，3 ~ 4 个人，目的是整合多方资源为精准扶贫工作服务。理论上说这是很好的设计安排，但是在实际实施过程中也存在种种问题。

首先是单位之间互不隶属，管理上难以统一。一般来说，几家帮扶单位都是同级单位，政府部门确定其中一个为牵头单位。牵头单位派出的第一书记自然就是工作组长，但是，由于单位之间没有隶属关系，牵头单位对于协作部门只有协商，没有行政干预，同样，第一书记对于工作组人员没有领导与被领导的关系。在现有制度安排下，这种互不隶属的单位，工作难以统一，工作推进效率不高。常听到第一书记对工作组成员满肚子意见，当然，这与牵头部门有关，更与第一书记的管理、协调能力有关。

其次是人员复杂，思想上不统一。尽管大家都是为着精准扶贫这一个共同的目标走到一起的，但是驻村工作组成员来自不同单位，不同行业，年龄参差不齐，知识层次各异，思想上很难一致。

第三是各自为政，行动上不统一。驻村干部由于单位不同，自身依靠的资源不一样，往往都是根据自己单位的情况提供帮扶，大家各干各的，互不通气，你单位来了你做事，他单位来了他做事，很少采取一致行动。当然，刚开始时，工作组成员由于刚刚认识，很多事都采取一致行动，但是，过一段时间后，就逐渐分化，各自为政了。

另外，组织部门主抓的只是第一书记，宣传的是第一书记，学习培训也是第一书记，工作经费也是划拨给第一书记。如某地，给工作组划拨的经费直接以文件形式指明是给第一书记划拨的；一年来第一书记培训 4 ~ 5 次，时间超过 20 天，可是其他干部一次也没有培训过；组织扶贫好书记宣讲也是第一书记；年度考核优秀的也是从第一书记中推选，如此等等。其他驻村干部就会认为，既然是任何事情都是第一书记的，我们就在村上报到凑数算了，不必承担任何责任，直接导致其他扶贫干部的工作积极性降低。[4]

（三）帮扶干部与村社干部以及县乡干部

帮扶干部其实很具有特殊性，各地管理的主要是第一书记，村社干部以及县乡干部都很看好第一书记，因为一般来说第一书记就是晋升对象，所以，第一书记办事基本是一路绿灯，都比较支持。其他帮扶干部主要就看背后的派出单位了，如果单位有行政权力或者有强大资金支持，那么这个干部受尊重的程度就高，反之，就低。这样下来，积极性就有高有低，能力发挥有大有小。

另外，偏远乡镇当前存在最为突出的问题是人员数量不足，工作多、人员少，特别是精准扶贫以来，乡镇成了脱贫攻坚的基层主体，数据统计、项目监管、下派干部管理等，使得工作量比以前翻倍。原本人员不足的乡镇更是捉襟见肘，不得不把部分下派干部留在乡镇工作，违背了干部驻村的初衷。

当然，帮扶干部大多能够受到村社干部以及县乡干部的重视，因为，不管怎么说，大家过来是提供帮扶的，要么给资金，要么给政策，要么给智力。只有那些自以为是上级组织派来，只会动嘴、不实干的干部才会受到排斥。

此外，干部换届对精准扶贫影响也很大。驻村干部到乡镇工作一般都是 2 年，本来时间就很短暂，与当地的干部、领导刚刚熟悉就碰到了换届，而且现在的换届干部调整力度都很大，新来的干部、领导又要熟悉一段时间，都需要磨合。如果新来的领导热心精准扶贫，工作推动起来就容易些，如果不热心，驻村干部的积极性就要大打折扣，工作开展起来就不是那么顺畅。

（四）帮扶干部和村民

帮扶干部在村民中的威信很高，很多村民认为帮扶干部就是上级派下来为他们伸张正义的“包青天”、给他们送钱送物的“财神爷”，所以，在走访中，部分村民开始诉苦，讲过去村干部如何不公平，如何贪污集体财产等。对这些历史遗留问题，说实话，驻村干部也无能为力，听多了也就习以为常了，但是村民反而觉得有点失望了。驻村干部只能说从当前开始，农民有需求尽力帮，尽量帮他们解决生产、生活中的问题。当然，要获得村民的认可必须沉下身子为他们办实事、解难题，只有这样才会关系融洽，才能顺利开展工作。

（五）帮扶干部与帮扶单位

帮扶单位是帮扶干部的“娘家”，帮扶干部开展的工作首先要得到自己单位的支持，因为帮扶干部的人事关系、工资关系、福利待遇、下乡补助等都是在原单位，而且又是代表单位来从事帮扶工作，在帮扶过程中的资金、人力、物力一般都是身后的单位在支持。因此，帮扶干部与自己单位的关系决定了帮扶工作成效的大小。但是，往往有些帮扶干部认识不到这一点，导致帮扶单位有力用不上，主要表现在：

（1）政策宣讲不到位，单位重视程度不够。政府单位因为常常学、经常讲政策精神，而且扶贫工作是政府的主体责任，对扶贫政策、扶贫形势有着充分的认识，非常重视精准扶贫工作。但是，非行政性单位，由于行业的特殊性，对于国家的扶贫形势、政策、重要性等认识不足，所以很多都是凑份子、走形式。扶贫干部处在扶贫一线，应该对于扶贫工作有充分认识和把握，如果不及时向单位汇报、宣讲，单位将仍停留于不重视状态，扶贫工作就难以有效推进。

（2）不善于协调与原单位的关系。部分下派干部在原单位原本就是处在最基层，几乎很难与单位的主要领导进行面对面交流，与单位的相关部门联系也比较少，下派驻村后便无所适从，更有甚者认为自己远离了单位，远离了核心，到了更为低的层次，是在凑数，有一种遭贬的感觉。其实，这是没有摆正位置、没有认识到精准扶贫的重要性、不善于协调处理问题的表现。

（3）不会因地制宜，不能调动自身单位资源。驻村干部最关键的作用就是要架起帮扶单位与贫困村、贫困户沟通的桥梁，成为两者的联系纽带，这样才能充分发挥帮扶单位在实际帮扶工作中的作用。然而，有些驻村干部不善于挖掘自身单位的资源，天真地想依靠自己力量让贫困村发生天翻地覆的变化。可以说，短短两年，这种想法无异于异想天开。

（4）不深入实际，只做表面文章。这里仅以两名驻村干部的日常行为为例说明。一名驻村年轻干部为了证明自己在农村工作条件艰苦、生活条件低下，刻意在贫困村找一破败的住房，将铺盖、日用品放在里面，领导过来看望时就带到这里来参观、拍照，以证明自己居住条件差，而实际上根本就不曾在这里住宿。另一名驻村干部原本白白胖胖，下村后，由于生活有规律，体重还有所增加，但是为了给单位同事和领导证明自己到了农村吃苦，就开始制定减肥计划，早上不再吃饭，中午只是吃一点点，晚上仅吃点蔬菜，为的就是减轻体重。有时天气炎热，他却站在太阳下晒太阳，目的是为了晒黑点，免得回去领导说自己不经常到村上跑……这两个例子仅仅生活的侧面，表现在工作上，我们的下派干部，做表面文章、不深入实际的的确大有人在。

（5）帮扶单位走过场，不能解决实际问题。精准扶贫的一项重要措施就是一对一帮扶，即认亲结对，基本上帮扶单位的领导干部都要认领一户贫困户。于是，各帮扶单位的领导都要到村入户了解情况并认领各自的贫困户。这样的想法很好，但是实际做起来问题很多。试想，如果每个贫困户的帮扶领导都到村调研，不仅成本太高，而且基层接待任务非常重。每个领导下村都要有各级人员陪同，特别是基层干部，这样的话，驻村干部、基层干部真正用在扶贫工作上的时间就少了很多。特别是省级部门的领导，专门从省城到村上，风尘仆仆，到贫困户家中也就是看一看，了解下情况，真正解决实际问题的还要靠村干部、驻村干部。更有甚者个别部门的人借扶贫之名行乡村旅游之实，到乡村吃田园绿色食品、呼乡村清新之空气，助长了不正之风，加重了基层负担，却解决不了实际问题。[5]

六、脱贫成效精准：数字与实效的反差

从 2017 年四月下旬开始驻村至今，一年有余，亲身经历精准扶贫的点点滴滴，困难与艰辛、热情与努力、紧迫感与责任感同在，有了上述的五个精准自然产生了一定

的效果，那么我们来看一看脱贫成效如何精准。

脱贫成效精准是检验精准扶贫工作的试金石。

经过一年的工作，脱贫成效总体是有效的，成果是明显的。单是本人所在的贫困村原有贫困户 84 户，目前已经成功脱贫 11 户，该村预计脱贫时间在 2018 年。但是，其中存在的问题也是值得深思。

一是被脱贫。按照贫困标准，农村贫困人口数量是被虚夸了的，首先把那些原本不是贫困人口的贫困户重新识别，然后剔除出来，于是这些人就“脱贫”了。

二是数字脱贫。有一部分干部在脱贫压力下，为追求脱贫成效，机械套用脱贫指标，计算数据，对贫困户的收入情况进行核算，达到收入的标准即视为脱贫，纯粹是为了完成减贫任务。

三是贫困村摘帽任重而道远。如果说贫困户的减贫通过一对一的帮扶应该是不算大的问题，而对于贫困村的摘帽却是难啃的硬骨头。因为贫困村的建设涵盖方方面面，村级组织建设、基础设施建设、文化、医疗、卫生、村容村貌的改善等，面宽量大，这些需要大批资金的投入，而按照目前的建设速度，贫困村的改建任重而道远。四川省委十届六次全会提出“乡乡有标准中心校、有达标卫生院、有便民服务中心，村村有硬化路、有卫生室、有文化室、有宽带网，户户有安全饮用水、有生活用电、有广播电视，让贫困地区群众住上好房子、过上好日子、养成好习惯、形成好风气”，贫困村要实现这个目标确实需要各级政府、帮扶单位下大力气。

总之，通过一年多的精准扶贫，干部下去了，措施启动了，政策深入人心了，贫困村、贫困户的面貌有了相当的改观，其中不乏困难、曲折和杂音，但是政策的主流是正确的，基本方法是科学、合理的。有句话我很赞成，我们遇到的困难和困惑是发展中遇到的，也只有通过发展的方法才能解决。以上提出的这些问题和现象是党带领人民走向全面小康的过程中遇到的，只要我们正确认识和对待，不畏惧、不回避，“用心、用情、用力”就能够做好精准扶贫工作，就能够获得老百姓的认可和拥护。

参考文献

[1] 杨秀丽. 精准扶贫的困境及法制化研究[J]. 学习与探索，2016（108）。

[2] 徐勇. 激发脱贫攻坚的内生动力[N]. 人民日报，2016-1-11（7）。

[3] 徐勇. 反贫困在行动：中国农村扶贫调查与实践[M]. 北京：中国社会科学出版社，2015.

[4] 邹春霞. 审计如何用大数据推动精准扶贫？[N]. 北京青年报，2016-5-19（A03）.

[5] 李小云，等. 论我国的扶贫治理：基于扶贫资源瞄准和传递的分析[J]. 吉林大学社会科学学报，2015（5）.

地方高校精准扶贫四川革命老区的经验与启示

——以四川文理学院精准帮扶四川省万源市为例

刁永锋

（四川文理学院校办 四川达州 635000）

摘 要：2015 年年初，按照四川省委和达州市委的安排，四川文理学院参与精准帮扶四川省万源市 2 个贫困村和省民政厅牵头联系指导万源市精准扶贫工作，在精准帮扶过程中，四川文理学院通过一系列举措，推动了扶贫工作的开展，取得了较好的成效。

关键词：四川文理学院；精准扶贫；经验

2013 年 11 月习近平总书记在湖南湘西考察时指出："扶贫要实事求是，因地制宜。要精准扶贫，切忌喊口号。"这是党中央在扶贫工作中首次提出"精准扶贫"概念，并在实践中进一步发展为国家发展战略。"精准扶贫"战略的提出，无疑是以习近平为总书记的党中央创造性思维的结晶，是确保 2020 年全面建成小康社会的重大举措，是全体人民共享改革发展成果的具体体现，是中国特色社会主义扶贫理论的创新。

精准扶贫是与粗放扶贫相对的，是指针对不同贫困区域环境、不同贫困农户状况，运用科学有效程序对扶贫对象实施精确识别、精确帮扶、精确管理的治贫方式。实施精准扶贫，工作任务艰巨复杂，需要久久为功，也需要动员社会各方面力量共同参与。[1] 2015 年年初，按照四川省委和达州市委的安排，四川文理学院参与精准帮扶四川省万源市 2 个贫困村和省民政厅牵头，联系指导万源市精准扶贫工作。在省委和学校党委的正确领导下，学校精心组织，密切协调，紧紧围绕"智力扶贫、教育扶贫、科技扶贫"重心，有效推进各项精准扶贫工作，充分发挥高校在服务地方扶贫工作中的优势和作用，取得了一定成效。

一、四川文理学院精准扶贫工作基本情况

四川省万源市属秦巴山区，是川陕革命老区的核心区域，自古以来山多平地少，交通落后。由于地理位置和地形等自然条件的限制，全市经济社会发展条件较差，发展水平在区域内乃至全国都处于后列。到 2014 年底，全市有 170 个贫困村、8 万多农

村贫困人口，基础设施薄弱，贫困面宽、量大、程度深。

按照省委安排，四川文理学院与省民政厅等五个单位联系指导万源市的精准扶贫工作。根据分工协作，四川文理学院承担了万源市干部、师资、技能人才、文化人才等培训和文化惠民帮扶活动。目前主要完成了以下工作：①组织万源市干部到学校培训 4 期 1 000 余人；电子商务培训 1 期 126 人；中小学教师培训 4 期 800 余人；中小学生心理健康教育 8 期 2 000 余人。②安排大学生顶岗实习 200 人次。③精心组织文化惠民帮扶，组织赴万源大型文艺演出 2 次，参与师生 400 余人，受益群众近 2 000 人。④由学校领导带队参与四川省、达州市到万源市进行脱贫攻坚督导检查 12 次。⑤学校主要领导到万源市召开脱贫攻坚推进会 5 次，到贫困村调研 22 人次。⑥积极组织捐款捐物助力精准扶贫。学校共计捐款近 50 万元，物资折合 8 万余元，用于贫困村和贫困户的生活改善和生产发展。这些活动加强了校地之间的沟通交流，为地方发展提供了教育、人才与精神文化方面的服务，在缓解贫困方面也力所能及地给予了一定的物质支持，有力推动了精准扶贫工作的深入开展。

与此同时，四川文理学院还按照上级分派的任务做好 2 个贫困村的精准扶贫工作。

一是万源市永宁乡柏树坝村。该村是达州市教育局牵头、四川文理学院参与精准帮扶的贫困村，有 5 个村民小组，256 户，738 人，其中贫困户 75 户，146 人。按照分工，四川文理学院承担建档立卡贫困户 12 户 19 人的脱贫工作。2016 年完成 2 户 4 人的脱贫，2018 年全部脱贫。并协助做好该村道路、通信、水、电等基础设施的建设和养蜂、养猪、中药材种植等相关产业的发展。

二是万源市茶垭乡老洼坪村。该村是四川省民政厅牵头、四川文理学院参与精准帮扶的贫困村，有 11 个村民小组，345 户，1 296 人，其中贫困人口 93 户，287 人。四川文理学院承担其中 5 户 17 人的脱贫工作。在实际工作中，学院协助做好移民搬迁安置，道路、水、通信等基础设施建设和黑鸡、养牛等产业发展。2017 年该村实现整村脱贫退出，目前已经市县两级验收，达到退出标准。

二、主要工作经验和成效

（一）加强联系指导

1. 成立专门的精准扶贫办公室

为协调其他四家省级帮扶单位和两家市级帮扶单位以及万源市相关单位和部门，学校不仅成立精准扶贫办公室，还指定专人负责协调联络，使各项扶贫工作得以稳步、有序推进。2016 年以来，学校主要领导带队参与 12 次督导检查和精准扶贫工作协调会，并对检查中发现的问题提出整改建议。

2. 积极对接，推进工作开展

为充分利用学校自身资源助力万源市扶贫工作，2016 年 3 月 10 日，学校相关部门和二级学院到万源市召开扶贫工作推进会，使校内职能部门与万源市相关单位和部门实现了有效对接，充分挖掘自身资源助力扶贫工作。2017 年 6 月学校与万源市签订了校地合作战略框架协议，使所负责两村全面融入万源市整体脱贫和经济社会发展工作进程。

3. 狠抓落实，注重实效

两年来，在学校领导和各部门的大力支持下，联系指导万源市扶贫工作取得了较大进展。

（1）按照帮扶计划，2016 年 4 月、2018 年 1 月学校在万源市分别举办了两场有 400 多师生参加、2 000 余群众观看的大型文艺演出，为万源市干部群众送上了一份让人耳目一新的文化大餐。该场演出的视频在万源电视台播出后得到了广大群众的盛赞，取得了良好效果。

（2）三年来学校派出 200 余名大学生分赴万源市各地从事支教、顶岗实习，他们的朝气蓬勃、勤奋工作、较为渊博的知识深受所在单位的好评，在智力帮扶方面做出了一定贡献，有效缓解了万源市人才短缺的实际困难。

（3）2016 年以来加强了对万源市干部、技能人才的培训。培训干部 1 000 余人，电子商务技能人才培训 126 人，有效提升了干部的管理能力和电子商务技能人才的实际操作能力。

（4）积极实施了贫困村青少年励志计划。2016 年 8 月份学校组织首批 9 名贫困村青少年到达州市博物馆、达州市一中、四川文理学院参观学习，体验生活，极大地激发了贫困村青少年学习热情和立志报效祖国和家乡的决心。

（5）深入开展大学生“三下乡”和志愿者服务。三年来学校组织大学生科技支农志愿服务、看望空巢老人、留守儿童活动 8 次，受到当地群众的好评。

（6）努力拓展贫困村农副产品销售渠道，助力产业发展。2016 年 8 月、10 月学校领导带领后勤服务处、资产管理公司到万源市部分贫困村调研蔬菜种植，洽谈蔬菜采购。目前，学校建蔬菜供应基地一处，贫困村的放心蔬菜已经源源不断地送到了学校的餐桌上，农校联合顺利解决了一大批贫困群众蔬菜市场销路问题。

（7）加强对驻村干部的关心和管理。学校领导非常关心驻村干部，经常与驻村干部交流、谈心，倾听建议，关心驻村干部的工作和生活，而且经常到贫困村调研指导扶贫工作。2016 年，学校主要领导到村 8 次，处级及以下干部到村调研 69 次。学校及时足额发放驻村干部的各项补助和工作经费，解决他们的后顾之忧。驻村干部也不负厚望，于 2016 年被推荐为四川省第二届十大扶贫好人人选，被达州市直工委表彰为优秀共产党员。2016、2017 连续两年被省委省政府表彰为优秀驻村干部。

（二）推进精准扶贫

1. 对永宁乡柏树村精准扶贫见成效

万源市永宁乡柏树坝村是达州市教育局牵头精准帮扶的贫困村。学校针对该村贫困实际，及时出台相关措施，与达州市教育局、达州市一中共同推进该村的精准扶贫工作。

第一，加强村级组织建设。2016 年以来学校主要领导到村 10 余次，每次都把基层组织建设放在第一位，同时派出党建专家到村指导基层组织建设，不断增强村级组织的凝聚力和战斗力，充分发挥基层党组织的战斗堡垒作用。

第二，加快推进基础设施建设。学校积极配合相关单位规划项目，争取资金，推进了该村的道路、水、电、通信等基础设施建设。2015 年以来学校在办公经费中挤出近 50 万元用于该村的村道建设。目前，该村 4.5 千米社道路面施工已经全部结束，整村推进的 6 千米道路也已完工，完成了该村三、四、五组 6 千米高压、8 千米低压线路的农网改造，提灌站项目也在顺利实施。改建村老年活动中心一个。这些基础设施的成功修建，解决了该村长期以来想解决而没有能够解决的难题，极大地便利了村民的生产生活，也使党的政策和扶贫单位的努力获得了村民的充分肯定和认可。

第三，因地制宜推进产业发展。

（1）指导贫困党员示范项目建设。该村没有集体产业，为推进集体产业，同时发挥党员带头示范作用，学校协调指导 8 名贫困党员和村委会共同筹资近 3 万元栽种红心猕猴桃约 10 余亩（一亩约等于 667 平方米），并吸引其他 4 户村民以土地+现金的方式入股，共同发展致富。目前猕猴桃苗长势良好，平均高度已达 2 米以上，2018 年产果 1 000 余千克，已全部销售。

（2）积极发展种植、养殖业。三年来，指导种植、养殖培训 12 次，扶持养殖大户 3 户。同时，学校组织人员对产品进行包装设计，扩大销路。几年来为该村销售红心猕猴桃 2 500 余千克、土豆 25 000 余千克，蜂蜜 1 000 余千克，销售收入近 30 万元，惠及群众 50 余户。

（3）发展旅游业。学校为该村进行旅游规划设计，并加强美术写生基地建设。

第四，做好结对帮扶工作。学校对该村负责脱贫任务的 12 户贫困户分别与学校领导和相关处室负责人结成帮扶对子，校领导和相关处室负责人定时到贫困户家中看望慰问，为他们解决实际困难。三年来学校领导到贫困户家中看望慰问近 30 人次，对每户发放慰问品和慰问金共计 5 000 余元。2018 年学校还为全村 78 户贫困户购买了棉衣、棉被，折合资金 1.6 万元，安排首批 6 名学生赴达州参观了四川文理学院、达州市一中等地，让孩子们增长了知识、开阔了眼界。

第五，加强农村文化建设。为推进柏树坝村的文化建设，学校着力从新文化的教育和传统文化的传承入手培养文化观念和文化素养。三年来，学校积极创建农民夜校，着重培养新型农民，组织文艺小分队开展文化下乡，建立老年协会，提高农民文化素养。2018 年暑假组织大学生志愿者对村上进行大面积墙绘，将传统文化与现代文化栩栩如生地展现在村民面前，既美化了居住环境，又丰富了文化内涵。

2. 茶垭乡老洼村精准扶贫，该村面貌焕然一新

万源市茶垭乡老洼坪村是四川省民政厅牵头、四川文理学院参与精准帮扶的贫困

村。近三年来，学校与民政厅、工行四川省分行和万源市编办三家单位密切协调配合，努力开展帮扶工作，在做好指导基层组织建设的同时加快推进基础设施建设和产业发展，该村面貌发生了巨大变化。

第一，基础设施方面。三年来修建村社公路 14.1 千米，硬化 10.1 千米，新建小型蓄水池 28 个，大型蓄水池 2 个，安装下户水管 15 千米，完成精土地改造 400 亩，修复天坑自然灾害 1 处。新建垃圾池 20 个，修建大型广告牌 2 个，新建沼气池 1 个，安装太阳能路灯 30 盏。新建移民搬迁安置点 1 个。

第二，产业发展方面。开展种养殖上门技术培训 14 次，受益群众 300 余人。大力发展种植、养殖产业。目前种植优质核桃 500 亩，新建苗圃 120 亩，新建修建休闲农庄 1 个。发展花卉、黑鸡、山羊、肉牛、长毛兔等种养殖大户 8 户，带动帮扶贫困户 20 余户 60 余人。引进 1 名外地实业家到村投资 1 000 万元建设现代农业产业园区，带领 40 余户村民发展黑鸡、肉牛、生猪养殖，蔬菜瓜果、花卉苗圃种植以及乡村旅游休闲。

第三，协调扶贫单位方面。对口扶贫的三家单位通过多种渠道争取建修资金 320 万元、节日慰问金 10 万余元；免费为村民送诊送药 47 位，送轮椅拐杖 5 位，安装假肢 1 位；免费为贫困户发放春荒救助大米 1 740 千克，发放春耕化肥 14 吨；一对一全学年资助贫困户在读学生 18 人；慰问空巢老人 10 户、留守儿童 10 名。特别是争取到工商银行在该村独家试点发放“农村种养殖致富带头人无抵押助业贷款”5 笔共计 88 万元。

第四，科技帮扶方面。学校组织规划团队对该村安置点进行规划，资助建设文化广场 1 处。大学生科技服务免费维修家用电器 2 次。

三、典型做法

（一）发挥专业优势，发展贫困村旅游产业

万源市所处的秦巴山区是中国南北地理分界线，高差明显，植物呈多样性分布，自然景观独具特色。学校在对贫困村扎实调研的基础上，按照一村一特色的标准，派出学校生态旅游学院相关专业的规划团队，免费为当地发展旅游产业制定旅游方案和设计，进行反复调研和充分论证，目前已制定出两个村的旅游规划方案。同时学校宣传部也已制定出景区宣传片制作方案，正在紧张实施中。

（二）发挥人才优势，做好精准扶智

学校首先选派有农村工作经验，有志于农村工作的干部全职到贫困村驻村，同时，协调学校相关的党建、村建专家学者指导村支两委建设。学校相关专业的专家为贫困村提供法律、实用技术、组织建设、文化建设等服务。学校教务处已经把两个乡的中心学校建为四川文理学院的教学实践基地，将承担大学生支教和顶岗实习工作；学校

宣传部将两个乡都作为文化共建定点乡，对文化扶贫制定出具体帮扶方案；学校校地合作处协调组织万源市的干部、教师、职业技术人才、特殊人才等的培训。

（三）发挥团队优势

学校与各帮扶单位通力合作，整合资源，精准发力。在老洼坪村，四川省民政厅、省工商银行提供政策、资金等帮扶，四川文理学院提供人才、智力、科研团队进行帮扶，各帮扶单位密切配合，形成帮扶合力，将老洼坪村打造为达州市和万源市的帮扶示范村。

四、问题与建议

四川文理学院参与的革命老区扶贫工作尽管取得了很大的成绩，但不容置疑的是，老区扶贫难度大的问题还相当程度地存在着，扶贫成效的巩固和提高还不尽人意，需要全社会共同努力，尤其是决策部门要做好顶层设计和统筹规划。

总结四川文理学院参与的四川革命老区扶贫工作基本经验，从存在的问题层面来看，主要表现在以下方面。

（一）缺人才，人口老龄化，使老区脱贫工作困难重重

“只要有了人，什么人间奇迹就可以创造出来”，然而，四川贫困革命老区不但缺人，更缺人才。就拿四川文理学院联系的永宁乡柏树坝村来说，该村户籍总人口 738 人，而实际常年在家的不足 200 人，而且绝大多数是老年人，具有一定劳动能力的青壮年全部外出务工。因为缺人，村上选干部都很困难，想推动当地产业发展更是无人可用。三年来，帮扶人员有意识鼓励外出务工人员回乡创业，确实也回来几个，从事养殖、种植。现在，有这些帮扶单位，有一些扶持政策，还勉强挽留几个青壮年，但是如果发展不好，他们肯定留不下来。因此，劳动人口数量的问题，特别是劳动人才问题是困扰贫困革命老区发展的最大因素。另一方面，尽管有的外出务工人员在外务工取得不错的收入，但他们或者带着子女常年在外居住，或者仅仅按照最低消费水平把子女交给老年父母在家照顾，同时又因为计划在城镇购房或者偿还购房按揭贷款等因素，对于在家老年父母不愿或无力赡养，使老年父母陷于贫困，这就把这部分老年贫困人员脱贫责任甩给政府，从而无形中加重了政府扶贫的负担。[2]

（二）贫困革命老区因为缺资金不足而限制发展

资金是地区发展的驱动器，然而，偏远地区、贫困地区普遍得不到大额资金的青睐。交通不便，信息闭塞，基础设施落后，人才难以向这些地区流动，这些情况使得四川贫困革命老区缺乏对按市场机制运转的大额资金的吸引力，从根本上限制了贫困老区的发展。只要资金到位了，人来了，人才来了，贫困革命老区发展的问题也就有

了解决之道，而依靠贫困老区自身的财力是难以有效发展的。

（三）帮扶力量不平衡影响了扶贫效果

精准扶贫以来，全国下派数以万计的“第一书记”以及大量的驻村干部，基本上所有省、市、县的机关、事业单位、国有企业以及一些社会团体都承担了帮扶任务。但是，由于帮扶单位自身的功能、资源、级别、重视程度的不同，帮扶的力度和成效就存在天壤之别。此外，派出的帮扶干部（或第一书记）的能力、认识程度千差万别，对扶贫取得的效果也有一定影响。所以，帮扶工作开展以来，有些地方是雪中送炭，而有些地方仍然是变化不大。具体来说，同样是四川文理学院参与帮扶的贫困村，万源市茶垭乡老洼坪村由于是四川省民政厅及工商银行等单位牵头帮扶的贫困村，派出单位投入力度大、资源多，所以扶贫工作见效快、成果大，短时间内就实现了帮扶对象的脱贫；而万源市永宁乡柏树坝村是达州市教育局牵头精准帮扶的贫困村，帮扶单位本身财力及动员社会资源能力相对欠缺，所以扶贫工作成效远不如老洼坪村显著。这种扶贫成效的差别非人力所能改变。一些实力雄厚和资源丰富的帮扶单位强强联合，固然有利于树立扶贫先进典型，却并不具有可推广的适用性。

针对四川贫困革命老区扶贫工作中面对的上述问题，我们认为，既需要有对这些问题的正确认识，也应该能够找到有效的对策。当然，这些问题的解决绝非轻而易举，而是需要各方高度重视，协力配合。

1. 针对四川贫困革命老区农村人口的向外流动和老龄化问题的解决办法

首先应该认识到，农村人口的向外流动有其客观必然性。一是我国农村人多地少，随着农业生产技术的进步，农业生产所需要的劳动人口确有减少的必然性。二是在融入全球化的时代，我国农业在国际竞争中不具有比较优势。与美国、巴西、阿根廷、澳大利亚等农业大国相比，我国的许多主要农产品在产业化水平、价格、质量等方面存在显著差距，由于世贸组织规则的限制以及市场本身的规律，我们不能靠政府补贴来维持国内农产品的高价格和农民的高收入。三是我国改革开放政策带来的第二、第三产业迅速发展，使二、三产业从业人员收入明显高于第一产业，必然吸引农业从业人员向二、三产业流动。四是我国推进城镇化战略，使城镇在基础设施建设方面相对于农村贫困革命老区具有巨大优势，巨大的城乡发展差距客观上鼓励了农民向城镇流动。

至于农村常住人口的老龄化问题，这实际上是伴随着农村人口的向外流动而产生的。因为务农收入一般情况下低于外出务工收入，所以青壮年劳动力会选择外出务工；而年老农民由于身体原因外出务工机会偏少，以及照管住房、产业及小孩等因素，通常就只能留在农村，从事着有限的农业劳动。

目前来看，农村人口的外流和老龄化还没有发展为一个特别严重的社会问题。一是尽管农业劳动力在减少，甚至部分农用地被抛荒，但由于农业生产物质技术条件的改善，单位面积产量的提高，所以我国主要农产品总产量仍然在逐年增加，加上开放的国际贸易环境，使得农产品总供给和总需求大体平衡，农产品价格总体上仍然比较稳定。二是由于农业生产工具和交通条件的改善，农业生产劳动变得更加简易和轻松，对单纯体力的依赖在减轻，所以较少劳动人口的生产能力已足以维持社会的基本需求，甚至部分老年人口仍具有一定劳动能力。三是由于城乡生活环境和人际关系的巨大差异，老年人年轻时很少出远门而滋生的乡土情结，以及新农村建设给农村带来的积极变化，部分老年群体并不愿意离开常年生活的农村环境。四是部分青壮年农村劳动力的外出要受自然规律的约束，即当这些劳动力逐渐年老，如果不具备在城镇购房居住的条件，还是会在逐渐失去城镇就业能力时返回农村。五是农业生产环节也是我国环境污染的一个重要源头。在一些人多地少、农业生产条件不具有优势的地方，比如本研究报告所涉及的万源市部分农村，农业人口的适度减少及老龄化，哪怕对农业产值产量、农村发展水平及农民收入有一定消极影响，但客观上有利于生态环境保护，其消极影响并不是根本性的。

当然，农村人口的外流导致的农村人口空心化及老龄化也始终是一个问题。我国是一个人口大国，十多亿人口的吃饭问题是一种刚性需求。尽管在开放条件下可以适度依靠进口粮食满足部分需求，但我们要坚持把粮食安全牢牢掌握在自己手中，需要一定数量的人口坚守在农村；同时，我们要建成的全面小康社会，以及未来要实现的社会主义现代化目标，要体现“一个都不能少”的公平正义原则，必须坚持乡村振兴战略，逐步改变农村落后面貌，保证贫困农民按期实现脱贫，这也需要加快农村发展。为此，国家在制度上可以从两个方面引导人口回流农村：一是国家助农扶贫资金按农村常住人口而不是单纯按贫困程度发放，外出务工者其家庭成员不能同等获得国家助农扶贫资金。二是在外出务工人员较多、土地抛荒及住房空置严重的乡村，以村为单位引导城镇失业人员或城镇具有劳动能力的生活困难人员到农村承包土地从事生产经营。[3]这部分务农人员可以同等享受国家有关惠农政策。这种逆城镇化和部分具备条件的农村人口城镇化可以在一定程度上并行。

对于农村人口的老龄化问题，则应视具体情况而定。一是对达到一定年龄的农村人口给予一定补贴；二是通过教育引导或通过法律途径促使成年子女自觉承担赡养老人义务。三是在乡镇一级建立老年服务中心，集中照顾老年农民特别是贫困老年农民。

2. 针对四川农村贫困革命老区经济社会发展面临的资金不足问题，可以综合采用政府扶持、银行贷款、企业投资、民间自助等相结合的形式

政府是农村扶贫脱贫的第一责任人。政府资金扶持一方面不能完全取消输血式投入，另一方面主要应采取造血式产业奖补投入，即为合理可行有效的农村产业发展提供资金支持。这部分资金是无偿和普惠的，但可能不会充分满足农户各方面资金需求。银行贷款是农户和银行之间正常资金借贷关系，银行借出资金要考虑本息回收安全。政府应鼓励涉农贷款，一方面要教育农民增强信用责任意识，完善社会征信体系，另一方面也可以适度扩大涉农贷款担保范围，并在一定条件下由国家财政不同程度地为

涉农贷款本息兜底，以减轻银行贷款风险。企业投资是就是一、二、三产业融合发展，把农民的土地、劳动力和企业资金、技术、信息、管理等经济资源有机整合实现共赢发展，这是发展农村经济和改变农村落后面貌更为持久和有效的形式，也是未来中国农村发展的基本方向。民间自助就是向亲朋好友寻求资金支持，这是可以充分利用的传统民间力量，但在社会快速变化的历史时期也应尽量规范化引导，以免引起不必要的纠纷，造成人际关系的败坏和社会道德与秩序的恶化。[4]

3. 针对帮扶力量不平衡对扶贫效果的影响，这个问题的解决需要有关部门科学合理规划好扶贫帮扶单位的组合

各个帮扶单位之间应具有互补性，帮扶单位在资金、技术、人才、市场、信息等方面能够相互补充。帮扶单位强强组合固然能够快速产生成效，有利于树立扶贫典型，但扶贫不是做表面文章，不能满足于少数先进经验，而要追求普遍进步、共同脱贫。在联系帮扶单位时，应根据贫困对象的数量、贫困程度、致贫原因、扶贫难度以及帮扶单位自身的特点、优势、实力等综合考虑，精准设置，不能乱点鸳鸯谱。一般来说，对贫困面宽、量大、程度深的扶贫对象，就应组织实力强、办法多的帮扶单位参与扶贫；对缺技术、缺产业项目的，应联系科技和规划能力强的单位扶贫；对缺产品市场的贫困单位，则应配置对口产品市场消化能力强的单位参与扶贫；对主要困境是缺资金的贫困单位，则要联系财政金融部门的单位参与扶贫。另外，对帮扶单位派出的驻村帮扶人员，要加强教育培训，明确帮扶责任，提高其帮扶水平；同时要保障其正当利益，增强其成就感与获得感，提高其工作积极性。对帮扶成效非常突出的单位和派驻人员，给予一定的表彰奖励，并可尝试以某种方式在一定程度上参与分享被帮扶单位的发展成果。

总之，四川革命老区的脱贫是一项经济、政治和社会意义很强的复杂社会系统工程，需要科学规划，精准施策。还要认识到，四川革命老区的脱贫既是一项阶段性的工作，又是一项长期历史任务。因为，哪怕四川革命老区按期于2020年实现了按现行标准全部脱贫，随着我国全面小康社会的顺利建成，我国人民生活水平的普遍提高，未来也必将划定新的更高贫困标准。而目前制约我国革命老区经济社会发展的那些自然地理条件及经济社会条件依然相当程度地存在，脱贫以后的革命老区仍有可能成为未来的扶贫对象。因此，四川革命老区的扶贫工作不能只顾当前不管长远，这就要求当前的治贫措施要具有可持续性，尽可能符合长远利益的需要。

参考文献

[1] 习近平．决胜全面建成小康社会夺取新时代中国特色社会主义伟大胜利——在中国共产党第十九次全国代表大会上的报告[M]．北京：人民出版社，2017：97.
[2] 杨芳．第一书记与村庄治理变革[J]．学习论坛，2016（2）：52-55.

[3] 习近平．以新的发展理念引领发展，夺取全面建成小康社会决胜阶段的伟大胜利[A]// 十八大以来重要文献选编[M]．北京：中央文献出版社，2016：123.
[4] 张红宇．中国特色乡村产业发展的重点任务及实现路径[J]．求索．2018(2)：51-58.

第二编
产业发展

达州市川陕革命老区核心示范区建设路径研究

陈 岗

（四川文理学院川陕革命老区振兴发展研究院 四川达州 635000）

摘 要：达州川陕革命老区振兴发展核心示范区建设是因应《川陕革命振兴发展规划》，推动达州振兴发展与脱贫攻坚具体的落实与举措。核心示范区建设必须立足于达州现有的经济社会发展基础条件、示范区的战略定位、发展目标以及建设路径的选择。

关键词：达州；川陕革命老区；核心示范区

引 言

达州地处四川东北部，位于川渝鄂陕四省市的结合部，宣汉罗家坝遗址、渠县城坝遗址分布其中，是古代巴文化发祥地；它介于长江与黄河之间，是我国地理的中心地带。1933 年 8 月入川的红四方面军发起了宣（汉）达（县）战役，解放了以达县为中心的巴渠大地，将通江、南江、巴中、平昌与达州连成一片，建立了川陕革命根据地，成为土地革命战争时期的第二大苏区。

达州市辖有 4 县 3 区 1 市（即大竹县、渠县、宣汉县、开江县，达川区、通川区、经开区，万源市）是四川省东出北上综合交通枢纽和川渝陕结合部区域中心城市，面积 1.66 万平方千米，总人口 700 万，是四川省的人口大市、农业大市、资源富市。

2016 年达州市有 2 个国家级贫困县（市）、5 个省级贫困县（区）、828 个贫困村、49.85 万贫困人口，贫困人口总量居全省第二，脱贫攻坚任务十分繁重。

为加快老区发展步伐，让老区农村贫困人口尽快脱贫致富，确保老区人民同全国人民一道进入全面小康社会，2016 年国家出台了《川陕革命老区振兴发展规划》，达州市全域纳入。2017 年四川省公布了《四川省川陕革命老区振兴发展规划实施方案》，随后达州市按照《规划》《方案》的要求，召开了四届五次会议，并结合达州经济社会发展实际，颁布了《达州市川陕革命老区振兴发展核心示范区建设方案》，作为落实《规划》《方案》，推动达州振兴发展的具体举措。

《达州市川陕革命老区振兴发展核心示范区建设方案》以区域开发与脱贫攻坚为工作重点，坚持内生发展与对外开放相结合，以供给侧结构性改革为引擎，明确提出用 3～

5年时间，实现“1+4”的目标任务（一个枢纽：中国西部交通枢纽；四个示范区：资源转化利用示范区、产业转型示范区、城乡融合发展示范区、生态文明建设示范区），探索出一条利用区域比较优势、补齐扶贫开发“短板”、缩小区域发展差距的新路子，发挥达州在川陕革命老区区域内引领、示范作用。

一、川陕革命老区核心示范区建设的条件与可行性

（一）发展指标：达州市经济社会发展水平、人力资源发展态势是核心示范区建设的重要基础

近年来，达州市委、市政府坚持以习近平新时代中国特色社会主义思想为指导，团结带领达州人民，深入贯彻落实四川省委省政府的各项决策部署，坚持稳中求进工作总基调，深化供给侧结构性改革，大力实施“12335”战略，使达州经济持续健康较快发展，发展势头良好，一些发展目标接近全国平均水平。

经济总量优势相对靠前。2017年达州实现地区生产总值（GDP）1 583.94亿元，在全省21个地市州中位列第7。在川陕革命老区8市（绵阳、南充、达州、汉中、安康、商洛、广元、巴中）中，达州市经济总量次于绵阳和南充，位居第3，比位居第4的汉中高250.6亿元，经济总量优势相对明显。

经济结构方面，2017年达州第一产业增加值322.13亿元，增长3.8%；第二产业增加值558.12亿元，增长8.1%；第三产业增加值703.69亿元，增长10.5%，且结构日趋合理，三产结构由2016年的21.4∶41.6∶37调整为20.3∶35.3∶44.4。[1]产业结构实现从“二三一”调整为“三二一”的重大转型。

职业教育人力资源优势明显，且发展潜力较大。达州职业教育在校学生人数为6.230万人，占全省基础教育总数的6.91%，占四川川陕革命老区5个市（达州、南充、绵阳、巴中、广元）职业教育学生总数的25.7%，总数排名第一；在数量与质量上，为达州核心示范区建设，尤其是“6+3”产业发展提供了技能人才保障。

在2018年四川省委十一届三次全会上，正式确立达州为全省7个区域中心城市之一，定位达州建设四川东出北上综合交通枢纽和川渝陕结合部区域中心城市，成为四川省经济副中心的有力竞争者。

（二）城市发展与民众收入：城市发展的基础较好，城镇化提速明显，城镇居民收入增长稳定，是核心示范区建设的内生动力

2017年达州市总人口700万，位居四川省第三，在区域内仅次于南充（760万）；主城区人口已经百万，仅次于绵阳、南充。近年来城市空间拓展逐步加快，城市功能逐步完善，大城市框架基本形成，人口集聚和承载能力显著提高。近3年来，城镇化年均提高1.54个百分点，增速居川陕革命老区区域第一，2017年城镇化率达到44.42%，较之2014年的39.4%有近5个点的提升，高于川陕革命老区43.7%的水平。

居民收入增长稳定。2017 年，全市居民人均可支配收入 19 068 元，其中城镇居民人均可支配收入 30 758 元、增长 9.3%，农村居民人均可支配收入 14 228 元、增长 9.2%。相关指标接近《规划》中川陕革命老区 2020 年的水平。[2]

（三）工业基础与产业选择：达州市“6+3”重点产业集群的实施，是核心示范区建设重要的产业支撑

核心示范区建设需要产业的发展做支撑，“十二五”以来，达州工业经济持续壮大，2015 年，规模以上工业企业达 495 家，2017 年，规模以上工业企业达 561 家；其中主营业务过亿的企业达 262 家，企业利润为 56.3 亿元，较之 2010 年的 42.9 亿元，年均增长为 5.6%。

近年来，为顺应工业供给侧改革的要求，推动达州工业经济转型升级，达州市一手抓存量改革提升，即对煤、电、冶、化、建 5 大传统支柱产业，通过技改、腾笼换鸟、引入战略合作者、兼并重组、退城进园等方式与手段，实现传统产业转型升级。

数据显示，2016 年以来，达州市化解过剩和落后钢铁产能 235 万吨，煤炭产能 255 万吨。2017 年，达州全市规模以上钢铁、煤炭企业总产值分别达 157 亿元、237 亿元，同比增长 55%、23%，实现了产能下降产值提升。

另一方面，一手抓增量创新培育，构建了构建“6+3”产业集群，培育新兴产业是推动达州工业再上台阶的重要举措。要把“6+3”作为达州产业发展的重点和突破点，力争在 2035 年，形成能源化工、新材料、农产品加工、现代建筑业 4 个千亿级产业集群，智能装备制造、电子信息、文化旅游、现代物流 4 个五百亿级产业集群，生物医药 1 个百亿级产业集群。

从过去几年来看，“6+3”产业发展集群扎实推进，相关龙头企业落地生根，经济效益明显，2017 年，产业集群总产值达 550 亿元，同比增长 24.5%。其中电子信息产业产值增长最高，达 42%。

与此同时，2012 年以来，按照“一县（市、区）、一园区”“一园区、一主业”的要求，把产业园区建设作为实施项目带动、加快经济发展的重要载体，初步形成了“定位明确、布局合理、主业突出、集约发展”的园区建设体系，构建起了以达州市经济开发区为主的“1+7”产业园区发展格局。在“7+1”产业园区建设上，通过完善功能定位、强化要素支撑，推进制度创新等方式，使达州市产业园区特色鲜明，布局清晰，产业承载能力较强，项目入驻产生的产业集聚发展效果明显，初步形成了“市农产品加工集中区—达川商贸物流园区—达州经开区—达川工业园区—达州空港新区—大竹工业园区”等产业园区带建设。

（四）资源禀赋：油气、矿产以及特色农产品资源优势相对突出，是核心示范区建设重要依托

（1）油气资源：达州市普光气田是全国第二大天然气田，已探明储量 4 000 亿立方

米，年产能超过 100 亿立方米，储量是元坝气田的 3.1 ~ 3.5 倍（元坝气田横跨南充、巴中、广元），业已成为我国“川气东送”主供气源。且在区域内首个获批“国家天然气综合开发利用示范区”。

（2）矿藏资源：煤炭总储量达 5.3 亿吨，是全省三大煤田之一，且煤质较优；钾盐储量超过 1.5 万亿立方，且盐矿中各个元素含量均超过国家单独开采的品位标准，多为国家急缺矿种，其中钾盐矿含锂量超过工业品位的 4.5 倍，如以经济价值论，钾资源量超过 5 亿吨，经济价值 8 000 亿元；锂资源量 100 万吨以上，经济价值 1 000 亿元；还有硼溴碘等多种稀有金属，经济价值 1 000 亿元以上。

（3）农畜资源：达州作为四川农业大市，为全国三大的天然硒资源区之一，素有“四乡三都两基地”的美誉，是中国苎麻、黄花、乌梅、糯米之乡，中国油橄榄、富硒茶、醪糟之都，国家商品粮和优质生猪生产基地，拥有国家地理标志农产品数达 24 个，农业与畜牧业基础雄厚。农业与畜牧业具有“资源优、产量大、品种特、基础好”的特点，具备大规模发展“有机农业、生态农业、富硒农业”的自然、地理条件。同时，依托这些资源，发展农工一体、农旅相融的新业态，开发工业旅游，实现乡村振兴。

（五）区位特点：独特的区位优势与优良的投资环境，是核心示范区建设重要保障

达州位于成都、重庆和西安三角的中心地带，西至成都 420 千米，南到重庆 220 千米，北距西安 460 千米，东距武汉 950 千米，是丝绸之路经济带、长江经济带的重要通道，也是联通成渝经济区、通联关中天水经济区、大武汉经济区的重要节点城市，具备了建设成为四川东出北上综合交通枢纽和川渝陕结合部区域中心城市的地理条件。

同时，达州历来为秦巴地区物资集散中心，以达州为圆心，半径 200 千米范围，涵盖川渝鄂陕四省八市两区 7 300 多万人口，可以说具有广阔的市场空间。

达州作为四川东出北上的门户城市，境内包茂高速、南大梁高速、达万高速等 6 条大通道纵横交错，襄渝铁路、达万铁路、达巴铁路贯穿全境，达州机场已开通北上广深等 13 条航线，达州新机场将于明年建成通航。

二、核心示范区建设的战略定位与发展目标

按照《川陕革命老区振兴发展规划》的指导要求，目标任务不能脱离与超前示范区的功能定位，综合考虑结合达州市所处的区位特点以及资源禀赋，达州市核心示范区的功能定位应该体现在如下五个方面：长江经济带和丝绸经济带的重要通道；区域开发与精准扶贫协同推进示范区；清洁能源综合开发利用示范区、特色农产品生产加工基地；红色文化传承区和生态旅游目的地；秦巴山生态文明先行先试区。围绕此定位，才能有针对性的探索核心示范区的目标任务。

（一）建设中国西部综合交通枢纽

达州是川渝鄂陕四省市的结合部与两大经济带的重要通道，把达州建设为四川东出北上综合交通枢纽，形成区域间高效畅通、城际间快速通达、城市内高效转换、城乡间便捷联通的立体综合交通体系，是核心示范区建设的重要目标。

唯有如此，才能提升达州对外的开放度，并以开放倒逼区域内体制改革，以此激活区域内商贸、产业的繁荣发展，推动综合性的物流园区及物流配送的建设，实现区域中转与多式联运、商贸物流与城市配送的高效便捷，同时，高起点承接重庆、东部地区和发达国家（地区）产业转移，加快融入国际国内重大产业价值链，着力打造具有核心竞争力的产业带和产业集群。

（二）建设资源转化利用示范区

达州天然气资源、特色农产品资源丰富，如何开发利用这些资源，拓宽、延长这些资源的产业链，增加其附加值，将资源优势转化为经济优势是建设核心示范区，提升区域核心竞争力的关键所在。建设资源转化利用区，需要创新天然气开采的新模式，加大勘探开发力度，推进以气为燃料、以气为原料的产业发展。

同时，立足生态资源和特色农林、中药材资源优势，大力发展绿色高效生态产业，打造特色农产品生产、精深加工基地和秦巴地区道地中药材生产和精深加工基地。

此外，利用达州红色文化、巴文化、民俗文化资源富集的优势，解决文化资源优势向经济优势转化的问题，大力发展红色文化、生态休闲度假康养旅游，打造区域旅游精品景区和线路。

（三）建设产业转型发展示范区

依托“1+7”工业园区，充分发挥其产业的承载作用与承载能力，以“6+3“产业集群的发展为引领，推动关联产业向园区集聚。同时，产业区的发展要突出重点、明确方向，把握市场的脉搏，加快推动优势产业和重点企业链条向深度、广度延伸，着力在价值链关键环节、关键领域培育壮大龙头企业，打造一批区域知名品牌，构建特色优势现代产业体系基地，提升产业集聚化、集群化、绿色化、信息化水平，实现达州产业的转型升级。

（四）建设城乡融合发展示范区

推动城乡融合发展，健全城乡融合发展体制机制，是党的十九大提出的乡村振兴战略的重要内容。川陕革命老区第一产业比重高，农业人口数量多，加之城市发展较为滞后，实现城乡融合发展面临的挑战巨大。就达州市而言，面临的问题尤为突出。应努力加快推进主城区、县城、重点镇、特色小镇建设，着力提升公共服务水平，实现扩容与提质并进，在城镇化指标上，常住人口城镇化率达到 50%，成为川陕革命老区新型城镇化排头兵。此外，大力实施乡村振兴发展战略，推动城乡融合发展，必须与扶贫攻坚同步推进，唯有实现脱贫，实现乡风村貌的改善，幸福美丽乡村的建设才能真正落实与实现。

脱贫攻坚必须因地制宜，把产业发展作为脱贫的重点，走多元产业发展的路子；坚持扶贫与扶业、扶贫与扶志相结合，通过激发农民脱贫奔康的内生动力，加快区域性整体脱贫奔康，走出一条精准脱贫、扶贫，促进区域开发的新路。到2020年，全面解决绝对贫困现象，现有的四个省定贫困县摘帽，334个贫困村退出，15万人脱贫。

（五）建设生态文明示范区

达州川陕革命老区地处南北气候过渡区，立体气候明显，雨量充沛，区域内土壤有机质含量高，渠江、巴河、州河等水系发达，流域覆盖达州市四个县（市）。区域生物资源丰富，达州市共有脊椎动物400余种、野生植物5 000余种，其中，达州市普查鉴定的2 158种植物中，可供药用的1 652种，故达州有“天然基因库”“天然药库”之称。在地形地貌上，达州山地面积占70.70%，丘陵占28.10%，平坝占1.20%，在人多地少的环境下，生态的承载力较为脆弱。达州建设生态文明示范区，必须严守资源生态红线，探索生态文明建设有效模式，巩固生态屏障地位。强化环境污染治理，统筹推进“大气、水、土壤”污染防治，加强城乡环保基础设施建设和重点行业污染防治。

三、制约达州市川陕革命老区核心示范区建设的问题

（一）经济发展质量不高

达州市在川陕革命老区区域内是经济大市，但不是经济强市。2017年达州市三大产业结构比20.3∶35.3∶44.4，农业占比在区域内第1，也高于其他革命老区。2016年，达州产业结构比为22∶48.6∶29.1；四川为12∶42.6∶45.4；全国为8.6∶39.8∶51.6，可见，达州第三产业占比比全省低16个百分点，比全国低了23个百分点。

尤其严峻的是，川陕革命老区8市中，达州经济总量居第3，但以人均GDP来看，其排位不仅在川陕革命老区 8 市中靠后，仅高于巴中、广元，与其他革命老区区域中心城市相比较，2017年，达州市人均GDP为28 066元，落后于陕甘宁革命老区延安56 214元、沂蒙革命老区临沂41 618元、赣南等原中央苏区赣州29 567元、左右江革命老区百色37 616元、大别山革命老区河南信阳34 528元，湖北黄冈30 404元。

（二）交通优势面临较大挑战

普铁时代，达州交通优势在区域内较为明显，襄渝铁路、达成铁路、达万铁路在达州交汇，达州火车站位于成都、重庆、武汉、西安四个特大铁路站交汇中心；但高铁时代到来，原有的优势面临较大压力。西成客专开通，让广元、汉中迈入高铁时代；

兰渝铁路开通，进一步提升了南充、广元的铁路枢纽优势；郑万高铁开通，万州的铁路、水利综合优势更加明显；而达州市目前与成都、重庆、武汉、西安等大城市还没有高速铁路相连，且高速公路的面积密度仅为2.46千米/百平方千米，区位优势尚未有效发挥；县际快速通道刚刚起步，且公路质量不高，质量亟须改造升级。同时，老区山地多、平原丘陵少，区域内很多县市区人口分布处于点状割据状态。由于历史、人文、地理原因导致交通基础设施布控条件不足，一些村庄通路成本过高，交通瓶颈问题较为突出。

（三）脱贫攻坚异常繁重

2017年，通川区贫困县摘帽已接受省上验收，全市全面完成311个贫困村退出、15.07万贫困人口脱贫目标，贫困发生率为3.7%，比上年下降了2.8个百分点。完成贫困户危房改造1.33万户，建成农村公路1 562千米，8.4万人饮水安全问题得到解决，206个贫困村建立了电商服务站点。建成易地扶贫搬迁集中安置点154个，搬迁入住1.5万户4.8万人。

截至2017年底，全市有贫困县6个，比巴中市多3个，比南充市多4个，比广安市多3个，比绵阳市多5个；有贫困村368个，比巴中市多99个，比广元市多39个，比绵阳市多294个；还有贫困人口19.98万人，比巴中市多6.38万人，比广元市多10.28万人，比南充市多12.08万人，比广安市多12.68万人，比绵阳市多19.48万人。我们必须清醒地认识到，全市贫困人口总量仍然较大，贫困发生率3.67%仍然高于全国全省平均水平，而且越往后脱贫成本越高、难度越大。同时，在川陕革命老区8市中，达州市贫困人口总数居第4，扶贫任务十分艰巨；初步计算，2018年全市脱贫攻坚资金中需求为59.37亿，资金不足是达州经济社会发展的一大掣肘；因病、因灾、因产相互交织，稳定脱贫难度较大。

（四）城市集聚人才能力不足，高层次人才短缺

城市公共服务发展水平较差，特别是优质教育资源和卫生资源缺乏，大量本地人赴成都、重庆、绵阳求学就医。初步估计我市常年在外地求学的学生大致在3 000人以上，且有逐年上升之势；全市高等本科院校仅四川文理学院1所，远低于南充的5所。达州市还是川陕革命老区区域内乃至四川最大的外出务工大市，每年外出务工人员占全域劳动人口的25%以上。

适龄劳动力大多外出务工，农村空壳化现象严重。据统计，达州外出务工人员为183万，其他市区如南充170万，广元96万，巴中110万，汉中95万，安康50万，商洛60万，川陕革命老区每年外出务工人数达700万以上，相当于区域总人口的1/5。与此同时，受成都、重庆资源高度聚集产生的虹吸效应影响，达州市对人才引进的吸引力严重不足，自2012年实施的“千名硕博进达州”，截至2018年，尽管引进了数百名硕博人才，但由于吸引人才流入政策的力度偏小，真正具有一定研究能力、创新能

力、学术影响的硕博人才引进数量很少，而有实力的研发团队、领军人物或顶尖人才几乎没有。

四、核心示范区建设的实施路径

围绕达州市川陕革命老区核心示范区建设的目标，结合达州振兴发展的优劣条件，核心示范区建设实现的路径应该按照“以改革创新为理念、以项目建设为抓手，以示范带动为标杆，以对上争取为突破”的宏观理念与思路，围绕如下的路径稳步推进。

（一）交通突破：集中力量重点打通达州市川陕革命老区发展“短板”

完善综合交通运输体系，建设以普通公路为基础，以铁路、高速公路为骨干，以水路、民航为重要组成部分的综合交通运输网络。构建以主城区为中心的“三大交通圈”，即与市内各县（市、区）、重点景区及南充、巴中、广安、万州等城市 1 小时同城圈；与成都、重庆、安康、广元、汉中等城市半天往返圈；与西安、武汉等城市一天往返圈。

同时，发挥干线公路网的辐射功能，切实提高通达深度，有效实现城乡物资的运输畅通，要加快实施农村公路改造工程和“通达工程”，注重农村公路网建设，提高各乡镇的出行质量，服务老区经济社会的快速发展。

（二）扶贫攻坚：全力推进达州市秦巴贫困老区连片扶贫开发

按照中央扶贫工作的“六个精准”和“五个一批”的要求，围绕“两不愁”“三保障”和“四个好目标”，继续打好达州市“3+10+N”扶贫组合拳；坚持问题导向，下足“绣花”功夫，以决战决胜的信心和定力，聚焦脱贫攻坚目标任务，破难点、补短板，集中力量打好基础设施、产业培育、民生保障三大攻坚战。一是基础设施“改穷貌”。以路、水、电、广、网为重点，打好基础设施攻坚战，做到“路硬化到村、水接通到缸、电连接到户、广播响到村、网络覆盖到人”，确保贫困村有路、有水、有电、有广播、有网络、有“样子”，切实改善贫困地区面貌。二是培育产业“拔穷根”。以种、养、加、销、游为重点，打好产业培育攻坚战，要做到“村村有特色，社社有产业，家家有项目，人人能致富”，确保贫困户有种有养有加有销有“票子”，大力促进贫困群众增收。三是保障民生“兜穷底”。以吃、穿、住、医、教为重点，打好民生保障攻坚战，实现“两不愁、三保障”，确保贫困人口有吃、有住、有医、有教、有法子，不断提升民生保障水平。

（三）绿色农业：发展富硒、生态优势农业和特色农产品深加工业

利用秦巴山区生态优势、山区高海拔以及土地富硒的特点，规划建设一批农业示范园区和专业合作社，作为发展绿色农业、富硒农业的突破口，形成具有达州特色的

生态农业、有机农业和观光农业的新业态。

按照优质化、特色化、标准化、产业化、品牌化的要求，积极开发绿色农产品、富硒食品和地理标志产品，以壮大特色畜牧业、特色种植业和特色林产业为重点，大力发展专业合作组织，提高农业组织化程度，推广新型实用农业机械，全面提升农业产业化水平。

加快建设特色种植业基地、特色林业基地和特色畜牧业基地。依托特色农产品基地，建立加工示范园区，引导和推动现有加工企业向园区集中，培育农产品加工龙头企业，突出发展畜禽、粮油、茶叶、食用菌、蚕桑、中药材、林产品等八大类农产品精深加工。[4]

（四）项目建设：以“6+3”产业集群发展为抓手，以项目落实转型，以项目推进资源转化，以项目创新优势

具体实施中，围绕以下方面展开：

实施传统产业振兴、支柱产业优化、优势产业发展等工程，着力形成经济持续健康发展的“多业支撑”格局。

针对产业结构偏重化工型、资源型和传统型的短板，按照供给侧改革的要求，推动钢铁、煤炭，水泥等产业转型升级，实施相关产业的技术改造，提质增效，发挥传统产业对达州的经济贡献；同时，结合核心示范区的发展定位，加强对“6+3”产业集群的研究，做好产业集群中项目认定和储备工作，按照达州市“6+3”重点产业发展实施方案，打造能源化工“千亿产业集群”和新材料、智能装备制造两个“百亿产业集群”，培育电子信息、生物医药和农产品加工三个“特色优势产业集群”，壮大新型建筑、文化旅游两大“优势潜力产业集群”。围绕这些产业集群发展，实现达州市经济的飞跃发展。

（五）旅游商贸：发挥区域东出北上的作用，推动区域文化资源整合、开发旅游资源，做大做强旅游产业

作为巴国故里，达州市自然生态资源丰富，人文历史源远流长，巴文化、民俗文化及红军文化是打造区域文旅产业的三张名片，如何整合、开发区域自然与人文资源，借助达州作为西部地区交通枢纽的优势，利用两大通道，做大做强旅游产业，使达州市成为南北旅游对接区、游客南下北上景观走廊。

保护开发红色旅游资源，加大革命遗址、旧居保护修缮力度，提升其教育功能，打造红色旅游精品景区和经典线路，构建以达州—巴中—广元为核心的原川陕苏区红色旅游圈。

利用秦巴山脉地区自然生态、自然风光及国家级自然保护区，发展生态休闲、观光旅游，打造好大巴山大峡谷旅游风景区，使之成为达州市一张旅游名片，同时，完善大巴山大峡谷旅游扶贫开发项目规划设计，实现旅游与扶贫同步。

整合川陕革命老区红色旅游资源与秦巴山自然风光、川东北美食文化、巴蜀民俗文化、历史古迹等旅游资源，进行系统、整体开发，增强旅游产品的知名度与吸引力。

（六）产城融合：以产促城，以城兴产，产城融合

“产城融合”是指产业与城市融合发展，以城市为基础，承载产业空间和发展产业经济，以产业为保障，驱动城市更新和完善服务配套，以达到产业、城市、人之间有活力、持续向上发展的模式。达州经开区作为达州市的工业经济的主战场和主阵地，应大力发展新型经济模式，转换经济经营管理理念，加快建设国家级产城融合示范园区，以点促面，带动整个达州市的城市产业体系的建设，推动产城人三者融合，建设宜居达州，美丽达州。

（七）开放合作：实施大开放，借势川陕渝，融入西三角

以建设四川东出北上综合交通枢纽为扩大开放的契机，建设四川东向北上开放支点城市，积极主动融入重庆、西安“一带一路”节点城市的建设，扩大开放的广度、深度与质量，通过产业配套、化工产品输出、特色农产品加工、出口，寻找出双方的契合点，统筹“走出去”与“引进来”，构建对外开放新格局，推进达州域内与域外协调发展。

四、结　语

达州是我们党领导和创建的川陕革命根据地的重要组成部分，为中国革命的胜利做出了重大的贡献与牺牲。习近平总书记多次讲道：“老区人民对美好生活的向往，就是我们的奋斗目标”，“要让老区人民过上更加幸福美好的生活，全面建成小康社会‘一’个都不能少”，并郑重指出“加快老区发展，使老区人民共享改革发展成果，是我们永远不能忘记的历史责任，是我们党的庄严承诺”。

2018 年《达州川陕革命老区振兴发展核心示范区建设方案》绘制了达州川陕革命老区振兴发展与脱贫攻坚的蓝图、指明奋斗的方向与目标，是对《川陕革命老区振兴发展规划》具体落实的体现，这对达州而言，既是振兴发展的重要机遇，也是一场巨大的考验与挑战。

参考文献

[1] 达州市统计局．经济发展换挡减速转型升级势头良好——2017 年达州经济运行情况[EB/OL]．www.sc.gov.cn/10462，2018-3-14.
[2] 四川省统计局．新常态 新挑战 新成就——“十二五”达州经济发展情况综述

[EB/OL]. 四川省政府网，2016-02-26.
[3] 牛勤. 区域经济增长论：达州打造成渝经济区增长极研究[M]. 北京：光明日报出版社，2015：67.
[4] 傅忠贤. 区域特色优势资源开发产业化培育的现状、问题和对策研究——以四川省达州市农业特色优势资源开发产业化发展为视角[J]. 今日中国论坛，2016，（3）：34-35.

区域现代物流业发展的路径困扰和对策研究
——以四川省达州市为例

傅忠贤　易江莹

（四川文理学院 1. 财经管理学院；2. 马克思主义学院 四川达州 635000）

摘　要：现代物流业属于技术密集型和高附加值的高科技产业，被称为提高劳动生产率以外的“第三利润源泉”。达州市自古以来是川渝鄂陕结合部的商贸物流中心和交通枢纽，具有发展物流产业的良好条件。调查达州现代物流业发展现状、分析发展中存在的突出问题、探寻解决问题的对策措施，有助于推动达州市现代物流业的快速健康发展。

关键词：现代服务业；现代物流业；区域物流；对策研究

现代物流业将运输、仓储、装卸、加工、整理、配送、信息等方面有机结合、形成完整的供应链，能够为用户提供多功能、一体化的综合性服务，涵盖从原材料到产成品、从供应商到消费者及相关信息有效流动的全过程。《达州市国民经济和社会发展“十三五”规划纲要》高度重视现代服务业的发展，明确指出要“把推动服务业大发展作为产业结构优化升级的战略重点”，首次把“现代物流业”列在优先发展的生产性服务业之首的位置，确定了把达州打造成“川渝鄂陕结合部综合型物流中心”的发展目标。因此，对当前达州现代物流业发展现状进行深入的调查研究是很有必要的。

一、现代物流业在区域经济、城市经济发展中的地位和作用

物流业是支撑经济社会发展的基础性、战略性产业，被经济学家称为继劳动力、自然资源之后的第三利润源泉。2016 年上半年中国电子商务交易额达 10.5 万亿元，同比增长 37.6%，规模以上快递企业营收 1 714.6 亿元，同比增长 43.4%，网络零售 23 141.94 亿元，比 2015 年增长 43.4%，跨境电商同比增长 30%，农村电商市场规模预计 2016 年将达 6475 亿元，比 2015 年 3530 亿元增长 1.8 倍。[1]

发展现代物流业是推进供给侧结构性改革的重大战略举措。“供给侧结构性改革”是党和国家立足对我国经济“供给”和“需求”两个方向上出现问题的深刻反思做出

的重大决策。现代物流业作为连接“供给”和“需求”两端的纽带，具有极其强大而广泛的产业关联性，只有迅速发展现代物流业，才能有效降低物流成本、减轻企业负担、实现资源优化配置、提高经济运行质量，也才能有效提升区域之间、城市之间、企业之间更广阔的区域分工与合作，促进产业转型升级。2016 年 9 月国务院转发《物流业专项行动方案（2016—2018）》，规划在三年内推进 21 项措施以降低企业物流成本，提高社会物流效率，大力推进物流业转型升级和创新发展。国务院之所以大力度推行这套专项行动方案，正是基于对现代物流业的产业关联性和产业带动力的重视和认可。

二、达州市现代物流业发展的主要成效

（一）物流产业规模持续扩大、物流产业地位日益提高

近年来，在全国经济发展进入新常态的大背景下，达州经济发展也步入了下行通道，GDP 增速在“十二五”时期遭遇到从 15.2%下降到 3.1%的“断崖式”下跌，但是达州的服务业特别是现代物流业却保持了较强劲的增长态势，成为支撑达州经济发展的重要力量。据统计，2015 年，达州服务业实现增加值 402.42 亿元，增长 9.6%，占 GDP 的比重达 29.8%，对经济增长的贡献率高达 81.3%，拉动经济增长 2.5 个百分点。其增速分别比 GDP 和规模以上工业增加值快 6.5 个和 12.6 个百分点，成为经济止滑回升的新引擎。①其中物流业实现增加值 37.49 亿元，增长 8.8%，2016 年达到 10%以上。目前，达州已把现代物流业纳入优先发展的基础性、战略性产业。

（二）物流支撑能力不断提升、现代物流体系显露雏形

2015 年达州物流总量达 1.39 亿吨，周转总量 133.5 亿吨千米，位列四川省前列，居秦巴地区之首。全市各类物流企业达到 310 家，比 2014 年增加近 100 家，其中营业收入 300 万元以上的物流企业达到 20 家。全市在（拟）建的重点物流园区（中心）12 个，计划总投资 415 亿元；重点物流项目 12 个，计划总投资额 78.36 亿元，已经完成总投资 31 亿元。全市已建成重点企业快件处理中心及标准化网点服务体系，镇乡快递网点覆盖率达 80%。2015 年，全市快递业务总量实现 4.96 亿元，同比增长 41.74%。秦巴物流园区、达州经开区物流园、达川区商贸物流园等 7 个现代流园区加快建设。达竹物流通过 AAA 级物流企业评定，电子商务交易额突破 40 亿元；复兴商贸集聚区成功列入省级现代服务业集聚区。由此，一个由物流基础产业、物流装备制造产业、物流系统产业、第三方物流企业和货主物流产业等基本要素所构成的新兴产业体系在达州开始显露雏形。

（三）物流通道强势拓展，物流节点建设提速

达州物流业以物流产业集群为依托，以公路、铁路、航空运输为主导，以物流园区和物流中心为载体，区域优势突出的立体交通网络和综合性交通枢纽已经成为达州

最重要的现代物流大通道。达州是成渝、关中天水、大武汉三大经济区的重要连接带，北临丝绸之路经济带，南临长江经济带，东接21世纪海上丝绸之路，地理区位独特，历为交通便捷、经贸繁荣之地。作为全国70个二级物流园区布局城市和66个区域级流通节点城市之一，达州境内铁路、公路、水运、航空运输立体交通体系完备，是国家公路运输179个主枢纽之一、西南地区第四大交通枢纽，正在建设三级四场编组站。2015年市域公路总里程2万千米，国道210、318线纵横全境，包茂、沪蓉高速公路和国家铁路交通网“八横八纵”中的主通道“包柳通道”“沿江通道”在达州境内交汇，襄渝、达成、达万三条铁路线在达州境内十字交汇，洲河渠江航运总里程363千米，港口码头230个，达州机场开通了到上海、深圳、广州、北京、昆明、成都、泉州、三亚、拉萨、杭州等地9条客货航线。秦巴地区体量最大、综合性最强的秦巴物流园区（河市）市政道路基础设施前期工作进展顺利，即将开工建设，总设计能力2 500万吨的达州火车货运枢纽站一期450万吨货运工程将于2016年底建成投运，达州机场搬迁工程将于2016年开工建设，达州公路物流港建成投用，达州城市、城乡及农村配送站点覆盖率达95%，达州物流园区“一主五副十心多点”发展大格局轮廓初现。

（四）物流信息平台开始涌现，金融物流具有良好的资金保障

物流信息是影响物流活动的关键要素，物流信息平台是承载物流信息的重要载体，物流信息平台建设需要依托金融物流的快速发展。当前，达州金融物流发展步伐加快、资金保障充足、物流信息平台快速涌现逐步成型。据统计，2015年，全市移动通信基站达8 821个，光缆总长10.83万皮长千米，城域网出口总带宽达到440 Gbps，建成“全光网城市”和“百兆城市群”，成功入围国家“宽带中国”示范城市、国家电信普遍服务试点城市。所有乡镇实现光纤宽带和3 G/LTE覆盖，90%的行政村实现宽带覆盖，家庭固定宽带用户达65.1万户，3 G/LTE用户达110万户，广电网和通信双向改造达65%，电信IPTV用户40万户。智慧城市建设稳步推进，城市级云计算中心预期在2016年建成。这为达州物流信息平台建设提供了良好条件。目前，达州物流信息平台建设已取得明显的成绩，达州公路物流港公共信息平台、万源南北物流港信息平台建成投入使用，年均物流信息交易量超5万条，完成了与成都、重庆等地物流信息的互享互通。金融物流是伴随着物流产业的发展而产生的，它为物流产业提供资金融通、结算、保险等服务，是物流业发展的重要支持条件。达州金融物流资金保障充足，2015年，全市金融业增加值达到50.89亿元，增长20.1%，全市银行机构存款余额2 086.42亿元，在全省排第4位；新增340.7亿元，同比增长19.06%。截至2016年第一季度末，全市金融IC卡存款占银行存款的比重为52.94%，与全省的平均水平基本持平，电子现金消费交易额1431万元，占全省38.57%，位列全省第一。

（五）物流主体不断壮大，物流规划和物流合作交流取得突破

物流企业是物流业的主体，近年来达州物流企业获得了快速发展。截至2015年底，

全市有各类物流企业 310 余家，其中营业收入超 1 000 万元的物流企业 27 家，超 3 000 万元的 8 家，超 5 000 万元的 2 家，超 1 亿元和 10 亿元的分别有 1 家。全市重点物流企业 12 家，其中省级重点物流企业 11 家，第三方物流企业普及率达 50%，涌现出达州公路物流港有限公司、四川顺程物流公司、四川达竹物流公司等一批具备现代物流特征的第三方及第四方物流企业。全市有快递公司 14 家和 63 家分支机构。2014 年出台了《达州市物流业发展规划（2014—2030）》，2015 年出台了《加快建设达州市现代物流服务体系的三年工作方案》。至目前，达州被正式纳入《全国物流园区发展规划》二级物流园区布局城市、四川省现代物流试点示范城市、四川省区域现代商贸物流中心试点城市和四川省物流业重点发展地区，全市共争取省级项目 26 项，项目资金 4 440 万元。2016 年达州市与重庆万州市成功签署《达万两城合作框架协议》，依据该协议达州将把万州港作为通江达海的便捷港口。

三、达州市现代物流业发展存在的突出问题

（一）对待发展现代物流业的思想认识没有完全到位

达州市政府在 2008 年就出台了《达州市现代物流业发展规划（2008—2020）》，2014 年重新修订了《达州市物流业发展规划（2014—2030）》，2015 年出台了《加快建设达州市现代物流服务体系的三年工作方案》，2016 年发布《达州市国民经济和社会发展十三五规划》并明确提出把达州“建成全省区域性服务业中心”，把“建成川渝鄂陕结合部区域综合型物流中心”作为达州现代物流业发展的战略任务。这些文件的出台虽然与遂宁市规划建设“中国西部现代物流港”，2016 年成功获批“首批国家级现代物流产业示范基地”的大手笔、大气魄相比尚有差距，但也能够充分体现领导层对加快发展现代物流业的重视。调研中发现，在实践层面，达州对待现代物流业发展思想认识不到位的现象比较普遍，表现在：一是“重生产、轻流通”思想盛行，一些人把现代物流业仅仅看成流通环节的组成部分，在他们眼里现代物流业不过是“储存+交通”，现代物流业就是“快递”的代名词；二是对现代物流业的产业属性和产业地位认识不清，认为现代物流仅仅是企业的辅助业务而非主要业务，加快发展现代物流业对企业而言是“舍本逐末”；三是对现代物流业的产业关联性和产业带动性重视不够，认为发展现代物流业单纯是企业的事情，与政府无关；四是“知”与“行”脱节，“重规划、轻落实”，说起来重要，做起来次要；五是对现代物流业发展的宏观态势和发展规律认识不清，单纯强调现代物流业的外部支持条件，认为发展现代物流业是发达国家、发达地区、大都市的职责，中小城市、欠发达地区可望而不可即。

（三）对待现代物流业的发展模式定位不够清晰

现代物流业的发展模式事关区域物流业的发展道路选择和发展方向确定，是指区域物流业总体发展战略及其与该战略相配套的相关运作方式（如物流企业经营模式、

物流组织整合架构方式、物流企业合作治理方式、物流节点空间布局方式等），它体现了对区域物流业发展思路的顶层设计。发展现代物流业最终是为实现区域经济发展战略目标服务的，区域市场体系、产业结构体系、物流载体状况、物流节点分布、货物流量变化等的差异性都会对现代物流业发展模式构成重要影响。通览《达州物流业发展规划》，发现达州对现代物流业发展模式的认识和思考比较模糊，而这在实践中会导致两方面的后果：一是各地各行其是、无所适从；二是各地不加分析和选择地套用所有发展模式，导致失去个性、丧失特色，难以实现错位发展。

（三）现代物流业的管理体制还没有完全理顺

现代物流业属于新兴复合型产业，涉及领域广阔，参与部门众多，交通、发改、经信、商务、公安、海关、国土、财政、建设、税务、邮政、供销、质检、环保等30多个管理部门都与之有关。当前，我国的物流管理体制是按照不同运输方式划分的分部门管理体制，在国家层面主管物流的是国家发改委，在各地方人民政府主管物流的就是多个行政管理部门，有的是经信委，有的是发改委，有的在交通部门设立物流发展局，有的在商务部门设立物流采购联合会等事业单位，有的采用现代物流工作联席会议制度，也有的单独设立物流发展局，可谓五花八门。现有管理体制的弊端在于：一是把本应系统集成的社会“大物流”割裂为相对独立、缺乏联系的“小物流”，这在相当程度上影响和制约了物流产业的发展，不符合“大物流”的发展趋势；二是条块分割式的多头分段管理，会导致物流管理现行政策法规之间矛盾、冲突、“打架”，最终直接影响物流服务的发展；三是“婆婆”众多，行政许可手续烦琐，成为物流成本居高不下的原因之一。因此，加快物流管理体制改革势在必行。在达州，采用的是独立设置物流管理办公室作为物流主管行政部门的方式。但这也存在两个方面的问题：一是物流办的建制规格低、岗位职数有限，行政统筹能力不足；二是人为地把电子商务（商务局管）和现代物流（物流办管）割裂开来，不符合现代信息技术背景下现代物流业的发展趋势。

（四）现代物流业的组织化程度体现出的水平和层次不高

组织化程度是衡量现代物流业发展水平和成熟程度的重要标志，组织化程度低是当前制约达州现代物流业发展的主要“瓶颈”之一。表现在：一是物流主体数量少、规模小、实力弱。在现有重点物流企业中营业收入超过亿元和10亿元的分别都只有1家，没有1家上市物流企业，更没有全国品牌物流企业，导致专业化的物流供给能力不足。二是社会化物流需求不足。现有工商企业自营物流占比达98%以上，第三方物流有效需求不足，既影响社会物流效率的提高又制约了社会物流成本的降低。三是物流企业集中度低，发展方式比较粗放。达州的物流园区大多处在加快发展进程中，全部建成投入使用尚需时日，现有入驻企业更少，更没有涌现出像样的物流企业集群，现有物流企业大多从事传统物流服务，电子商务物流、物流金融服务、生鲜冷链物流、保税物流、汽车物流等高附加值物流服务发育滞后，物流环节割裂和脱节严重。四是物流基础设施还很薄弱。物流网络平台数量严重不足，配套性、协调性差而且整体效率较低；物流通道建设需要进一步拓展，通畅性需要进一步提高。

（五）现代物流业专业人才供给严重不足

物流人才是全国 12 种紧缺人才之一。据统计，2014 年我国共有 443 所本科院校、954 所高职高专院校和 900 多所中职学校开设有物流专业，在校学生 100 万人，[2]如果平均按三年学制计算，每年的供给能力在 30 万 ~ 40 万人。据中国交通协会统计，目前我国有 200 多万个与物流相关的企业需要物流人才，如果每年为每 2 个企业输送 1 名物流管理专业人才，则需要 100 万人，需求缺口近 60 万人，由此可见物流管理专业人才的稀缺程度。达州的问题则更加严重，因为达州现代物流业发展起步晚、规模小，物流专业人才积累数量有限；达州地处内陆欠发达地区、又远离中心城市，对现代物流人才的吸引力比较弱；本地高等院校和职业学校在物流人才教育培训方面存在供给能力不足的问题，例如四川文理学院作为川东北地区唯一省属全日制本科院校，2015 年才招收第一届物流管理本科专业，2016 年招收第二届，两届学生总数不足 120 人。目前，达州绝大部分物流业从业者是其他专业转行而来的。

四、提升达州市现代物流业发展水平的对策建议

“十三五”期间是达州加快发展现代物流产业的关键时期。达州必须高起点搞好物流产业战略规划、高规格构建物流产业空间布局、高标准建设物流载体和节点（如物流园区、物流中心、物流基地、港口码头、交通枢纽等）、高质量建构“布局合理、功能协调、设施配套、技术先进、运转高效、具有竞争力”的区域现代物流产业体系。当前，应该抓好以下几项重点工作：

（一）解放思想，转变观念

国内外经济发展的大量实践证明，现代物流业居于区域经济发展中的基础性、战略性产业地位，解决人们头脑中根深蒂固的思想认识问题是促进现代物流业发展的最为紧迫的基础性工程，也是推动现代物流业发展的长期有效的治本之举。为此，要抓好三个关键点：一是必须广泛开展现代物流业相关专业知识的宣传和普及，让“发展现代物流业是提高经济效益的重要源泉”“发展现代物流业就是培育经济增长新动力”的思想观念深入人心；二是必须深入推动与现代物流业有关的科学研究，让广大人民群众特别是各级领导干部深刻认识现代物流业发展的总体趋势和发展规律；三是必须加快构建推进现代物流业发展的政策支持体系，把现代物流业的发展纳入领导干部的考核评估之中。

（二）清晰、准确梳理区域现代物流业发展模式，进一步完善和优化区域现代物流业发展顶层设计

进行区域现代物流业发展顶层设计，确立区域现代物流业发展规划除了需要科学、合理确定区域现代物流业的发展目标、发展重点、主要任务、重点工程和保障措施，还要清晰、准确选择区域现代物流业的发展道路、发展模式和实施步骤，既要统筹安排，也要分类指导。每一种发展模式都具有自身的优缺点，也具有不同的适应性，选择发展模式的时候必须综合考虑区域经济发展的历史基础和现实水平、区域物流资源要素的优势条件、区域物流载体的发育现状、区域物流主体的培育程度、区域物流平台的数量质量等多方面因素。对达州而言，选择现代物流业发展模式既要有利于实现"加快建设川渝鄂陕结合部区域中心城市和川东北经济区核心增长极"的达州区域经济战略目标，又要有利于实现"建成川渝陕结合部区域性物流枢纽和综合性物流中心"的达州现代物流业发展总体定位，还要有利于贯彻已经确立的"三大统筹、三联推动、三大龙头、九大体系"的达州现代物流产业发展基本思路，更要有利于推进现代物流业的可持续发展。调研中发现，各地实践中涌现出来五大发展模式，②具有重要参考价值，值得探索和研究。一是区域综合型物流业模式，该模式以区域内产业聚集区为依托，以产业聚集区内的产业组织为物流服务的主要对象，比较适合综合性物流园区；二是区域供应链一体化型物流模式，该模式以区域内围绕主导产业形成的产业链为背景，比较适合区域主导产业及其产业基地；三是多功能服务型物流业模式，该模式比较适合以区域综合交通优势条件为依托的物流节点如航空港、公路港、铁路枢纽、码头等；四是区域交易服务仓储配送型物流业模式，该模式比较适合以农村为主；五是城市商贸配送服务型物流模式，该模式比较适合城市，便于充分发挥城市已有交通网络、商业网络、信息网络的作用。

（三）深化现代物流业管理体制改革，消除现代物流业发展的体制机制障碍

达州目前物流业仍然是分散、多元的管理方式，物流行业管理中存在的条块分割、部门分割、重复建设等问题，成为制约现代物流业发展的最亟待破除的"瓶颈"。为了进一步深化现代物流业管理体制改革，消除现代物流业发展的体制机制障碍，达州可以加大两个方面的改革力度，力争创造出"达州经验"或者"达州特色"：一是达州市政府成立达州市现代物流业发展领导小组，并着力强化统筹协调职能，领导小组由市政府主要领导担任组长，市发改委、财政局、规划建设局、商务局等相关部门负责人、各个县（市、区）分管物流工作的领导为成员；二是尝试逐步把分散在各部门的物流管理行政职能收集、整合到一起，第一步可以先行把商务局管理的电子商务和现代物流整合到一起，以解决"电子商务"和"现代物流"割裂的问题，第二步再逐步整合其他部门的现代商务管理职能，为推进"大物流"的发展趟出一条路来；三是将现有

的“物管办”升格为“现代物流管理局”，赋予其现代物流业行政主管机关的职能。

（四）重点培育现代物流龙头企业

现代物流业集群是引领达州现代物流业发展的真正“龙头”。火车跑得快，全靠车头带。现代物流业集群既是物流企业专业化分工协作发展的结果，又是进一步推动物流企业专业化分工协作的动力，也是引领、推动工商企业物流管理职能分离、外包、独立的重要推手。现代物流业集群的孕育和成长是区域现代物流产业竞争力的标志。达州培育现代物流业集群应着力抓好三个关键环节：一是高标准、高起点推进物流载体、物流装备和物流节点的建设力度和建设步伐，推进物流基础设施建设，“筑”好“巢”是为了更好地“引鸟”；二是集中力量扶持发展一批具有明显行业优势和区域竞争力的领军骨干企业，尽快形成竞争优势，成为当地物流发展的领跑者。既要积极引导工商企业的物流服务环节在开展服务外包的基础上逐步分离、独立，以不断壮大物流服务企业群体，又要鼓励多元化投资主体进入物流服务领域，发展特色物流服务，逐步形成多样化服务的物流企业群体；三是加大招商引资力度，引进具有一定实力的关键物流企业，鼓励它们与本地物流企业开展分工协作和兼并重组，组建物流企业集团，打造物流业航空母舰。

（五）着力现代物流专业人才培养培训、为推动现代物流业大发展提供坚强的人才支撑

人才是第一资源，人才是第一资本，人才是推动现代物流业发展的最终决定力量。解决达州现代物流产业专业人才匮乏的问题，要抓好两个关键环节：一是人才培养培训。市政府可以设立专项基金，依托四川文理学院财经管理学院物流管理专业平台，开展地校合作，建立达州市现代物流人才培训基地，持续开展对达州市现代物流产业从业人员、管理人员的教育培训，也可以与四川文理学院合作开展现代物流人才的订单培养，同时也积极尝试与发达地区、中心城市的重点高校、科研院所合作，开展现代物流管理学历教育或委托培养、在职培训。二是人才引进。要建立政策好、待遇优、服务佳、环境好的人才开发机制，加大高层次人才引进力度。对高层管理人才、关键岗位的业务骨干可探索实施年薪制，也可探索实施技术入股、协议工资和岗位津贴；对引进的高学历人才或省内外有一定知名度的高级专家，可以在配偶就业、子女就学、住房补贴、医疗保障、科研启动费等方面给予特殊的政策优惠。

注　释

① 文章所引用的2015年达州市相关经济指标数据都来源于2015达州市国民经济和社会发展统计公布，后不再一一注释。

② 全域统筹、全方位统筹、刚性与柔性统筹，实现物流业的联动、联运和联盟.要加快物流园区龙头、信息网络龙头和行业协会龙头建设，完善物流综合交通、物流园区、第三方物流、第四方物流、物流信息网络、现代仓储物流、金融保险服务、城乡分拨配送和电子商务物流平台九大体系。

参考文献

[1] 中国电商研究中心：2016年（上）中国电子商务市场数据监测报告[EB/OL]. http://www.100ec.cn/zt/upload_data/B2B/EC.pdf. 2017-02-16.
[2] 丁俊发. 中国“十二五”物流业发展的十大进步[N]. 中国建材报，2015-11-19（04）.

智慧特色小镇助推区域发展路径的探研
——以川陕革命老区为例

陈熙隆

（四川文理学院康养学院　四川达州 635000）

摘　要：智慧特色小镇是时代所需，经济发展所向。智慧特色小镇内涵丰富，外延甚广；川陕革命老区智慧特色小镇的建设具有可行性和必要性，能够助推川陕革命老区经济和社会的发展；川陕革命老区智慧特色小镇的建设应注重管理体系的建设和战略的选择。

关键词：智慧；特色小镇；路径；川陕革命老区

智慧特色小镇的建设是时代所需、经济发展所向，是国家相关政策的落地；智慧特色小镇具有区域性，是区域经济发展的驱动力，是区域经济建设的支点。川陕革命老区智慧特色小镇的建设应立足于智慧特色小镇的科学认知和智慧特色小镇对川陕革命老区发展的要义，在此基点上，注重川陕革命老区智慧特色小镇建设的整体架构。

一、智慧特色小镇的认知

目前，智慧特色小镇还是一个新生事物。学术界还没有一个权威性的统一认识；实践中，还没有一个科学的指标体。对智慧特色小镇的解析应从智慧、特色、小镇等角度入手。

首先，智慧特色小镇的理解与认知离不开对“智慧”的领会，智慧的根义应该从“智慧”的内理和“智慧小镇”的来源入手。“智慧”一词，古今中外有不同的解释，这里不做“智慧”的综述，就一些专家学者理解的基础上，个人仅做简单述评。“智慧”包含两层：“形而上”与“形而下”，即“智慧”是“器”与“道”的统一。“器”义上的“智慧”是“物”，即为工具、技术、机制或方法；“道”义上的“智慧”是“质”，即为思想、本真、规律、博大、圆润等。[1]智慧小镇来源于“智慧城市”，目前，“智慧城市”也没有一个公认的定义，其来源于 IBM“智慧的地球”这一理念，该理念定义为：“能够充分运用信息和通信技术手段感测、分析、整合城市运行系统的各项关键信息，从而对包括民生、环保、公共安全、城市服务、工商业活动在内的各种需求做出智能的响应，为人类创造更美好的城市生活。”[2]国内专家在此基点上，有更深度的认知。两院院士李德仁在数字化基础上，认为其是可视、可测、可感、可析、可控的智能化城市管理与运营机制；中国工程院院士许庆瑞认为，智慧城市不仅在于硬件，更应助力于城市的人文和教育环境。就此，从“智慧”上理解的智慧小镇具有多层级含义：智慧小镇是“创新、协调、绿色、开放、共享”发展理念的小镇实物化；智慧小镇是“生命、生态、生活、生产”相融的小镇发展模式或为小镇发展目标；智慧小镇是小镇定位布局科学化、基础设施集成化、公共服务人性化、管理运营机制现代化、生产生活智能化、环境生态化等的建筑设计。

其次，智慧特色小镇的理解与认知离不开对“特色”的掌握，特色即为特点、独有、差异、优势、竞争力。特色的内涵是多方面的：一是特色的载体。产业是特色的载体，这里的产业具有广义性，即工业、农业、服务业及融合产业。二是特色的实现途径。体现为品牌形象、技术特点、外观特点、客户服务、特殊原料、传统秘方、历史文化、自然特点、经销网络及其他方面的差异性。三是特色的地域性。特色具有区块差异化，区块差异化是个相对的概念，这个区块可能是小经济区，也可能是大的经济区，还可能是全国，乃至于州抑或全球。四是特色的互补性。特色的互补性是相对于主城区的产业而言，与主城区的产业相比较在某一方面或多方面具有稀缺性，从而形成“反磁力”。五是特色的集群性。特色的集群即为本特色与周边特色形成集群。六是特色的价值生态体。特色的价值生态体包含内外两个方面即特色内部价值为一个生态体并与周边特色形成一个价值生态体。六是特色的内魂。特色的内魂即为文化，即为凝结在特色产业基础上的物态文化、制度文化、行为文化、心态文化等。因此，就“特色”而理解的智慧特色小镇是以细分产业为载体、文化为魂，区块性并与区域周边城市或区块互补而形成的价值生态体。

最后，智慧特色小镇的理解与认知离不开对“小镇”的把握，小镇既有量的含义，也有质的要求。小镇不局限于行政单元的“镇”，其标准是特色的产业单元、产业区块。小镇不是小的“城市”，小镇超越了非农业；小镇公共设施以社区功能为标准；小镇的地域范围可能不及小城，其可能是一个小空间。小镇不是产业园区或风景区的“区”，是凝聚特色产业或融合产业、凝溶文化并具有社区功能的平台；小镇是某一产业或融合产业的独立子部分，其是细分产业或融合产业。小镇不是美丽乡村，小镇既有乡村本地特征，又融入大量资本、高新技术和特色人才的区域经济发展单元；小镇利益主体可能不只是乡村，可能包括乡村、企业、社会等多元主体；小镇的社会治理不是传统村民治理，而是现代社会治理体。故此，于“小镇”基础上解析的智慧特色小镇是以产业细分区块为平台，集资本、高新技术和特色人才为一体，多元主体参与的现代治理体系。[3]

由此，智慧特色小镇集“智慧”“特色”和“小镇”于一体，应从以上多维度去把握：智慧特色小镇是城市区块外经济社会发展的战略、定位和模式；智慧特色小镇是城市外以区块禀赋为基础的以细分产业为载体、文化为灵魂、创新为平台的价值生态体；智慧特色小镇是智能化的生产与生活、生态化的环境；智慧特色小镇是集资本、高新技术和特色人才为一体的区域经济发展单元；智慧特色小镇是现代化的社会运营与治理体等。

二、川陕革命老区智慧特色小镇建设的要义

川陕革命老区智慧特色小镇的建设能助推川陕革命老区经济、社会的发展，是川陕革命老区经济、社会弯道超车式发展的近路，是川陕革命老区经济发展联结（链接）、参与并融入"一带一路""长江经济带"的有效进路。因而，川陕革命老区智慧特色小镇的建设具有可行性和必要性。

时局、物质和通道资源，给予了川陕革命老区智慧特色小镇建设的条件。川陕革命老区智慧特色小镇是国家"五位一体"总体布局和"四个全面"战略布局思路在区域经济发展中的体现，是协同推进"工业化、信息化、城镇化、农业现代化和绿色化"的一种方式，是"五大发展理念"的落地；川陕革命老区智慧特色小镇是对近期国家相关政策的响应：住建部、国家发改委、财政部 2016 年 7 月发出《关于开展特色小镇培育工作的通知》，国家发改委 2016 年 10 月发布《关于加快美丽特色小镇建设的指导意见》，国家发改委、国家开发银行、中国城镇化促进会等机构 2016 年 12 月联合下发《关于实施"千企千镇工程"推进美丽特色小（城）镇建设的通知》，国家发展改革委 2016 年 7 月批复并发布《川陕革命老区振兴发展规划》。同时，川陕革命老区信息化建设有一定基础，世界和我国正处于知识经济的时代；并且，川陕革命老区特色资源禀赋丰富；而且，川陕革命老区地处川陕渝结合部，是连接我国西南西北、沟通西部中部的重要桥梁，是连接长江经济带和丝绸之路经济带的重要通道。因此，川陕革命老区智慧特色小镇建设具有政策的利好性、物质和通道的基础性。

川陕革命老区现有经济发展概况，需要假以智慧特色小镇助推本地经济社会的发展。川陕革命老区受历史、自然、地理等多方面因素的约束，经济社会发展依然面临许多突出困难和制约瓶颈，其发展滞后且不平衡。川陕革命老区经济发展水平低，人均生产总值仅为全国平均水平的 46.6%；城镇水平低，城镇规模小，常住人口城镇化率为 43.7%，较全国低 12.4 个百分点；第三产业发展水平低，据 2015 年数据，第三产业占比比全国低 17.8 个百分点，三次产业结构比为 17.6∶49.7∶32.7。[4]智慧特色小镇的建设能将"五化"统一于一体并助推"五化"，是供给侧结构改革的有效手段和近路，是社会治理的有效途径。因此，川陕革命老区智慧特色小镇的建设是必要的。

川陕革命老区智慧特色小镇建设具有的可行性和必要性，决定了川陕革命老区智慧特色小镇的建设时不可待。川陕革命老区智慧特色小镇的建设是个系统工程，应基于智慧特色小镇内涵与外延的基础上，就川陕革命老区的域情地况，理清思路，整体架构。

三、川陕革命老区智慧特色小镇的建设

川陕革命老区智慧特色小镇的建设应具有大局观和总体意识，应做好顶层设计与安排，以此，川陕革命老区智慧特色小镇的建设应着手于管理体系的建立和战略的选择。

（一）建立川陕革命老区智慧特色小镇管理体系

川陕革命老区智慧特色小镇的建立是一个系统体，应统筹安排，从思想、组织、制度等方面建立一个管理体系。

1. 思想统一

川陕革命老区智慧特色小镇的建立应立足于整个川陕革命老区，应统一思想，提高认识。统一的认识表现为多个方面：一是川陕革命老区智慧特色小镇建设具有政策和时局的机遇；二是智慧特色小镇建设对川陕革命老区的发展具有助推力；三是川陕革命老区区域发展的差距性和区域内发展的不平衡性；四是川陕革命老区的区域特色及区域内禀赋的产业发展基因和基础；五是智慧特色小镇丰富的内涵和多维度的外延；六是川陕革命老区智慧特色小镇的集群性和价值生态体性；七是川陕革命老区的区位性即“一带一路”和“长江经济带”的联结点。以上思想的统一需要通过培训与教育，以此提高认识。

2. 组织结构健全

智慧特色小镇是经济单元，不完全以行政单元为区块，因此，川陕革命老区智慧特色小镇的建设应有相应的组织保证。川陕革命老区智慧特色小镇的建设需要健全的组织结构：一是以经济单元为中心撤销或合并相关的行政单元；二是外附于现有的行政单元，建立川陕革命老区智慧特色小镇联盟、合作组织或联席会；三是依靠现代的智慧网络，将传统行政单元的职能部门扁平化、项目化和虚拟化，建立智慧式网络组织结构。着手于以上三个方面，并进行动态化的调整，以此健全川陕革命老区智慧特色小镇建设的组织结构。

3. 制度设计科学

川陕革命老区智慧特色小镇制度设计的科学性应体现在以下三个方面：一是区域内行之有效的空间管理机制和利益协调、联结机制，具体包括川陕革命老区智慧特色小镇内和川陕革命老区区域内外的市场、交通设施、产业协同、公共服务和生态环境等方面的空间协调与联结的制度设计。二是智慧特色小镇建设的激励机制。具体来讲，激励机制应包括容错机制、奖惩机制和约束机制等。三是智慧特色小镇建设的风险管控机制。宏观上讲，风险主要为经济风险、社会风险、制度风险；微观上讲，风险主要有主体风险、产业风险等。经济风险主要表现为金融风险，比如 PPP 模式的走样；社会风险表现为社会文化的缺失；制度风险体现在制度缺乏创新；主体风险表征为政府角色的错位；产业风险体现为房地产化等。因此，智慧特色小镇建设的风险管控机

制应立足于以上几个方面。

从思想、组织、制度等方面建立川陕革命老区智慧特色小镇的管理体，将从管理的角度保障川陕革命老区智慧特色小镇的建设。

（二）川陕革命老区智慧特色小镇建设战略的选择

战略是愿景、模式、谋略、定位和规划。川陕革命老区智慧特色小镇的建设需注意战略的选择，战略的选择与实施将决定川陕革命老区智慧特色小镇的成败。从竞争、时间和生态维度上讲，川陕革命老区智慧特色小镇的战略布局应注重蓝海战略、生命周期战略和价值生态战略的选择。

1. 蓝海战略的实践

跳出红海，将蓝海战略实践于川陕革命老区智慧特色小镇的建设，以此创新川陕革命老区区域内外的市场需求、开创该区域内外无人争抢的市场空间，从战略的角度占领市场高地。川陕革命老区智慧特色小镇蓝海战略的实践体现于特色的定位。川陕革命老区智慧特色小镇的特色应立足于本区域禀赋的特色产业，依据《川陕革命老区振兴发展规划》，围绕清洁能源、特色农产品生产加工、军民融合，红色文化、历史文化和生态旅游、物流等产业，创新特色，并将其统筹落地。清洁能源产业主要应落地于四川、重庆的水电，四川的天然气等；特色农产品生产加工业主要应落地于陕西的面馍、茶叶等，四川的苎麻、黄花、油橄榄、富硒茶、核桃、香椿、牛肉、凉粉等，重庆的板栗和蜂蜜等；军民融合主要应落地于四川的电子科技等；红色文化、历史文化和生态文化落地于四川、重庆和陕西的每一个市（县）；物流主要落地于四川、重庆等。

2. 生命周期战略的应用

事物具有生命周期性，川陕革命老区智慧特色小镇的建设也应从战略的角度考量其生命周期性。当今，智慧特色小镇是一新兴事物，处于萌芽和成长期，川陕革命老区应抓住机遇，致力于本区域智慧特色小镇的建设；智慧特色小镇事物体具有生命周期性，在保障智慧特色小镇的核心竞争力的同时，还得注重创新，持续创新，将创新作为川陕革命老区智慧特色小镇建设的驱动力；另一方面，要使得智慧特色小镇生命持久，就得挖掘或塑造智慧特色小镇的文化，将文化作为川陕革命老区智慧特色小镇建设的灵魂。

3. 价值生态战略的实施

价值生态是在价值点、价值链的基础上所形成的价值生态体或者叫作价值生态网。价值生态的追寻与让渡是川陕革命老区智慧特色小镇战略的根本，亦是川陕革命老区智慧特色小镇建设多元化参与主体的链接点。川陕革命老区智慧特色小镇的战略定位与布局应注重各个小镇与周边小镇、周边城乡之间的功能或者说是价值的互补；同时，川陕革命老区智慧特色小镇的战略布局应注重整个区块中相近智慧特色小镇的群体性建设，以此形成智慧特色小镇群落，如川陕革命老区以各市（县）的红色文化为载体设立智慧特色小镇，然后从整个革命老区的角度打造一个主主体，从而将各市（县）的智慧特色小镇整合成一个或多个群落，形成川陕革命老区红色智慧特色小镇价值生态体。

蓝海战略、生命周期战略和价值生态战略从属于川陕革命老区智慧特色小镇建设总体战略，统一于川陕革命老区智慧特色小镇的建设。

参考文献

[1] 郭明俊. 智慧与哲学智慧[J]. 长安大学学报（社会科学版），2006（12）：68-72.

[2] IBM商业研究院. 智慧的城市在中国[R]. IBM公司官方网站.

[3] 特色小镇厚植发展新优势[EB/OL]. http：//tsxz.zjol.com.cn/system/2017/01/24/021428968.shtml.2017-01-22.

[4] 中华人民共和国国家发展和改革委员会. 川陕革命老区振兴发展规划[EB/OL]. http：//www.ndrc.gov.cn/zcfb/zcfbtz/201608/t20160803_813990.html.2016-08-03.

达州市畜牧业供给侧改革路径研究

陈 岗

（四川文理学院川陕革命老区振兴发展研究院 四川达州 635000）

摘 要：达州是四川畜牧大市，畜牧业已成为农村经济发展的支柱产业和农民增收的重要来源。近年来，随着人民群众对优质畜产品需求的加大，畜牧产业发展过程中的供给侧矛盾显现，一定程度制约了畜牧业在达州的发展。要破解这一问题，必须从畜牧业供给侧改革入手。

关键词：达州；畜牧业；供给侧改革

引 言

达州地处四川东北部，位于川渝鄂陕四省市的结合部，宣汉罗家坝遗址、渠县城坝遗址分布其中，是古巴文化发祥地。达州介于长江与黄河之间，是我国地理的中心地带。达州市现辖 4 县 3 区 1 市（即大竹县、渠县、宣汉县、开江县，达川区、经开区，通川区，万源市）是川渝陕结合部区域中心城市和四川东出北上综合交通枢纽，辖区面积 1.66 万平方千米，总人口 700 万。

从地形地貌以及气候而言，达州市地处四川盆周山地，大山、深丘横跨其中，面积约占达州市总面积的 70%，平坝地区较少，这种地形地貌造就了达州牧草资源丰富的特点，具有较为完整的生态链条。同时，达州全年雨水分布较为均匀，除少量海拔较高的乡镇冬季有降雪外，绝大多数地区热资源丰沛，较少有寒潮低温。此外，区域内河流纵横，州河、后河、前河、明月江分布其中，一些河段具舟楫之利，丰富的水资源能够较好满足区域内农业和畜牧业发展的需要。

优越的自然、地理环境造就了达州发展农业、畜牧业得天独厚的条件，作为四川典型的农业大市，达州每年农作物秸秆产量多达 400 万吨以上，能够充分满足羊、牛等草食动物的需要，同时，随着近年来各地退耕还林，大量的山地改造后可发展为草山、草坡，种植优质牧草，2017 年仅万源、宣汉两地草山、草坡的面积就达 378 万亩，种植优质牧草 50 万亩。[1]

近年来，随着畜牧业供给侧改革的持续推进，达州现代畜牧业发展取得了显著的成效，多项指标走在全省前列。畜牧业产值在农业产值中的比重逐年上升，2016 年畜牧业在农业中的占比达 27%，2017 年上升到 32%。畜禽产量中，2017 年，猪肉、牛肉产量分别居全省第 3 位（其中牛肉产量居全省农区第 1 位），禽肉产量居全省第 4 位，羊肉产量居全省第 5 位，畜牧业已成为农村经济发展的支柱产业和农民增收的重要来源，畜牧业已成为区域脱贫攻坚重要的手段与途径。

达州市畜牧结构中，主要以生猪、肉牛、白鹅、黑鸡、山羊为主，是区域畜牧业重点发展的家畜。

生猪方面，达州市是全国重要的生猪养殖基地，全市三县、三区、一市（县级市）中，除通川区外，其余各县、区均为四川省生猪供给大县，2017 年全市共存栏生猪 500 万头以上，有达州丽天牧业有限公司、天王牧业有限公司等一批集养殖、加工、销售为一体的企业集团。

肉牛方面，宣汉的黄牛、蜀宣花牛享誉西南地区。宣汉、万源、开江三个县市是四川省牛、羊标准化养殖、生产的基地县，肉牛养殖及加工企业 10 余家，创有“金手指”“灯影”“川汉子”等知名品牌。

鹅、鸭方面，开江县有川东“小成都”之称，该县地势平缓，有 30 余万亩稻田，是四川省最大的白鹅、麻鸭养殖基地之一。宝源白鹅、德康鸭业、希望集团 2014 年入驻该县，是该县养殖、加工规模最大的企业，2017 年全县存栏白鹅、麻鸭达 500 万只以上。该县的白鹅是我国著名的地方性保护品种，是我国农产品驰名品牌。

黑鸡方面，万源市旧院是达州市黑鸡养殖最大的乡镇，该镇地处大巴山富硒区，其区域内的黑鸡是地方性保护优良品种。其鸡肉肉质鲜美，富含各类氨基酸和微量元素，其所产的鸡蛋色彩斑斓，有五彩蛋之称。

但是，综观达州市畜牧业，其生产方式仍较落后，规模化、标准化、产业化水平低，畜产品加工发展滞后，一二三产业融合深度不够，产业链不完整，畜产品市场竞争力偏弱。近年来，随着民众对健康、绿色、生态的畜牧产品的追求，达州市畜牧业发展供给侧矛盾显现，部分畜产品结构性相对过剩，一般性同质化畜禽产品量大、价低，而高品质畜禽产品的供给无法满足市场消费者需求。[2]

如何通过畜牧业供给侧结构性改革，破解达州畜牧业发展存在的问题，推动畜牧产业再上新的台阶，是学界和畜牧业相关部门近年来探索与思考的问题。

为全面了解达州市畜牧业的发展现状、阶段特征、存在问题，以及对农民增收和农村经济发展的作用和影响，项目团队对达州市畜牧业发展现状以及畜牧业供给侧改革路径、举措进行了深入调研，在认真了解达州畜牧管理部门相关规划、举措的基础上，围绕畜牧业供给侧改革的内涵，就如何大力发展优势特色畜牧产业，培育优势的畜禽品牌，大力培育新型经营主体，打造畜牧业经济强市等问题，开展学术研究，期望为达州畜牧业转型升级提供重要的智力支持。

一、达州畜牧业发展的现状和特点

自 2003 年起，为构建新农村产业支撑，达州市开始实施以肉牛、生猪、白鹅、黑鸡、山羊为主的畜牧业“千万工程”，积极推动畜牧业快速发展，进而推进畜牧业提质转型。

在畜牧业发展取得较好成效的基础上，2007 年达州市抓住国家加大现代畜牧业扶持力度和四川省开展现代畜牧业试点的机遇，做出了建设现代畜牧经济强市的战略部署，把发展现代畜牧业作为推动传统农业向现代农业跨越的突破口和农民增收致富的支柱产业来抓，着力使农民成为现代畜牧业的发展主体和发展成果的受益者。

2016 年，面对中国经济下滑的态势，为保证农村经济稳定发展，进一步深化农业改革，当年出台的中央“一号文件”，明确提出了农业供给侧结构性改革，优化农业生产的种养结构，满足人民对高品质农产品、畜产品的需要；国家“十三五”规划中也明确指出，畜牧业供给侧改革的核心是，“扩大有效供给，满足有效需求”。

同年召开的中央经济工作会议和中央农村工作会议上，李克强总理指出：解决三农问题的抓手要围绕农业供给侧改革全面展开，通过结构调整，使产销对路，满足人民对高质量农产品的需求。2016 年，四川省为贯彻落实国家供给侧改革，在全省农村工作会议上要求：把推进农业供给侧结构性改革作为解决当前“三农”问题的主线，按照市场要求，生产品质好、价格高、无污染的农产品和畜产品。2017 年 10 月，四川省十一届二次会议，对四川省农业供给侧改革做出了顶层战略部署，要求各地按中央指示，破解四川省畜牧业生产过程中存在的一些突出问题和矛盾，如农牧结合脱节、种养失序，效能低下、布局混乱、污染严重、废弃物利用率低下等。为此，为推进四川省畜牧养殖业提质增效、生态养殖、绿色发展，省人民政府出台了《关于推进畜牧业转型升级绿色发展的意见》（川办发〔2017〕97 号）。

为贯彻落实中央、省政府相关畜牧业发展会议精神，从 2016 年开始，达州市委市政府按照畜牧业供给侧改革的总体要求，围绕供给侧改革中的“去产能、去库存、去杠杆、降成本、补短板”目标，在达州市农村大力实施畜牧业供给侧结构性改革，调整畜牧养殖结构。

经过几年的发展，达州市畜牧业供给侧改革初见成效，已建立起引领现代畜牧业发展的龙头企业体系、支撑现代畜牧业发展的饲料兽药产业集群和区域化布局标准化生产的现代畜牧养殖基地，初步形成了产、销、贸工农一体化发展格局。具体如下：

（一）畜牧业经济主体地位巩固提升

近年来，达州市为推进畜牧业供给侧结构性改革，大力发展优势特色畜牧产业，大力培育新型经营主体，走安全、高效、节约、生态友好的畜牧业现代化发展道路。

2017 达州市年出栏生猪 550 万头、肉牛 46 万头、肉羊 133 万只、旧院黑鸡 650 万只、开江白鹅 100 万只、开江麻鸭 300 万只，实现畜牧业产值 191.8 亿元，占农业总产值的比重达到 52.5%；通过发展畜牧业，农民人均现金收入达到 3 900 元，占家庭经营性现金收入的 50%，高于全省 11 个百分点，以生猪、肉牛、黑鸡为主的畜牧业已成为达州市农业和农村经济的支柱产业和农民增收致富的重要来源。

同时，全市畜禽规模化养殖场达 30 000 个，其中新改扩建 8 500 个，主要畜禽规模养殖比重达到 50%。全市生猪规模养殖 50 头以上的有 8 000 户、出栏肉牛 10 头以上的有 3 500 户、出栏羊 20 只以上的 4 200 户，禽兔规模养殖的有 5 000 户。

全市 7 个县（市、区）均被四川省政府认定为全省现代畜牧业重点县，在全省市（州）中率先实现畜牧业重点县全覆盖，如达州市通川区成为全省五个现代畜牧强县之一，拥有畜禽交易市场 12 个，畜产品流通市场 25 个（其中蒲家畜牧交易市场被确定为全国农产品定点批发市场），2017 年全区生猪出栏 45.65 万头、牛 3.08 万头，肉羊出栏 5.13 万只，家禽 200 万只，实现畜牧业产值 14.36 亿元。通川区现有畜牧规模养殖户 3 108 户，发展畜禽标准养殖小区 164 个，生猪、肉羊规模化养殖率达 76.3%、64.8%。

（二）畜牧业区域化布局基本完成

为充分发挥达州畜牧业比较优势，经过近几年的发展，形成了以生猪、黄牛为基础，黑鸡、鹅兔为重点，山羊为特色，麻鸭为优势的畜牧产业结构，建立了屠宰加工、物流配送、饲料兽药等产业体系，形成了较为合理、相对集中、相互配套的区域化产业布局。

在达州市畜牧业发展的产业基地建设中，明确了大竹、渠县、达川、万源为生猪产业基地；宣汉、万源、达川为肉牛、蜀宣花牛种源、奶牛产业基地；万源、开江分别为旧院黑鸡、鸭、鹅产业基地。同时，畜牧业产业带建设上，形成了沿达渝、达陕、达万、达巴、南大梁等高速公路为主骨架的生猪、肉牛、黑鸡、肉羊规模养殖产业带。

特别强调的是，作为全省养猪大县（市、区）的达川区，为推动畜牧业发展，政府全力实施“稳猪禽，兴牛羊”战略，因地制宜分类成片发展畜牧产业，形成以“赵-双-木”环线、“金-管-石”走廊发展生猪产业；以管村、金檀、平滩、江阳为核心成片发展肉牛产业；以大堰、申家、江阳、万家为核心成片发展肉羊产业；以赵家、百节、河市、东兴为核心成片发展禽类产业。已发展畜禽规模养殖户 6 528 户，其中有万头猪场 9 户、千头牛场 5 户、千只羊场 6 户、万只禽场 20 户。

同时，通过调整布局，关闭城区定点屠宰场，整合乡镇屠宰场，将屠宰加工业、饲料业、兽药业重点布局在区位优势突出的乡镇。如达川区按照规划，整合乡镇定点屠宰厂（场），在魏家镇设置一个标准机械化生猪屠宰场。同时，对罗江、蒲家、东岳等乡镇生猪屠宰场进行整合，使该区域屠宰企业运作规范化，水平上了一个新台阶。目前，该区域畜禽定点屠宰厂（场）共 11 家，其中生猪屠宰企业 8 家、牛羊定点屠宰厂 2 家，鸡、兔等家禽屠宰厂 1 家。

据统计，2017 年，达州市年生猪屠宰加工能力达 500 万头，山羊屠宰加工能力达

130 万只，饲料生产能力达 60 万吨，畜产品深加工、精加工能力达 4 万吨。[3]

（三）养殖规模化水平显著提升

近年来，达州市坚持以转变畜牧业发展方式为核心，大力发展畜禽规模养殖和现代设施畜牧业，畜牧业生产方式发生深刻变革，主导产业已基本实现养殖规模化，标准化规模养殖成为畜牧生产的主要形式。其中，生猪主导产业正处于快速转型期，养殖设施化正加快推进，2017 年规模化养殖比重已达 67%，高于全省 7 个百分点，全市年出栏万头以上的生猪规模养殖场已达 36 个。

达州天王牧业有限公司是达州市通川区首个省级农业产业化重点龙头企业，该公司结合自身特点，自 2010 年开始从事生猪养殖以来，通过几年的快速发展，2017 年建成生猪养殖基地 40 个，年出栏生猪达 8 万头以上，其中达川区双庙镇现代农业示范园区兴建了占地 110 亩的祖代种猪场，年生产优质种猪 1 万头、河市镇兴建了占地 60 亩的标准化生猪养殖场，年出栏无公害生猪 1.5 万头。同时，公司下辖的天王饲料公司，占地 40 亩，建有国内先进的饲料生产线 2 条，年产饲料 6 万吨，已创建了达州市知名商标“天王”饲料品牌，拥有“三星”“重庆红”“金天王”三大品牌系列产品，共有 112 个品种，产品远销川、渝、陕等 10 个省市，猪料销量位居达州市地方饲料企业第一位，2016 年生产饲料 3.2 万吨，实现销售收入 1.1 亿元，利税 470 万元。

达州丽天牧业有限公司投资 22 亿元，在达州通川区建成 3 000 头原种场猪一座、商品猪繁育场 2 个、年出栏育肥猪 5 万头以上养殖小区 22 个，实现年产值 10 亿元，每年纳税 1 500 万元，直接提供就业岗位 1 000 余个，是达州规模最大的畜牧业养殖生产、加工集团。

万源市恒康农业开发有限公司是万源市规模最大的黑鸡产品生产、加工、销售为一体的畜牧养殖公司，也是四川省黑鸡遗传资源保种场。

（四）饲养畜禽实现品种良种化

畜产品良种化是提高畜产品质量的关键所在，从 2012 年开始，达州市就在全市范围内实施了畜产品良种化工程：一是依托现有的畜牧改良机构进行良种培育；二是以项目的形式与省内外畜牧专家、畜牧院校、畜牧养殖机构合作公关，培育优质品种，提高畜产品质量和产量。通过几年的努力，先后完成了“生猪品质提升工程”“畜禽良种推广工程”“优质黄牛繁育工程”，共有 23 家家畜繁育养殖场先后接受省畜牧专业机构的检查验收，被授予《种畜禽生产经营许可》的专业证书，获准向全省各地提供优质的畜禽品种。

同时，为保证优质畜禽供给的常态化，全市在各县市的畜牧发展相对集中的乡镇建立家畜改良中心，建设猪、牛等畜牧授精站，其数量分别达到 273 个和 216 个，就地、便捷满足了农民对良种的需求。据有关部门统计，近年来，全市生猪改良面达 88%，肉牛改良面达 92%；山羊改良面达 95%，推广各类良种家禽的数量超过 1 亿只以上。

（五）畜牧产业化经营格局初步形成

产业化经营是提升畜牧业高质量发展的重要路径，也是农业供给侧改革的必然要求。近年来，在各方努力下，达州畜牧产业化发展的实现路径主要体现在：

一是形成了一批引领产业发展的龙头企业集群。截至2016年底，达州市已培育畜牧业市级及以上的农业产业化重点龙头企业55户，占全市农业产业化重点龙头企业的32.5%，其中省级以上9家，占全市总量的39.1%。如肉牛生产加工方面，2016年达州有25家牛业产业化龙头企业，全市年外销活牛20万头以上、屠宰后供应本地市场的生鲜肉牛10万头。

二是多样化的经营模式大量出现，专业组织在畜牧业发展的主体地位逐步确立。在推进畜牧产业化发展中，基于市场驱动、财政扶持、政策支持、政府引导等要素的影响，达州市各县区因地制宜，积极探索有利于本区域畜牧业发展的经营模式，在以“公司+农户”为核心的经营模式上，进行多元化的经营探索，“公司+农户+基地”“公司+农户+协会”“公司+农户+协会+基地”“公司+农户+养殖场”“公司+农户+科研院所”成为各地经营模式较多的选择。2017年达州市登记注册农民专业合作社2 334家，资产总额23.5亿元，其中，国家级示范农民专业合作社19家、省级示范农民专业合作社75家，专合社成员达14.38万户，辐射带动农户数达20余万户，其中，畜牧业占比为36.5%。大竹星火禽业协会、万源旧院黑鸡协会、宣汉南坝黄牛协会、大竹县绿海生猪协会先后进入四川省畜牧业百强协会，其中大竹县绿海生猪协会在2015年获全国畜牧百强协会的称号。

按达州市畜牧业发展规划，计划到2020年，再重点培育省级及以上农民合作社示范社90家，登记注册农民专业合作社总数达到3 452家，畜牧业专业合作社比例不低于40%。

三是建设畜牧原种场、构建畜牧繁殖体系、建立养殖基地、自建销售渠道成为一些畜牧企业产业化发展的选择。

达州天王牧业有限公司，2013年筹资2 000余万元在双庙镇现代化农业示范园区自建了占地110亩、圈舍面积7 400平方米的原种猪场1个，并于2015年7月正式投产。该种猪场建立完善了自动化供料、水帘式降温、锅炉式保温、恒温供水、废气智能化排放“五大”系统，年可提供优质种猪1万头、商品仔猪1.5万头；同时，自建生猪供精站1个，建天园、天益生猪扩繁场2个，计划在2019年全面投产。

四是畜产品加工企业发展迅速，畜牧产品交易市场数量增长明显。

随着畜牧业三产融合的加快，达州市畜牧产品交易市场发展加快，在此背景下，推动了全市畜产品加工企业的增加，2015年以畜产品加工为主体的产业园区在安岳镇建成，共吸纳了规模以上企业13家，总投资达到6亿多元；畜产品加工种类上，肉牛是主体，牛肉制品生产是龙头，产业园区具有每年加工10万头肉牛的能力，销售收入可达20亿元。2018年达州提出打造1 000亿元的农产品加工产业，这就要求畜牧产品加工必须上规模、上档次，必须在现有的全市 18 个畜牧龙头加工企业的基础上，大规模发展畜牧加工企业，力争在 2020 年，规模以上加工企业数量增加到 40 个。同时扩大开发，增加对“一带一路”国家畜产品的输出，在 2017 年创汇 305 万美元的基础上，有一个大的提升。

（六）畜牧产业带动脱贫攻坚、精准扶贫作用日益明显

万源旧院镇是旧院黑鸡的原产地和种源地，该镇 80%的农户都养殖旧院黑鸡，每户饲养规模大都在 100～200 只之间，按 6 个月商品鸡上市，每公斤 12.5 元计算（专业合作社保底收购价），除去成本每户人家收入在 1 万元左右，饲养黑鸡成为当地农民脱贫的重要手段。

而一些畜牧龙头企业，在精准扶贫方面，更是发挥了较为明显的作用，2016 年以来，达州天王牧业有限公司采用“新型畜牧经营主体+专业合作社+养殖基地+贫困户”发展模式，发展生猪产业项目，利用贫困户小额信贷资金作为流动资金与天王公司共同投资建设生猪脱贫基地。公司对政府性投资给予股份分红，对贫困户贷款实行固定分红，同时，支付土地流转费，安排贫困户优先就近务工。目前，公司已领办石门寺、水口、石凼、金鱼等生猪养殖专业合作社 16 个，带动贫困户 823 户，已有 44 户贫困户在农商行申请贷款 220 万元，截至当年 12 月，公司已给 22 户贫困户分红 8.8 万元。计划 2018 年带动 5 400 户贫困户脱贫致富。

达州丽天牧业有限公司百万头生猪全产业链可持续循环发展项目，已带动建档立卡贫困户 2 827 户，增收 968.76 万元。

宣汉金联生态农业公司推行种草养畜代养模式，已建肉牛养殖基地 2 个，种草 180 亩，带动贫困户 300 户。

达州渠县华升公司种猪场、八仙桥公司种猪繁育场等龙头企业在全县 120 个规模养猪场和 30 余个乡（镇）内建有生产基地，并与农民、营销大户、业主之间签订了生猪产销合同，联结成紧密的利益共同体，真正成为带动企业增效、农民增收、畜牧业增产的“龙头”。

四川东川生态农业有限公司按照“公司+合作社+农户”的模式，组建 7 个养羊专业合作社，采取“配送种羊、全程服务、保底回购”的方式，带动 2 000 余户养羊农户，户均年增收 1.2 万元。

宣汉南坝镇东庵生猪专业合作社 2007 年成立以来，成员由 28 户增加到 101 户，建成养殖小区 16 个，年出栏育肥猪 1 万头以上，成员户年均纯收入 3 万元以上。

（七）畜牧业社会化服务保障体系逐渐健全

达州市委、市政府高度重视现代畜牧业发展，坚持把发展现代畜牧业作为推动传统农业向现代农业转变的突破口，先后出台了《关于加快发展现代畜牧业建设现代畜牧经济强市的意见》（达委发〔2013〕4 号）、《关于创新投入机制加快建设现代畜牧经

济强市的意见》(达委发〔2015〕37 号)、《加快推进现代畜牧业发展的意见》(达委发〔2016〕12 号)等一系列推进现代畜牧业试点和深化试点的文件，建立了财政投入支持现代畜牧业发展增长的长效机制，加大了对现代畜牧业发展的投入，支持规模养殖场和养殖小区水、电、路等配套设施及环保项目的建设，市、县两级财政投入畜牧业发展资金逐年增长，有力推动了现代畜牧业加快发展。

除政策对畜牧业发展予以扶持外，金融部门也大力服务于畜牧业发展。为推动达州现代畜牧业发展，市政府采取“财政引导、企业入股、多元投入、滚动发展”办法，2012 创建畜牧业发展担保公司，截至 2017 年底，担保公司资本金已达 2.2 亿元，已累计为畜牧企业提供贷款担保 30 亿元。同时，创新了以合作社为承贷主体的“金融支农”方式，四川省农业银行总行把达州市作为金融支农试点市；达州市农行以畜牧业龙头企业为主，采取共同出资的方式，探索建立了达州广联等会员制担保公司，目前在保余额 1.3 亿元，有效破解了畜牧中小企业融资难，推动产业发展融资由政府独家担保向政府、社会担保并举转变。[4]

此外，在畜牧业技术支撑体系建立方面，全市现有畜牧兽医技术服务推广机构和管理机构 194 个，其中市级 3 个，县（区、市）级 19 个，乡（镇）级 172 个。全市共有畜牧兽医科技人员 1 337 人，其中高级师 44 人，占 3.3%；中级师 590 人，占 44.1%；初级职称 703 人，占 52.6%。四川省畜科院与达州市签订了科技合作协议，建成生猪、草食牲畜科研实验基地，并设立了 28 家专家服务社，为达州市现代畜牧业发展提供了强有力的科技支撑。

同时，为增强动物卫生和畜产品质量安全保障能力，达州市积极推进市、县、乡兽医体制改革，建立了公益性的乡镇畜牧兽医站和经营性的畜牧兽医服务中心，每个村均选聘了村级防疫员，市、县、乡、村四级动物防疫网络健全。同时，建立健全了市、县、乡三级畜产品质量安全监管体系，在全市 171 个乡镇设立了畜产品质量安全监管站，进一步强化了乡镇畜牧兽医站畜产品质量安全监管职责。

二、达州市畜牧业发展呈现的特征与发展趋势

（一）散养农户逐步退出，家庭牧场成为发展方向

随着工业化、城镇化的推进，一方面农村散养户逐步退出。据达州市农业部门定点监测点监测数据显示，农村生猪散养户已由 2010 年的 30%下降至目前的 15.4%。另一方面有一定经济实力、文化知识的返乡农民工或大学生把养殖业作为创业选择，成为现代畜牧业规模发展的生力军。在政策和项目的支持下，适度规模、种养平衡、效益突出的现代畜牧业家庭牧场，已成为达州市农村畜牧业的发展方向。

四川省创新创业标兵王宇，大学毕业后，筹集资金数百万元，在万源市老洼坪村创办了万源市恒康农业开发有限公司，养殖黑鸡。公司建立后，经王宇的努力，规模从养殖 5 000 多羽、面积 200 多平方米的圈舍，发展成为万源市黑鸡产业化养殖的示范

性企业，获得了四川农业大学的项目支持，成为四川农大家畜基因定位基地，常年有数名农大博士、硕士驻扎该养殖场进行技术指导和品种选育。目前，该公司养殖基地背靠一座大山，占地 1 000 多亩，山上散养黑鸡 3 万余只，年产鸡苗 10 尾，鸡蛋 20 万枚以上，固定资产近千万元，雇佣当地贫困户 46 人，带动周边 961 家农户养殖黑鸡。同时，企业通过送鸡苗、送技术、送资金等方式，解决了 192 户贫困户精准脱贫。[5]

渠县三板乡香安村返乡农民工朱江从事养羊业，现圈存优质山羊 467 头，预计年出栏 500 头，经济效益达 30 万元。

渠县万强农民养鸡专业合作社、渠县东兴禽业农民专业合作社，入会养殖户达 300 余户，肉鸡年出栏 2 000 只以上，规模大户已发展到 37 户，蛋鸡年存栏 500 只以上规模大户已发展到 61 户。

万源个旧魏明祥一家，投资 20 万元，新建存栏蛋鸡 5 万余只的万宝山生态园艺场，并注册“佳元绿宝”商标，产品进入本地超市销售，年收入在 50 万元以上。

开江顺江麻鸭养殖场由掌握一定养殖技术的返乡农民工投资新建，现饲养麻鸭 15 万只，一家 5 个主要劳动力负责生产、经营和管理，年收入在 100 万元左右。

（二）养殖成本不断增加，对养殖设施现代化的要求越来越高，标准化养殖成为畜牧业发展方向

随着标准化规模养殖成为达州市畜牧生产的主要形式，特别是近年来，对养殖的环保要求越来越高，畜禽养殖已进入高成本时代。随着劳动力资源、饲料、兽药等成本的不断攀升，以及环保的投入，倒逼达州市畜禽规模养殖场进行现代化改造，以降低人工成本，提高生产水平和产业效益。

2017 年达州市财政对各县区发放涉农贷款资金 3 000 万，用于部分有一定规模的畜牧企业升级改造，在项目支持和政策扶持的引导下，全市新建改建了宣汉县优百万、大竹县东湖、开江县凌安、通川区普州奶牛等一批自动化、现代化水平较高畜禽养殖场。

同时，一些畜牧公司也积极引入民间资本。东湖农牧与天兆投资公司合作，投资 500 万元，引进先进设施、技术和管理，对现有养殖场进行了现代化改造，实现了养殖设施的标准化、自动化。凌安畜牧公司引入成都一公司资金，投资 300 万元，建成集自动投料、自动控温、自动集蛋于一体，存栏蛋鹅 30 万只的现代化白鹅养殖场。

（三）林下生态养殖兴起，特色养殖加快发展

随着乡村旅游兴起，林牧结合，种养平衡，一、三产业互动发展的林下生态养殖逐步兴起。林下养殖因其投资少、门槛低，已成为返乡农民工、大学生创业的首选。全市已发展林牧结合、种养平衡、一三产业互动的林下生态养殖 150 余户，年出栏猪、鸡数量上达 200 余万头（只），林下生态养殖已成为一种新型的畜牧业发展业态。渠县

牧林肉鸡养殖场，拥有林地 2 000 余亩，林下主要养殖肉鸡，通过 2 年的发展，现已成为集养殖、观光、休闲于一体的生态牧场。同时，万源、宣汉县主打的舍饲与放牧相结合的野山猪养殖已初具规模，已建成涵盖中和、仁合、社日等五个乡镇的规模养殖产业带。

（四）畜产品营销品牌化、差异化发展趋势明显，订单生产销售成为畜牧业发展趋势

面对价格频繁波动的畜牧产品销售市场和相对较低的比较收益，规模养殖场、畜产品加工企业向市场要收入、向品牌要效益、走差异化发展的路子意识明显增强，畜产品品牌建设加快。

达州市已认证无公害畜产品基地 24 个、畜产品 30 个，并培育了“川汉子”牌宣汉牛肉、“百年灯影”牌达县牛肉、“达俊”牌铁山黄羊、“朝阳”牌生态猪肉、“福成寨”牌富硒鸡蛋，这些畜牧品牌所对应的畜牧产品已被国家认证为原产地地理标志，成为区域畜产品保护品种。

此外，达州市通川区碑庙出产的板角山羊、宣汉樊哙黄牛因其卓越的品质，在市场上深受消费者欢迎，在 2015 年获得四川省畜禽遗传资源保护财政项目支持，在通川区、万源、大竹相邻的大片深丘地带建立板角山羊保护区，同时在宣汉樊哙、万源白沙等建成了黄牛保护区。此外，达州市下属的各县、区、市大力普及、推广“蜀宣花牛”，扩大其养殖规模与地域，提高其知名度，力争使其成为我国南方山地最有竞争力的、高品质肉牛品种。

为破解规模化养殖带来的销售难题，一些畜牧加工企业以定向投入、定向服务的方式，与生产企业对接，打通生产与销售的渠道，如百年灯影与裕隆肉牛专合社的“订单”、英龙肉牛专合社与养殖农户“托养”与“寄养”、河峰农业与北京华联、沃尔玛的“农超对接”等模式和机制。

（五）产业化经营提速，经营集团化趋势明显

经过近几年的发展，达州市生猪主导产业、花牛特色产业和黑鸡优势产业，均培育 1 ~ 2 个全产业链、一体化经营的产业集团。

丽天牧业有限公司通过收购、兼并等方式，盘活闲置生猪规模养殖场 9 个，形成了年出栏生猪 15 万头的生产能力，成为生猪产、加、销一体化企业集团。

天王公司在达州市下属各县 46 个乡镇，建立了 108 个生猪养殖场，并在 55 个乡镇设立了鲜销门市，成为集种猪繁育、生猪育肥、饲料生产、屠宰加工、冷链直销于一体全产业链集团。

三、供给侧背景下达州畜牧业发展过程中存在的矛盾与问题

供给侧结构性改革的根本目的，在于在保证畜产品供给的基础上，提升畜产品的

质量与品质，以满足人民群众在新时代对美好生活的追求。在畜牧业产能供大于求的背景下，要减少市场无效需求，避免生产的浪费，就必须扩大高品质畜牧产品的生产与加工，而对畜牧生产而言，就必须加大一些畜牧品种结构的调整与升级，把需求侧的变化与供给侧的改革有机结合。同时，按照国际标准生产加工畜牧产品，在站稳国内市场的前提下，开拓国际市场，重整我国农畜产品在过去曾经有过的辉煌。

现阶段达州畜牧业发展主要的问题主要表现如下：

一是畜禽生产基地基础设施简陋，距离标准化畜牧基地有一定差距，饲养家畜规模有限且饲养水平较低，一些行之有效的饲养方式、优良品种的繁殖与选育没有得到完全的认同与推广，粗放式的饲养经营方式较为普遍。同时，农户加入的畜牧经济合作组织水分较多，形式大于内容，很多合作组织本质上是松散的联盟，无任何约束机制，实质上依旧是农户的散养加单干，对农民畜牧养殖带来好处的经济合作组织数量不多。

二是绝大多数畜牧产业化龙头企业发展的可持续性不稳定，加工品种较为单一，缺乏做百年老店的底气，即便在市场发展较好时期，其加工能力弱、效率低、辐射能力差的问题更易显现，因此，建设区域大规模的畜牧综合企业刻不容缓。

三是畜牧品牌的创建、培育没有引起高度的重视，一些现有的知名畜牧产品的品牌是历史的沿袭，新品牌的知名度只有本地人了解，辐射的范围有限，市场的认知度不高。在市场同类产品存在的背景下，消费者只认驰名的牌子，陌生的牌子在畜产品销售市场竞争力低下，无人问津，长而久往，造成企业经济效益低下，进而最终被市场淘汰。

四是畜产品销售乏力，营销环节不畅，受冷链物流的制约，电子商务对生鲜畜牧产品销售的作用并不十分明显。同时，农村中畜牧中介组织较少，很多地方几乎是空白一片，即便一些地方出现了中介组织，但其发展十分困难，半途而废，中途放弃不在少数。

正是由于以上问题的存在，导致畜牧业供给侧各类矛盾凸显。

（一）结构方面的矛盾

达州地属秦巴山区，受传统家畜养殖品种的影响，区域内农户基于成本的考虑，多钟情于传统的家禽品种，固守畜牧品种代际繁殖，对一些优质的畜牧品种，饲养积极性不高，加之农户养殖规模普遍偏小，优质畜牧品种的比较优势较难显现。此外，由于繁育技术滞后，市场认同的优质、高产的畜牧新品种不多，造成了区域畜牧结构调整困难。

如前所述，达州畜牧业品种构成上，草食家畜在家畜中的比重较小，也是畜牧业结构不够合理的体现。近年来，猪肉严重过剩，过山车式猪肉价格波动使得农民叫苦不迭，但长期的饲养习惯，又使得达州市许多乡镇农民习惯于以猪为养育的对象，而市场价格较高的奶牛、肉牛、肉羊生产则严重不足，其产量难以满足本地市场的需要，每年还要从外省高价输入大量的肉羊、肉牛，以满足市场的需要。近年来，牛羊肉价格一般是猪肉价格的 3～4 倍，并且还呈现每年不断上涨的趋势。

而与之相反的是生猪、家禽生产相对过剩，虽然达州大力发展牛、羊产业，建设了一批基地和规模养殖场，一定程度上缓解了市场需求压力，但与市场需求相比，发展空间依旧偏小。据市农业局统计，2017 年，达州市牛、羊生产规模、产值占比，不到全市畜牧业生产规模及总产值的 16%，而生猪却高达畜牧业生产规模及总产值的 56%，从数据看，达州市牛、羊规模与产值比重过低，与生猪的产值相比，两者的差距高达 40 多个百分点，大力发展草食畜牧业应该成为达州市畜牧业结构性改革的方向与重点。[6]

同时，畜牧业加工企业产品以鲜销产品为主，深加工产品种类不够丰富、特色不够鲜明，对提升畜牧业产业效益的支撑作用未能得到充分发挥。

（二）库存方面的矛盾

畜产品库存往往表现为延长饲养时间。通常情况下，活体家畜不利于长途贩运，长途贩运，家畜死亡的风险较高。畜产品宰杀后，常温下保存的时间较短，对绝大多数养殖户而言，修建或者租赁冻库低温储藏畜产品，因成本过高，极不现实。再加上人们喜食新鲜畜产品，在产能过剩的情况下，倒逼养殖场延长畜禽养殖时间。这在生猪养殖过程中表现尤其突出，根据对大竹、通川区、渠县等地牧业公司及养殖大户调查，近年来，受市场供求关系影响，猪肉价格长期低迷，若农民低价抛售，会导致养猪户严重亏损。为减少猪价过低带来的损失，养猪户往往在猪价低迷时惜售，延长生猪饲养时间，甚至一些地方出现农户生猪养殖超过 200 天，饲养周期过长，错过了最佳屠宰时间，因猪肉老化已不宜上屠宰线屠宰了，很显然，农户延长饲养时间，实际就是库存过高的一种表现。

同样，课题组调研万源旧院镇黑鸡产业时，也有同样的问题出现：一般而言，黑鸡从孵化出苗到市场销售，正常的时间周期是 6 个月，最多不能超过 8 个月，时间过长养殖户投入的成本上升明显，且鸡肉老化变柴，口感较差。但由于销售困难，大量黑鸡无法按时上市，养殖户业被迫延长饲养时间。

（三）资金方面的矛盾

调查发现，一定规模的养殖，有助于养殖户利润的获取。对绝大多数养殖户而言，都有扩大养殖规模的意愿，特别是一些规模较大的养殖场，特别希望通过强化数量来增强市场竞争力。但扩大再生产，资金短板是养殖户遇到的最大困难，尽管政府有一定的支农扶持资金，但这些资金的流向性非常明确，获取的条件苛刻，且贷款期限较短，到时必须归还。各地尽管都建有数量不等的畜牧协会或专业合作社，但只是在生产或销售上发挥一定的作用，而在筹集资金、用于扩大畜牧业再生产方面的作用有限，在此情况下，为获取资金，不少养殖户通过民间高利贷获得资金，面临利息高，还款压力大的问题。

而另一方面，部分畜牧养殖企业通过银行贷款建设了厂房设备，建设时没有对市场进行一个长期的准确评估，盲目上马，当生产销售脱节时，厂房废弃，设备闲置，难以偿还银行本金、利息。此外，有的地方政府在招商引资过程中，为达到企业引入的目的，不考虑市场需求，盲目为养殖企业提供贷款担保，形成较为严重的资金杠杆问题。

（四）成本方面的矛盾

近年来，达州市区域内饲料价格上涨明显，加之劳动力价格上涨，物流运输费用攀升，家畜饲养的成本大幅度增加，同时，对养殖业环保要求的提升，使得本地畜牧业生产的比较优势不复存在。2016 年宣汉奶牛鲜乳的平均成本为 40 元/kg，高于国内生鲜乳的平均成本 33 元/kg，更比欧盟高 24.6%，比美国高 23.6%，比新西兰高 40.2%，比澳大利亚高 39.6 %。如此，造成本地畜产品外销难度加大。

同时，在优良畜种方面，达州市大部分生猪规模养殖场，母猪繁殖仔猪的头数在 18 头左右，远低于欧美发达国家 25 头的水平，同时，育猪成本在 15 元/kg，明显高于周边一些省市的育猪成本（9 元/kg，市场竞争力和盈利能力较低。

（五）生态保护和环境污染的矛盾

近年来，畜牧业发展过程中养殖与污染之间的矛盾日益凸显，如何处理好环境保护与生态养殖成为当前养殖业发展亟待解决的问题。

达州市畜牧业发展较快，在发展过程中，一大批规模养殖场和规模养殖户，由于没有考虑环保要求，造成畜牧业养殖环节污染源点多面广，加之，行业主管部门规划滞后，监管乏力，禁养区内畜禽养殖场较多，关闭搬迁难度大。此外，部分养殖业主思想认识不到位，依然存在重发展、轻治理思想，不愿投资粪污处理设施。

2018 年达州市对各县区展开了畜牧业环保督查，严格控制水源地和人口密集区域畜牧业的发展，相当数量的畜牧企业面临停业整改，在资金匮乏、技术、规模存在问题的情况下，其发展面临困难。

同时，新型经营主体培育有待进一步加快，在规模化养殖过程中，对专业大户、家庭农场的界定不是很明确，对新型经营主体的支持政策还不健全，家庭牧场仍处于单打独斗、探索前行的阶段，应对市场风险、开拓市场的能力有限。

此外，龙头企业品牌意识有待进一步强化，国、省知名品牌数量偏少，绿色食品、地理保护标识不多，有机食品认证还处于起步阶段，畜牧业品牌效益不够明显。龙头企业对技术创新的重视程度不够，在技术创新中的投入有限，一些龙头企业仍采用传统的加工方式，人力资源成本较高，产品技术含量较低，企业效益不明显，带动农民增收作用有限。

四、达州市畜牧业供给侧改革路径及对策建议

为确保达州2020年与全省同步进入小康，十三五期间，达州畜牧业在发展理念上除了要坚持“创新、协调、绿色、开放、共享”外，还必须按照农业供给侧改革的要求，立足“调结构、降成本、补短板、去杠杆”，加快优质畜牧品种的配置，发展草食畜牧业，提升养殖效率，在保证供给的条件下，扩大畜牧业的产出，让农民在供给侧改革中真正获得实惠，增加收益，推动达州各县区畜牧业发展，进而实现畜牧业的现代转型升级。

（一）加强良种繁育体系建设，调整养殖结构

采取企业主体、政府扶持、市场运作的方式，大力实施肉牛、肉羊遗传改良计划，搞好蜀宣花牛、板角山羊原种场、扩繁场建设，积极引进优质品种资源，开展品种选育和推广。同时，在养殖结构上，将优质肉牛、优质肉猪、高效乳业、特色畜牧业作为主导产业，着力在品种结构、加工深度、养殖规模等方面，加大扶持力度，促其做大做强。

（二）强化养殖基地建设，促进畜牧产业化规模养殖

重点建设牛、羊、猪、禽养殖基地，推行标准化生产，为龙头企业发展提供优良原料保障。按照“扶大带小、户繁场育”原则，大力发展适度规模养殖，鼓励发展各种类型的种养结合生态养殖，促进养殖粪污无害化资源利用；大力实施标准化规模养殖场建设项目，支持规模养殖场、家庭牧场和专业合作社基础设施改造，提高设施化和集约化水平；引导标准化规模养殖场发挥示范作用，达到“以点带面”的效果。

（三）培育壮大龙头企业，增强龙头企业的辐射带动能力

实现畜牧业产业化的关键在龙头企业，发展加工型、经销型、市场带动型、科技生产合作型等多种企业模式。应结合各地实际，确定模式，由小到大，由弱到强，由短到长逐步发展。一是要加大扶持力度。认真贯彻落实好国家、省及市政府有关扶持龙头企业发展的各项政策措施，为龙头企业的发展创造良好的外部环境。二是要壮大企业规模。按照“优化资源，现代管理，规模发展，增强实力”的思路，围绕肉牛、生猪、高效乳业、特色畜牧业四大产业，重点扶持现有龙头企业。三是通过招商引资，引进龙头企业，发展牛肉精深加工。四是通过资源整合培育龙头企业，发展旧院黑鸡、开江白鹅等特色产业。

（四）合理开发饲料饲草资源

加大饲草种植技术的宣传和推广，积极发展牛羊饲草饲料种植，鼓励扩大人工种草面积和饲料作物种植面积，增加青绿饲料生产，加强青贮饲料基础设施建设，提高

农作物秸秆的利用率，开发农作物加工副产品（酒糟等）可利用饲料资源，扩大牛羊生产饲料来源。

加快优质牧草生产基地建设，搞好秸秆养畜示范工程项目，鼓励扶持优质饲草品种引进、饲草加工，积极推广牧草打捆、制块、制粒技术，推进饲草商业化开发。大力开发牛羊专用饲料，加快牛羊配合饲料普及推广。

（五）强化畜牧业疫病防控，为行业发展保驾护航

实施牛羊疫病和重点人畜共患病防治计划，加大流行病学调查和疫病监测力度，加强口蹄疫、布病、炭疽、结核等为主的疫病防控，强化牛羊流通环节动物卫生监管，完善免疫、扑杀、无害化处理机制，防止疫情发生和蔓延。实施种牛、种羊场疫病净化计划，加强种牛、种羊场防疫设施和制度建设，提高安全水平。

（六）积极推进产业化经营，做大做强相关产业

一是培育壮大龙头肉牛、肉羊加工企业，增强带动能力。鼓励支持屠宰加工企业创新发展机制，自建生产基地，以产业化带动规模化养殖和标准化生产。

二是大力发展专业合作组织，创新利益联结机制。扶持合作社、产业协会、家庭农场等新型农业经营主体，引导专业组织履行服务、自律、维权的职能，加强行业管理，规范经营行为，逐步实现统一采购投入品、统一技术服务、统一产品销售。

三是推进产销衔接，提高经营效益。建立规范有序的肉牛肉羊活体交易市场，加强牛羊肉加工配送、冷藏冷冻、冷链运输等流通设施建设，鼓励批发市场、大型连锁超市等流通企业与屠宰加工企业，建立长期稳定的产销关系，减少流通环节，降低流通成本。积极培育新型经营主体，推动产、加、销一体化发展，促进养殖、加工、流通等各环节利益合理分配。

（七）推进畜牧业环保工作的开展，倡导绿色、生态、规范养殖

强化畜牧养殖企业污水、粪便的监管，开展定期督查，科学划定养殖区和禁养区，支持、帮助畜牧养殖企业争取用于环保的资金，购买环保设备，构建污物处理系统，使其达到环境保护的要求；养殖户增强环保意识，树立生态养殖的观念，杜绝污水、粪便对养殖区域周边土壤、水质的污染

参考文献

[1] 李继开．推进结构调整 实施产业化经营 实现达州畜牧业跨越式发展[J]．四川畜牧兽医，2015（8）．

[2] 徐通．达州市通川区发展现代畜牧业的实践和探索[J]．四川畜牧兽医，2016（7）．

[3] 刘勇. 达州市发展畜牧业的关键点[J]. 中国牧业通讯，2013（4）.
[4] 薛文杰. 农业供给侧改革与农民专业合作社的关系[J]. 农技服务，2016（4）.
[5] 邓秀英."互联网+"背景下农业供给侧改革的有益探析[J]. 中国集体经济，2017（8）.
[6] 马友祥. 加快推进畜牧业供给侧改革[N]. 农民日报，2016-03-26.

川陕革命老区工业经济新格局构建路径探讨
——以四川达州为例

王洪辉　傅忠贤　陈熙隆

（1. 四川理工学院　四川自贡 643000；2. 四川文理学院　四川达州 635000）

摘　要：格局决定成长态势，格局是形成区域竞争力的根基。工业经济是区域经济发展的主导力量，在经济新常态背景下，川陕革命老区必须构建现代工业经济发展新格局。达州是川陕革命老区的核心区域，其工业经济发展新格局的构建事关该革命老区经济社会发展的全局，需强化引领工业经济新格局的理念系统、细化工业经济新格局的整体框架、破解工业经济新格局的瓶颈约束。从对策上讲，需创新机制建设，为构建工业经济新格局提供制度保障；优化发展环境，为构建工业经济新格局营造良好氛围；夯实发展平台，为构建工业经济新格局拓宽发展空间；加快资源转换，为构建工业经济新格局提供能源条件；筑牢人才支撑，为工业经济新格局提供人才保障；狠抓项目建设，为构建工业经济新格局筑牢发展基础；做强支柱产业，为构建工业经济新格局注入强劲动力。

关键词：川陕革命老区；工业经济；发展格局；发展路径；达州市

工业经济新格局能够战略性地决定或左右一个地区经济社会发展的全局，经济新常态下，川陕革命老区经济和社会跨越式发展需着力于工业经济新格局的建构。达州市地处川渝鄂陕四省市结合部和长江上游成渝经济带，是川陕革命老区的核心区域，其工业经济新格局的构建对川陕革命老区经济社会的发展具有示范先行的意义。

一、构建工业经济发展新格局是事关川陕革命老区经济社会发展全局的重大战略问题

格局是指由几种主要因素综合作用所形成的、能够决定或左右区域经济发展整体面貌的比较稳定的层次结构、空间布局、组合状态和发展态势[1]。

（一）构建工业经济发展新格局是适应工业经济国际大环境变化的必然要求

工业经济国际大环境的变化是构建区域工业经济新格局必须首先面对的现实问题。工业经济国际大环境正在经历重大变化：国际贸易低速增长、金融市场动荡凸显复苏艰难；世界大国对于“制造业空心化”问题高度重视，纷纷实施“再工业化”战略；全球制造业加快向东南亚、南亚、非洲等成本更为低廉的地区转移。这一切昭示着我国工业经济必须加快转型升级[2]。为顺应工业经济国际大环境的变化，川陕革命老区要把构建工业经济新格局放在重中之重的战略地位。

（二）构建工业经济发展新格局是适应区域经济发展国家大战略调整的现实需要

我国《国民经济和社会发展第十三个五年规划纲要》对我国区域经济发展国家大战略进行了新的总体谋划。近年来，国家和四川省政府相继出台对达州经济社会发展有重大指导意义的宏观架构规划，如《秦巴山片区区域发展与扶贫攻坚规划（2011—2020）》《川陕革命老区振兴发展规划》《川东北经济区发展规划（2014—2020）》《成渝城市群发展规划》等，这些都为川陕革命老区构建工业经济发展新格局提供了重大机遇。

（三）构建工业经济发展新格局是适应工业经济发展规律要求的重要体现

当前世界正处在第四次工业革命阶段①，核心是智能化与信息化，本质上是形成高度灵活、人性化、数字化的产品生产与服务模式[3]。人工智能、物联网、无人机、3D打印、5G通信、能源储存和量子计算等是这一次工业革命的标志性技术。国际经验表明，每一次工业革命都是全球经济格局大调整、大分化、大重组的导火索，都给一些国家或地区提供了后发赶超、弯道超车的天赐良机。面对地区、行业、企业加速分化势头，川陕革命老区必须抓住第四次工业革命的机遇，构建工业经济新格局，才能使工业经济充满生机与活力。

（四）构建工业经济发展新格局是根本上改变工业经济现实处境的重大举措

川陕革命老区工业经济发展背负着“负重爬坡转型、高点切入起跳、后发追赶跨越”的巨大压力，塑造工业经济新格局具有特殊的紧迫性。以达州为例：其一，国家规划与“建成川渝鄂陕结合部区域中心城市和川东北经济区核心增长极”的区域目标存在偏差。例如，2016 年 5 月，国务院同意印发的《成渝城市群发展规划》将其城市功能定位为“西部天然气能源化工基地，川渝鄂陕结合部交通枢纽，生态宜居城市”；将产业发展定位为“清洁能源基地、苎麻产业基地”。其二，多年拥有的“川渝鄂陕结合部交通枢纽”优势地位遭遇到巨大挑战。例如，2016 年 8 月国家发改委发布的《川陕革命老区振兴发展规划》中，主要的新建、改扩建铁路高速公路都不过或绕开此地。其三，经济总量排位虽然仍处在全省第二方阵，但令人担心的“标兵渐远、追兵迫近、追兵反超”的境况已成既成事实。2012 年其经济总量列全省第六位，紧随南充，仅相差 44.9 亿元，2016 年与南充经济总量的差距则扩大到 204.32 亿元；2012 年经济总量领先泸州 104.96 亿元，2015 年被其反超，退居第七位，相差 2.68 亿元，但 2016 年差距扩大到 34.83 亿元，预计 2017 年将扩大至 60 亿元。再与乐山相比，2012 年达州领先乐山市 97.71 亿元，2016 年已缩小到 40.5 亿元，而被其反超的压力已经现实地摆在面前[②]。

二、川陕革命老区工业经济格局现状分析

（一）工业经济发展的现有基础

1. 看战略

工业强市战略深入推进、工业经济结构调整迈出可喜步伐，产业转型升级实现良好开局。以达州为例，近年来实施的“三大总体战略工程”中有两项都直接关乎工业经济发展[③]。“十二五”期间，全市工业增加值由 2010 年的 366.3 亿元增长到 2016 年的 510.47 亿元。一二三产业结构比由 2010 年的 23.8∶50∶26.2 调整为 2016 年的 15.5∶30.1∶26.5，逐步迈上“优一强二扩三”的经济结构调整、转型、升级之路。

2. 看布局

工业经济布局架构趋向合理，主导产业逐步孕育孵化，工业经济呈现园区化、区域化、集约化趋势。例如达州“一心六片”的城市空间布局加快形成[④]，“一心三带”的产业空间布局基本定型[⑤]，“1 + 7”产业园区布局轮廓展露等。以天然气化工、机械电子、医药食品、苎麻纺织、特色农产品加工、商贸物流等为重点的产业集群加快发展，优势互补、错位竞争的园区发展格局正在形成。

3. 看实力

工业经济支撑了经济总量的快速增长，驰名商品稳步增加，创新驱动取得新进展。达州经济总量能够位居全省第二梯队、继续保持“千亿元俱乐部”成员称号，工业经济功不可没。2016 年全市 GDP 达到 1 447.08 亿元，其中工业增加值 510.47 亿元，占比 35.3%。“十二五”以来，全市共创中国名牌和全国驰名商标 7 个，创建四川名牌 61 个、四川著名商标 32 个。2016 年末全市拥有国家高新技术企业 26 家、国家级创新型企业 1 家，省级创新型企业 51 家、省级技术创新联盟及重点实验室各 1 家，获省级以上科技进步奖 6 项。全年共申请专利 1 150 件，专利授权 866 件，其中企业申请专利 515 件，同比增长 59%，企业申请发明专利 98 件，占企业申请总量的 19%。

4. 看结构

工业主导性产业聚集效应逐步显现，战略性新兴产业较快增长，工业能耗持续下

降。达州 2016 年天然气能源化工产业园区集聚了玖源化工、达新能源、瓮福化工等一批天然气化工企业；战略性新兴产业实现产值、主营业务收入、利润总额分别为 42.8 亿元、38.5 亿元、3 亿元，同比增速分别为 8.46%、2.48%、15.69%；万元 GDP 能耗为 0.747 吨标准煤，比 2012 年下降了 40%，万元工业增加值能耗为 2.051 吨标准煤，比 2012 年下降了 41%。

（二）工业经济发展格局存在的突出问题

1. 从空间格局看

园区建设步伐缓慢、企业入驻落地境况不佳。主要原因在于：土地开发难度大，征地拆迁难，企业选址成本高；产业政策配套性差，影响项目引进和落地转化；金融业发展滞后，金融服务体系和信用担保体系不健全，增添了企业入驻落地的难度。截至 2016 年，达州产业园区规上工业 131 家，入园企业户数仅占规上工业企业数的 16.2%，园区企业实现的工业增加值也只占全市规上工业增加值的 43.6%。

2. 从产业格局看

多产业同步发展，主次不分明；重工业与轻工业发展不平衡；农产品加工业初级化色彩浓厚、综合利用水平低。各地政府普遍把冶金、化工、煤炭、建材、食品、纺织等传统产业和新材料、智能制造、清洁能源汽车、电子信息、生物医药等战略性新兴产业统统列入重点发展产业榜单上，这种“八仙过海、各显神通”式的产业发展政策，导致主导产业不突出。2016 年达州轻工业增加值 55.68 亿元，同比增长 9.2%，重工业增加值 216 亿元，同比增长 7.2%，轻、重工业比由上年同期的 15.7∶84.3 调整为目前的 18∶82。在肉类加工和粮油加工领域，主要以猪牛肉的屠宰、初级畜产品以及植物油等初加工产品为主，产业链后端附加值较高的产品开发和副产品综合利用水平较低。

3. 从技术组织格局看

科技创新体系不健全，企业信息化程度低，创新能力不足。各地虽拥有一定数量的各个级别的企业技术中心、工程技术中心、重点实验室、高新技术企业，但与中东部地级市相比，平台数量较少，尤其是缺乏创新综合性服务平台和国家级孵化器。工业企业的信息化水平特别是中小企业的信息化水平依然很低。从两化融合程度看，目前至多处在局部应用阶段。小作坊、个体企业、微小企业占相当大比重，大型企业集团少，难以分享高度专业化、社会化分工协作带来的发展红利。

4. 从资源格局看

煤炭消费比重过大，清洁能源消费不足；水资源稀缺，循环利用水平低。2016 年达州用电量折合 503.76 万吨标准煤，占能源消费总量的 20%；天然气消费量折合 704.9 万吨标准煤，占能源消费总量的 28.3%；煤炭消费量折合 1 275.26 万吨标准煤，占能源消费总量的 51.7%。达州水资源量居全省 21 个地市州的第 6 位，但人均占有水资源量仅为 1643 立方米/人，排在全省 21 个地市州的第 14 位。工业用水循环利用率偏低，全市平均为 45%左右，废污水处理回用率 20%左右。

5. 从竞争格局看

县域工业发展极不平衡，主导产业链条短、集群规模小、竞争实力弱，工业园区分工体系难形成，协作化程度不高。2016 年，7 个县、市、区加经开区的工业经济只有达川区、开江县、大竹县、渠县、万源市、经开区六个县市增长，通川区、宣汉县呈下降趋势。县域间工业增速相差 38 个百分点左右，最高的大竹县增长 10.5%、最低的宣汉县负增长 27.7%。以化工产业为例，化工工艺技术的开发力度不够，天然气基础化工产业向新材料等下游产业延伸程度不够，精细化和深加工的程度不高，产品种类少，产品附加值较低。每个工业园区都布局有装备制造、食品加工产业，装备制造均泛泛定位为重庆配套，产业同质化倾向比较严重。

6. 从动力格局看

传统动力的作用发挥仍占主导地位，但已经处于下行通道，新动力的作用在逐步增强但培育步伐迟缓，工业经济效益大幅下降。2016 年达州工业主营业务收入结构中，能源工业占 37.1%，冶金工业占 29.8%，食品工业占 11.5%，化工工业占 8.3%，轻工工业 5.5%，装备制造占 3.4%，电子信息占 3.0%，生物医药占 0.8%，其他工业占 0.6%。也即传统产业的主营业务收入占总体工业的 92.2%，而新兴产业仅占主营业务收入的 4.9%。从工业经济效益角度看，2016 年规上工业企业实现利润总额 56.32 亿元，同比下降 41%。工业企业实现利税 100.29 亿元，同比下降 28.8%；资产负债率 54.8%，同比增 0.5 个百分点；成本费用利润率 5.8%，同比下降 3.4%；总资产贡献率 11.6%，同比下降 5.4%。

三、川陕革命老区构建工业经济新格局的发展路径

（一）强化引领工业经济新格局的理念系统

1. 要以创新、协调、绿色、开放、共享五大发展新理念为总体引领

创新是发展的根本动力，协调是持续健康发展的内在要求，绿色是持续发展的必要条件及人民对幸福生活追寻的重要体现，开放是发展的重要途径，共享是中国特色社会主义的本质要求。川陕革命老区正处在战略机遇的凸显期、转型升级的关键期、区域分化的窗口期、全面小康的决胜期、矛盾风险的交织期，只有坚持五大发展理念引领，才能实现经济发展的重大突破和政治、文化、社会、生态文明建设的全面进步。

2. 要以生态、绿色、低碳、循环为发展方向

生态、绿色、低碳、循环既是加快经济结构调整、转变经济发展方式的重点任务和主要内涵，也是川陕革命老区工业经济发展的根本方向。实践已经证明，面对资源

约束趋紧、环境污染严重、生态系统退化的社会现实，坚持生态、绿色、低碳、循环发展是唯一能够实现可持续发展目标的战略选择。川陕革命老区工业经济发展必须以本地能源资源、生态环境承载为基础，以自然规律为准则，以可持续发展为目标，以有利于环境保护和生态改善为前提。生产空间集约高效、生活空间宜居适度、生态空间山清水秀应该是我们追求的发展的真谛。

3. 要以产业转型升级为战略重点

转型实质为转变工业发展方式，实现传统工业化向新型工业化道路的转变；升级即为全面优化技术、组织、布局和行业结构，促进工业结构的整体优化与提升。历史经验表明，新的技术革命和工业革命带来的经济结构转型升级往往是落后区域实现“弯道超车”的重大机遇和重大法宝。当前，以制造的网络化、智能化、柔性化、绿色化和服务化为特征的新一轮科技和产业革命正在孕育兴起[3]，川陕革命老区必须紧紧抓住这一重大历史机遇，着力自主创新能力的提升，推进信息化与工业化的深度融合，才能最终实现“弯道超车”。

（二）细化工业经济新格局的整体框架

1. 进一步调适工业布局规划

针对普遍存在的产业布局的阶梯性和产业发展的关联性差的问题，要进一步明晰“新型城镇化创新区、工业产业支撑区、循环经济示范区、战略性新兴产业引领区”，着力实施“新兴产业培育、骨干企业引领、优势品牌覆盖、现代服务业发展、智慧城市建设、改革先锋示范”六大崛起行动计划，使园区内有产业关联和产业特色、园区间有产业梯度和开发梯度。

2. 优选区域主导产业

选择区域主导产业必须把握几个关键点：一是主导产业不宜过多，多主导产业等于没有主导产业；二是不能把国家确定的主导产业简单“移植”到区域发展中来；三是不能盲目跟从产业结构演进的一般规律；四是不能教条地照套产业经济学中的一般原理；五是要坚守区域外市场导向性原则，市场占有率才是主导产业的生命线。概而言之，应该依据区域优势条件（如资源优势、区位优势、产业基础优势、交通运输优势等）确立区域优势产业，进而培育成区域主导产业，最终形成区域特色。区域经济发展具有非均衡性[4]，区域资源禀赋具有差异性，区域市场具有开放性[5]。川陕革命老区宜以清洁能源化工、农产品深加工、新能源汽车、纤维新材料、智能制造产业作为主导方向。清洁能源化工、农产品深加工属于传统产业转型升级的范畴，新能源汽车、纤维新材料、智能制造产业则属于战略性新兴产业领域。

3. 拓展园区工作思路

要着力提升产业关联度和产业集聚度，引导园区产业向产业关联、成链、集聚、集约、合作的方向发展；要坚持以关联项目形成产业链，以产业链优化提升产业园区结构，以产业园区构建产业集群，以产业集群催生特色产业带的发展路径。

4. 强化电商物流的基础支撑

电商物流的发展不仅能够承接全国大型物流体系，显著降低工业经济的营运成本，还能将工业品和农业产业有机结合，为工业经济开辟出广阔的市场空间；强化以电商物流为代表的生产性服务体系建设，促进工业化信息化深度融合，能为工业经济发展提供强大的后勤保障；同时，加快完善电商物流发展基础设施建设，建立健全电商分销系统和电商物流支撑系统，打造全国有影响力的电商中心、物流组织者城市，能提高工业经济效率。

（三）破解工业经济新格局的瓶颈约束

1. 着力解决龙头企业规模化生产经营问题

要走内生培育和外生嵌入相结合之路，通过引导本地企业兼并重组内生培育一批龙头企业，通过招商引资外部嵌入引进一批龙头企业，促进龙头企业快速崛起。

2. 着力解决工业产品品牌化成长问题

围绕最具发展潜力的产业如特色农产品深加工、新能源汽车、康养医疗、纤维新材料、智能制造等优选出特色鲜明、竞争力强的好产品；充分结合互联网思维，进行产品的包装、策划，塑造产品品牌；强势进行品牌宣传，推广品牌文化，推动品牌升级；全力提升品牌效应，实现产品品牌向产业品牌的转化。

3. 着力解决企业股权结构多元化问题

全员持股的经济发展模式必然统领全球未来经济发展[6]。股权多元化有利于通过市场化的手段吸收、选拔高级管理者，释放企业活力[7]；有利于引入优质资源，如一流的技术、先进的管理理念和优质资产。川陕革命老区可以尝试放开一部分国有企业（竞争性领域的国企）的股权，让民营资本进入，实现“混合”经营。

四、构建川陕革命老区工业经济新格局的对策建议

（一）创新机制建设，为构建工业经济新格局提供制度保障

一是创新改革发展机制。全面推进工业重点领域改革，推动各项改革方案落地；推进外商投资和对外投资管理体制改革；改革国有资本收益保障机制和收益资金使用评价制度。二是创新开放发展机制。探索实行准入前国民待遇加负面清单管理制度，扩大工业开放；构建多层级式招商引资机制；建立重大工业招商引资项目评估体系及开放竞争力评价体系；完善重点工业项目三级协调制度和重大工业招商项目统筹流转及首报制度。三是创新市场发展机制。创新市场退出机制，探索建立园区企业退出机制，加大闲置、低效土地清理和土地整理力度[8]；创新经济运行监测调度，探索建立先

行性指标监测平台，切实提高经济运行综合分析能力；创新工业企业预警机制，及时掌握运行态势，研究判断发展趋势；创新多元投入机制，解决工业企业融资难问题；创新企业风险补偿机制，探索建立工业企业融资担保机构。

（二）优化发展环境，为构建工业经济新格局营造良好氛围

环境就是竞争力、吸引力、创造力、生产力。环境是一个地区经济发展的承载体，环境的好坏直接影响一个地区经济发展的潜力和前景，良好的发展环境是一个地区经济发展的软实力、经济生态体。川陕革命老区构建工业经济新格局需要营造创新、协调、绿色、开放和共享的发展环境。应从四个方面入手：一是高度重视，充分认识优化发展环境的重要性；二是加强宣传，明晰构建工业经济新格局需要什么样的发展环境；三是加强引领，确保优化工业经济新格局的发展环境的工作有序开展；四是明确责任，促使优化工业经济新格局的发展环境的各项工作取得实效。

（三）夯实发展平台，为构建工业经济新格局拓宽发展空间

一是完善工业基础设施平台。要充分融入“渝新欧”、重庆—东盟、渝昆泛亚，西安、乌鲁木齐通往中亚和欧洲，万州—长江内河水道等交通大通道。要加大工业能源和水利建设力度，建构能源产业新体系，推进城乡电网联网和变电设施、输电线路的建设。要构建高速、安全、可靠的工业网络系统，推动“三网融合”发展[⑥]。二是完善信息化平台建设。支持建设若干大型网络工业品批零结合的电商平台，打造一批以网络交易为核心、以供应链管理为支撑，后台大数据分析与品牌建设协同发展的网络平台，推动工业企业电子商务发展。三是做强物流服务平台。支持和建立第三方、第四方现代物流服务模式；建设多式联运现代化物流网络；完善物流信息系统；大力发展工业企业配送快递、农副产品生鲜冷物流链。四是建立和完善金融服务平台。搭建银企对接平台，创新金融服务产品；加强工业经济发展的投融资体系建设；推进企业直接融资；支持社会资本的参与，做好 PPP 的引导、规范和监督。

（四）加快资源转换，为构建工业经济新格局提供能源条件

一是加快城镇化建设步伐和工业化建设进程，将人口资源优势转化为构建工业经济新格局的人口红利。二是加大科技创新的力度，将禀赋的矿产资源、生物资源和农业资源优势转化为构建工业经济新格局的有效资源。三是加快优化并完善交通网络，将交通枢纽优势转化为构建工业经济新格局的重要依托。四是加大对历史人文资源开发、保护、利用的力度，将丰厚的历史人文资源转化为老区人民的宝贵精神财富。四是加块工业基础设施建设，为构建工业经济新格局提供完备的基础条件。

（五）筑牢人才支撑，为工业经济新格局提供人才保障

一是深化体制改革，推进政策创新。要优化和完善工业人才的引进机制，实施开

放的创新人才和高技能人才计划，加大力度引进紧缺人才。要优化和完善工业人才流动机制，清除人才流动障碍，提高社会横向和纵向流动性，实现人力资本优化配置。要优化并完善工业人才服务保障和评价激励机制，积极营造青年人才脱颖而出和人人皆可成才的社会环境。二是加大政府投入，鼓励高校、企业、社会组织、科研院所和个人等积极有序参与人才资源的开发与引进。要注重对战略性工业经济管理人才、高技能人才、企业家人才、科技领军人才的挖掘、培育与集聚。要建立各类产学研用合作平台，打造重点实验室。要支持大学生到企业培训、实习和就业，支持大学生创业创新。要加速新生代农村劳动力向新型产业工人转化。

（六）狠抓项目建设，为构建工业经济新格局筑牢发展基础

一是编制好工业项目规划。注重工业项目的空间布局、产业布局、企业布局、技术布局、资源布局、竞争布局和动力布局。二是加大工业招商力度。项目的招商应注重项目的可行性和落地性。三是加强项目实施的监控。项目应落实责任到人，注意项目的事前、事中和事后的监控，既要注重结果管理也要注重过程化控制。

（七）做强支柱产业，为构建工业经济新格局注入强劲动力

一是坚持产业选育准则。包括工业主导产业扩散效应最大化准则、工业产业关联准则和工业动态比较优势准则。川陕革命老区可以将清洁能源化工、农产品深加工、新能源汽车、纤维新材料、智能制造产业作为主导产业加以培育，力争从中逐步孵化出有成长潜力的支柱产业。二是坚持产业运营原则。包括区域优势与特色原则、突出重点原则、技术开发原则、规模带动原则和扶持培育原则。要特别注重积极推进重大项目建设，特色优质品牌建设，突出生态、绿色、富硒优势，大力发展特色农产品精深加工产业，实施新兴工业产业培育工程，着力培育工业新业态。

注　释

①“四次工业革命”：18 世纪以蒸汽机广泛应用为标志的第一次工业革命，实现了生产的机械化；19 世纪电力广泛应用推动第二次工业革命，促成了大规模、流水线生产；20 世纪依赖电子和信息技术的第三次工业革命，又成就了生产的自动化；21 世纪以智能制造、信息化为基础的第四次工业革命，促成了智能化时代的到来。

② 本文采用达州市工业经济数据。如没有特别说明，则都来自达州市国民经济和社会发展统计公报，或达州市经信委提供数据。

③“三大总体战略工程”即城市“642”工程、园区“121”工程、企业“百十一”工程。

④“一心六片”即达州中心城区，西城片区、北城片区、南城片区、经济技术开

发区、河市片区和亭子片区。

⑤“一心三带”：以达州市经开区为中心，重点发展以天然气为原料的天然气化工，协同发展磷硫化工、氯碱化工、煤焦化工产业，发展以天然气为燃料的清洁能源汽车等新兴产业及生产性服务业。以南大梁高速公路为纽带的大竹、渠县产业带，重点发展机电制造（汽摩零配件）、建材和新材料、苎麻纺织等产业；以达万高速公路为纽带的通川、开江产业带，重点发展食品医药、智能工具、特色农产品加工产业；以达陕高速公路为纽带的宣汉、万源产业带，重点发展天然气勘探开发、配套产业和绿色食品加工等产业。

⑥ 三网融合发展：电信网、广播电视网、互联网在向宽带通信网、数字电视网、下一代互联网演进过程中，三大网络通过技术改造，其技术功能趋于一致，业务范围趋于相同，网络互联互通、资源共享。

参考文献

[1] 张学良. 中国区域经济增长新格局与区域协调发展[J]. 科学发展，2012（11）：64-78.

[2] 黄群慧，张航燕. 工业经济新常态愿景下的分化与突破——2015 年工业经济运行特征与 2016 年展望[J]. 区域经济评论，2016（3）：53-60.

[3] 吴丛司，张淼，韩墨. 第四次工业革命：中国的大机遇[N]. 新华每日电讯，2016-01-25.

[4] 陈永杰. 各种所有制经济的“新格局”[J]. 浙江经济，2008（1）：47-49.

[5] 陈英. 经济全球化中的后工业经济“解构”——对产业结构“升级论”的后现代主义挑战[J]. 经济学动态，2008（2）：30-34.

[6] 黄勤. 关于区域主导产业的选择问题[J]. 中国党政干部论坛，2002（2）：42-43.

[7] 陆岷峰，虞鹏飞. “混改”背景下国有企业员工持股与资产关切度研究[J]. 哈尔滨金融学院学报，2015（5）：1-8.

[8] 曾鸣，彼德 · J · 威廉姆斯. 未来十年中国制造新格局[J]. 商界 · 评论，2008（3）：28-35.

平昌县青凤镇芍药花海和恩阳区渔溪镇中药材市场调研报告

孙家英　魏　伟

（四川文理学院特色植物开发研究重点实验室　四川达州 635000）

摘　要：青凤镇芍药花海和渔溪镇中药材市场是巴中市近年来充分利用秦巴山区特殊的自然地理条件，打造的两个中药材开发项目，项目的实施及成效对于区域特色植物的利用和转化，以及项目开发所带动的精准脱贫具有重要的示范效应。

关键词：特色植物；芍药花海；中药材市场

按照研究院提出的围绕川陕革命老区振兴发展与扶贫攻坚问题，开展有针对性、应用性的实证研究，为达州相关部门提供决策参考。结合特色植物开发研究重点实验室自身研究方向，决定开展达州周边城市特色植物资源调查，先后考察了平昌县青凤镇芍药花海和恩阳区渔溪镇中药材市场，现将调研情况汇报如下。

一、巴中市特色植物开发利用的基本情况

（一）平昌县青凤镇芍药花海

青凤镇位于平昌县东部，达州市达川区西北部，面积 36.25 平方千米，辖 9 个行政村 62 个农业合作社，总人口 11 898 人。青凤镇依托巴山芍药花节，十余天来吸引了来自全国各地，特别是达州城区、重庆、巴中等邻近城市游客达 15 万以上人次，旅游创收 300 余万元，带动旅游扶贫近 100 万元。

芍药花海景区建于 2014 年，为响应县委、县政府“大交通、大产业、大旅游”的号召，在青凤镇红宝村、龙井村规划连片建成万亩中药材种植基地，将龙井村 9 个农业社、红宝村 8 个农业社连片成功建设成为药材种植核心示范片，后依托万亩中药材基地打造成芍药花海景区，与三十二梁捆绑，成功申报国家 AAAA 级旅游景区。在决战脱贫攻坚战中，青凤镇党委和政府依托镇域旅游资源，积极开发旅游扶贫，把旅游当作产业，以旅游扶贫助推脱贫攻坚。芍药花栽种的前三年可作为旅游产业，等根部

生长成熟（生长期 3～6 年）就作为中药材销售。所以，芍药花不仅具有光赏价值，还有药用价值。

芍药花海景区内的红宝村、龙井村 50 余户贫困户或开办农家乐，或售卖小吃和零售商品等，户均增收 2 万元。

（二）恩阳区渔溪镇中药材市场

巴中市恩阳区渔溪镇位于大巴山南麓，是巴（中）南（充）广（元）三市交界处，面积 87 平方千米，总人口 4.8 万，全镇辖 27 个行政村、3 个街道居委会，175 个农业社，是恩阳区的大镇、重镇，省道 302 线贯穿境内。

渔溪镇地理位置优越，气候适宜，光照充足，土地肥沃，有传统的种植技术，它是药材之乡和川明参的始祖地。渔溪盛产中药材，素有川东北中药材之乡的美誉，辖区内有各种地道中药材 60 多种。截至 2017 年，已建立 37 个基础村，力争把渔溪镇建成川东北中药材基地镇，把渔溪田湾街建成川东北最大的中药材市场，年中药材交易达 6 000 吨，交易额 6 000 万元。常年种植川明参 5 000 余亩，产量 2 000 吨，产值 2 000 万元；种植木瓜 1 500 亩，产量 2 000 吨，产值 2 000 万元；种植黄柏、杜仲 1 000 亩，产量 1 000 吨，产值 1 000 万元；其他中药材产量 1 000 吨，产值 1 000 万元；改良木瓜品种 1 000 亩。同时，渔溪镇是川东北中药材中转站，建有“一会一场”，并于 2010 年 3 月创建巴中市巴州区中药材种植产业协会。协会有完善的章程和规章制度，鼓励农户积极种植川明参、木瓜、黄柏、杜仲等中药材，成片种植毛条、生姜等农户产品，带动农民致富实效大。

渔溪镇除了种植中药材，还种植芦笋，芦笋种植面积达 7 000 亩，一年可以采摘三次并走“公司+基地+农户”的模式，畅通销售渠道，带动老百姓增收致富。渔溪镇农技站多次组织培训会，规范芦笋栽培技术，通过专家培训芦笋技术员、技术员到田间地头指导等办法，规范农民芦笋种植技术。为保障产品质量，按照无公害生产操作要求，由农技部门和企业统一组织化肥、农药，统一施用时间、统一施用方式，提高芦笋品质，打造绿色健康品牌，让芦笋质量得到保障。

二、巴中市特色植物开发利用的主要经验

（一）道路硬件设施较完善

实地走访调研，发现通往芍药花海旅游景点的道路设施完善，全部铺设沥青路面。俗话说“要致富，先修路”，只有路修好了，基础设施搞好了，才有利于发展。同时，道路作为物流传输的基本设施，如若不完善，影响资金流、人才流、技术流等的引进，还有教育、医疗资源的流入。现在农村的教育质量与城市比确实存在不少差距，子女教育、医疗问题如果解决不好，人才哪能引得进去。

（二）乡村生活垃圾处理较好

在芍药花海景点，有些农户售卖小吃，最后形成的垃圾都能得到规范的处理，减少对环境的破坏。随着青凤镇乡村旅游业的振兴，当地农民的环境保护意识逐渐增强，更加有利于乡村振兴。习近平总书记对乡村人居生态环境提出了“厕所革命”，青凤镇响应号召，景点内厕所设施完善，乡村道路两侧也未见粪便，脏乱臭的现象基本不见，乡村居住环境得到了较大的提升。

（三）开设农家乐、民宿为农户增收

贫困户李继和经营的枫香客栈民宿，贫困户杨登池经营的枫香农家乐接待了省内外游客500余人次，民宿、农家饭、自主烧烤、自行车等游乐设施出租收入达3万元，并带动了周边贫困户的时令蔬菜、鸡、蛋等农副产品的销售和贫困人口的劳务收入。

（四）用地政策突破

从青凤镇芍药花海景区来看，红宝村和龙井村基本没有闲散的土地，成功实现土地流转大部分土地都被用于种植芍药，仅有少部分土地农民种植农作物。可见，孤立的农业种植不会提升土地的附加值，充分利用土地发展创意农业，把田园乐园、农业园变旅游景区，就能够大幅提高土地的收益。

三、启示与思考

（一）改善农村基础设施

把农村基础建设作为新农村建设的重要抓手，持续推动农村基础设施建设和公共服务发展，逐步缩小城乡二元结构差距。加强农村水电路林网等基础设施的投入力度，建立与经济发展相协调的投入增长机制。提高农村教育教学水平，均衡教育资源配置，改善农村中小学办学条件和基础设施状况。加强农村医疗队伍能力建设，强化和完善农村合作医疗制度，健全重特大疾病保障和救助机制保障体系建设，全面建设覆盖城乡居民的社会保障体系。保护传统村落，使城市和乡村文化共存共荣，确保城乡居民能够均衡享受文化发展的成果。

（二）支持发展乡村旅游和生态文化旅游

我国是以农业为主体的发展中国家，乡村地域广阔。休闲农业与乡村旅游把自然、民族文化和农耕文化融入传统旅游文化中，丰富了旅游业的内涵。要把产业培育当作美丽乡村发展的动力源。要利用开展美丽乡村建设的机遇，因地制宜发展生态农业、乡村旅游、休闲养老、文化创意、文明公益等新型业态，不断增加群众收入。通过开展美丽乡村建设，发展美丽经济，有效解决村美和民富的关系，逐渐引导美丽村庄变

“输血”为“造血”，促进美丽乡村的可持续发展。随着旅游业与农村、农业的不断融合，将进一步带动农村各方面基础设施建设不断发展，成为拓展农业多功能性、促进资源高效用、满足新兴消费需求的朝阳产业。

（三）要注重突出生态治理

要把农村垃圾、污水、绿化作为美丽乡村建设的重点环节抓实抓好。农村垃圾处理要围绕推行垃圾分类和建设垃圾终端处理设施开展工作。农村污水能接入城市污水处理管网的，要接入污水处理管网进行处理；不能接入污水处理管网的，要建设小型污水处理设施进行处理。村庄绿化不但要搞森林围村，还要注意房前屋后、大街小巷、庭院内外的绿化美化。大力推进乡村生态文明建设，积极推进农村生产方式、生活方式和消费方式的绿色化、生态化，推广太阳能、沼气等清洁能源，优化农村能源结构和产业结构，实施农村“厕所革命”，开展农村生活垃圾和污水治理，巩固农村环境整治成果。

（四）加强农村一二三产业的融合

目前，绝大多数农产品（包括中药材）都是由经纪人直接收购，然后再卖入市场。农产品缺乏清洗、分装、预冷、储藏、加工等简单的程序，分散经营的模式导致农产品可追溯的质量管理体系难以建立，质量难以取信于众。所以，建立可追溯的质量体系很重要。应推动品牌营销，加大农业品牌培养力度，着力开展互联网+现代农业、终端消费品的研发定制、农产品加工转化、物流销售、休闲农业和乡村旅游。

（五）推进美丽乡村标准化建设

开展美丽乡村建设，不能“撒胡椒面”，一哄而上。美丽乡村标准化建设是一项系统性的长期工程，非朝夕之间实现，需要各个部门齐心协力、勠力同行。每年选定一批条件较好的村开展规划建设管理的试验示范，不追求固定模式，从细节入手，因村制宜，突出特色，追求个性，彰显魅力。也需要做好顶层设计，定好规划蓝图、一盘棋布局，这样才能切实保证美丽乡村建设真正的惠民生、美农村、提产业、助发展，才是推进农业供给侧结构性改革、实现乡村振兴、落实全面脱贫攻坚的生动实践。

区域特色农产品产业化发展的路径探析

——信息化视角下对四川达州的审视

陈熙隆

（四川文理学院康养学院 四川达州 635000）

摘 要：特色农产品产业的信息化是经济新常态下“互联网+”农业战略在农业领域的具体体现，其将有助于区域特色农产品的产业化、有助于区域农业现代化、有助于本区“三农”问题的化解。本文在厘清信息化、特色农产品产业信息化及信息化与特色农产品产业之间关系的基础上，以四川达州为例，解读本地特色农产品产业信息化的现状，解析存在的主要问题，解剖存在问题的缘由并构建信息化助推达州特色农产品产业化发展的路径。

关键词：特色农产品；产业化；信息化；路径

信息化与特色农产品产业化之间具有内融性和互嵌性，二者的内理具有一致性、统一性，其外表征于特色农产品产业的信息化，其内效于经济社会资源的整合与优化，以至最大化经济社会效用。达州特色农产品产业化的发展需要借助于达州的信息化，达州信息化有助于达州特色农产品产业化的发展，其对达州特色农产品产业化的发展具有推动的作用。正确认识信息化与特色农产品产业化，充分把握达州特色农产品产业信息化的现状，解析达州特色农产品产业信息化存在的主要问题，并剖析达州特色农产品产业信息化存在主要问题的缘由，将有助于建构信息化助推达州特色农产品产业化发展的路径。

一、信息化与特色农产品产业化发展的理解与认知

信息化与特色农产品产业化的内涵颇丰，外延甚广，二者具有内理的一致性，信息化能够助推特色农产品产业化。

（一）概念的解读

信息化概念由日本学者梅棹忠夫在20世纪60年代首先提出，70年代后期被西方学者所认同，80年代后期引入我国。1997年召开的首届全国信息化工作会议，对信息

化界定为“培育、发展以智能化工具为代表的新的生产力并使之造福于社会的历史过程”。时至今日，信息化的概念有不同的解读。“功能说”：信息化是一种技术、一种工具，即信息技术、智能工具；“生产力说”：信息化是一种生产力即信息化生产力；“社会形态说”：信息化是一种社会形态即信息社会。“资源说”：信息是一种资源要素，其是经济社会发展所需的继资金、土地、劳动和企业家之外的第五资源要素。“过程—目标说”：信息化是一个过程即信息化是一个历史过程，也是一个目标即社会信息化。“行业—平台说”：信息化是农业、工业、科学技术、国防及社会生活的信息化，信息化是农村与城市的信息化，信息化是整个社会的信息化即是一个社会资源交流共享的平台。不同的解读是基于不同的目的，在不同历史时期对信息化的不同意义而提出的，其具有历史的客观性和客观的历史必然性。

特色农产品产业信息化的目的是以市场为导向、特色农产品产业化为载体、信息化为工具，整合特色农产品产业的相关要素资源，以期获得最大的经济和社会效益。目前，特色农产品产业信息化概念还没有统一的界定，本文就借助农业产业化与信息化而加以解读。具体来讲，特色农产品产业信息化就是以市场为导向，以经济效益为中心，以主导特色农产品产业为重点，将信息化作为工具、手段，优化组合各种生产要素，实现特色农产品产业区域化布局、专业化生产、规模化建设、系列化加工、社会化服务、企业化管理，使特色农产品产业化并走上自我发展、自我积累、自我约束、自我调节的良性发展轨道的现代信息化经营方式和产业组织形式。[1]特色农产品产业化信息化是一种新的生产方式及由此而决定的新的组织形态、新的商业模式。特色农产品产业信息化借助的是信息化工具，以信息化为手段将特色农产品产业的相关要素资源加以整合，其是一种新的生产方式；该生产方式要求的是一种新的组织形态，该形态表象为一种扁平化、项目式和柔性化的组织结构、网格化的管理模式等；该生产方式伴随的是新的商业模式，新的商业模式表现为多样性，多样性的特色农产品产业化信息化模式具体包括有非绑定式商业模式、长尾式商业模式、多边平台式商业模式、免费式商业模式和开放式商业模式。特色农产品产业信息化具有市场化、一体化、社会化和集约化等特质。特色农产品产业信息化的市场化即市场是特色农产品产业信息化的起点和归宿，特色农产品产业信息化必须以国内外市场为导向，改变传统小农经济自给自足、自我服务的封闭式状态，相关要素资源靠市场机制以信息化为工具进行配置；特色农产品产业信息化的一体化即以信息化为工具，将特色农产品产业的相关要素数据库化、价值链式化和流动网络化，从而实现平台一体化，以此实现网络平台经济；特色农产品产业信息化的集约化是指特色农产品产业的发展能够规避传统的粗放型形态，以集约的方式发展，其具有科技含量高、资源综合利用率高和经济社会效益高的特点。

（二）信息化助推特色农产品产业化的内理

信息化与特色农产品产业化在内理上是一致的，其思维、逻辑和功效具有共性；

二者之间的发展具有共同的理念集、行动集、制度集和目标集。信息化是经济社会等事务或活动资源要素的信息化，是对其资源要素的有效整合，特色农产品产业化是一种经济和社会事务性活动，因此，信息化能够内嵌于特色农产品产业化之中，特色农产品产业化能够为特色信息化提供有效的依附，并将特色农产品产业化的功效最大化。特色农产品能够为信息化提供有效的空间与平台，二者之间互为平台与工具，二者之间的互动、互融表征为特色农产品产业的信息化，内融于经济社会效益的最大化。由此，信息化与特色农产品产业化具有共同的理念集、行动集、制度集和目标集，其统一于特色农产品产业信息化之中。特色农产品产业信息化的理念集、行动集、制度集和目标集具体体现于特色农产品产业信息化的创新发展、协调发展、绿色发展、开放发展和共享发展。因此，信息化与特色农产品产业化是一个统一体，信息化能够助推特色农产品产业化。

二、达州特色农产品产业信息化现状与主要问题

了解达州特色农产品产业信息化现状，正确解析存在的主要问题，将有助于达州特色农产品产业信息化的科学和可持续性发展。

（一）达州特色农产品产业信息化的现状

达州特色农产品产业信息化的现状主要表现在网络基础不断夯实、农产品电商有所建树和创新开展“一村一品”信息化战略等方面。

1. 网络基础不断夯实

2015 年，全市移动通信基站达 8 821 个，光缆总长 10.83 万皮长公里，城域网出口总带宽达到 440 Gbps，建成“全光城市”和“百兆城市群”，成功入围国家“宽带中国”示范城市、国家电信普遍服务试点城市，所有乡镇实现光纤宽带和 3 G/LTE 覆盖，90% 的行政村实现宽带覆盖，家庭固定宽带用户达 65.1 万户，3 G/LTE 用户达 110 万户，广电网和通信双向改造达 65%，电信 IPTV 用户 40 万户。智慧城市建设稳步推进，城市级云计算中心预期在 2016 年建成。“两化融合”不断深入，企业自身信息化基础设施建设加快，信息化手段的普遍利用促进了企业在技术、产品、管理、业务等方面转型升级。涉农信息平台建设加快，各通信企业正在加快搭建各种涉农惠农信息平台，大力发展农村宽带和手机用户，为开展电子商务提供了强有力的基础支撑。

2. 农产品电商有所建树

目前，达州已建成多类涉农网站，信息化队伍渐成规模，农产品电子商务平台有所发展。依托达州农经网，建成了达州果业网、农产品市场网、种植业网、畜牧兽医网、饲料工业网、政策法规网等一批地区内农业专业信息网站，通过这些专业信息网站与省、市、县各专业事业单位互联。区农业局通过网络传递一般性文稿，发布、查

阅行业信息，有力地推动了机关办公自动化和农产品信息体系建设以及农业信息服务工作，一定程度上提高了工作效率和工作质量。截至 2015 年，达州市供销系统中已自建电商平台 5 个，入驻企业 442 家、专业合作社 36 家，有 834 种农特产品实现网上交易，交易额达 1.22 亿元。[2]实施“互联网+农业”战略，已建成“达州菜篮子”“城乡通”“开江购物网”等电商平台，实现乡村服务站点信息化改造 500 余家，月交易额 200 多万元，全年实现网购网销达 20 亿元，农产品“买难卖难”的瓶颈正在逐步打破。[3]借力全国知名电子商务平台，达州市市级龙头化企业宕府王公司投入 120 余万元用于电子商务平台建设。从 2008 年起，公司进驻阿里巴巴、天猫旗舰店等网购平台。宣汉县开展企业免费入网登记，规划组建县级农产品 B2C、O2O 体验馆。依托宣汉团购网等电商企业，推广网上团购，积极发展“网订店取”“网订店送”等新兴配送模式。[4]

3. 创新开展“一村一品”信息化战略

达州电信、移动、联通紧密结合“一村一品”战略，在“农信通”全国信息平台上建立专区，使每一个农副产品的信息都可以通过“农信通”平台辐射到全地区，通过“农信通—农村信息化俱乐部”的方式助力“一村一品”工程，积极推进达州地区农业信息化进程。2008 年至今，全达州地区 10 个省级产业化龙头企业实现销售收入 24.9 亿元，带动 24.3 万农户，实现了企业、农户双赢。

（二）达州特色农产品产业信息化存在的主要问题

达州特色农产品产业信息化主要存在特色农产品产业信息化基础设施薄弱、特色农产品产业信息化网络弱等问题。

1. 达州特色农产品产业信息化基础设施薄弱

该地区农产品信息化基础设施薄弱具体表现在大多数乡村地区的交通、通信设备、设施、技术落后，现代信息网络建设很不完善。一是通信基站没有健全，3 G/LTE 基站、WIFI 热点数少，4 G 覆盖率低，出现信息盲区和信号质量差。如宣汉县樊哙、龙泉、渡口、三墩、漆树 5 个少数民族乡镇通信难，其辖区 576.4 平方千米，辖 43 个村 6 个社区，总人口 69 237 人。[5]二是互联网覆盖不全，互联网、宽带覆盖率和渗透率低，固定宽带接入用户少。渗透率仅为 13.76%。三是计算机的人均拥有量少，平均 100 人中拥有量仅 3 台，并且入网率只有 90%。四是智能手机拥有量低，百户拥有量仅为 30.9 部。五是乡村农业信息化图书馆、图书室较少，仅仅为点缀。六是网站拥有量较少，且大多是政府网站。

2. 达州特色农产品产业信息化网络弱

网站建设不仅是时代潮流，而且是企业沟通交流的窗口和展示企业形象的平台，更是企业构建新型营销网络实现转型升级的重要载体和工具。因此，每一个农产品加工企业都应该高度重视企业网站建设，企业网站建设也可以从一个侧面反映企业电商物流发展水平和信息化建设程度。2015 年 1 月 10 日在网上利用“百度”和“搜狗”对

2015 年达州市 21 家国家级和省级农产品加工重点龙头企业的网站建设情况进行了搜索，结果令人震撼：有的企业没有开设网站；有的企业建有网站，但不是独立开设而是附着在其他网页上，如附着在“八方资源网”网页上；有的虽然建有独立的网页但内容只有“企业简介”一条内容，或者网页设置栏目内容严重缺乏，或者内容更新时间异常缓慢（至 2012 年），或者受访量极少只有 3 000 ~ 5 000 人次；仅有四家企业网站建设规范、内容更新及时、资料齐全、栏目设置合理。（附表一）龙头企业如此，其他加工企业可以想象是什么状况。企业连网站建设都呈现如此状态，把信息化延伸到更高端的其他环节和领域的状况就更加令人担忧了。

表一　达州市 2015 农产品省级以上龙头企业网站建设情况

企业名称	网站现实状态描述	评估状况
四川巴山雀舌名茶实业有限公司	网站建设规范、资料齐全、更新及时	A
四川东柳醪糟有限责任公司	网站建设规范资、资料齐全、更新及时	A
四川省大枫树丝业有限公司	网站建设规范、资料齐全、更新及时	A
四川天王牧业有限公司	网站建设规范、资料齐全、更新及时	A
四川省宕府王食品有限公司	独立设置网站，缺部分资料	B
四川省天友西塔乳业有限公司	独立设置网站，缺部分资料	B
大竹县顺鑫农业发展有限公司	独立设置网站，只有极为简单的公司简介	C
达州市润乾实业有限公司	独立设置网站，只有公司简介	C
四川福瑞药业有限公司	独立设置网站，只有公司简介	C
四川天予植物药业有限公司	独立设置网站，只有公司简介	C
四川玉竹麻业有限公司	独立设置网站，只有公司简介	C
四川天源油橄榄有限公司	独立设置网站，只有公司简介	C
达州市中贸粮油总公司	独立设置网站，只有公司简介	C
达州市鑫源食品有限责任公司	独立设置网站，只有公司简介，只有 3 000 多访者	C
四川发荣林业产业有限公司	独立设置网站，只有公司简介和产品介绍	C
达州市宏隆肉类制品有限公司	独立设置网站，只有公司简介	C
达州市山参葛业有限公司	独立设置网站，只有公司简介，只有 5 000 多访者	C
万源市巴山食品有限公司	独立设置网站，只有公司简介	C
大竹县金桥麻业有限责任公司	独立设置网站，只有公司简介	C
四川省立川农业食品有限公司	未见独立网页，附着在八方资源网，且只有公司简介	D
达州市复兴农副产品批发市场	未见独立网页	D

（三）达州特色农产品产业信息化存在主要问题的成因

达州特色农产品产业信息化存在主要问题的成因是多方面的，其具体表现在如下五个方面。

1. 意识不强，认识不到位

达州政府和企业对特色农产品产业信息化的意识不强，认识不到位。政府相关部门对特色农产品产业信息化认识存在偏差，认为特色农产品产业的信息化是企业的事，没有注意到特色农产品产业的信息化是一个系统的工程；同时，特色农产品产业的信息化具有公共物品性，其需要政府大力支持。企业对特色农产品产业信息化的认识不足，重视不够表现在多个方面：当地一些企业对农产品产业信息化不甚了解，不知道怎么从特色农产品产业信息化中获得最大收益，有的认为农产品产业信息化的资金回收慢、效率低，其不愿将精力和资金投入到农产品产业信息化；一些企业不知道怎么做好特色农产品产业的信息化，将特色农产品产业信息化仅仅界定为企业的网站建设，其网站建设仅仅是为销售而做，没有注意到特色农产品产业生产和管理的信息化。

2. 投资特色农产品产业信息化的能力低

强大的经济投入是特色农产品产业信息化的物质保障。达州地区实施的“一品一村”战略的模式是政府出政策+农业劳动者出土地+农业局出技术+企业出资金，政府资金进入的少。

3. 特色农产品产业化程度低，特色农产品产业信息化承载力弱

特色农产品产业化是特色农产品产业信息化的基础和动力，信息化是特色农产品产业化发展的重要手段和根本要求，两者相辅相成。特色农产品产业化程度低的小规模生产对信息与信息技术的需求不强，信息的需求不足导致信息提供的积极性下降，从而阻碍特色农产品产业信息化的建设。目前，达州地区农业产业化程度还较低，“一村一品”“一村一园”“一村一主体”和“一户一业”还在建设之中，没完全形成。

4. 缺乏特色农产品产业信息化的商业模式

特色农产品产业信息化的商业模式是特色农产品产业信息化的市场驱动力。目前，达州特色农产品产业信息化主要还是靠政府。一切依靠政府，不从市场入手开发和建立商业模式，其将不能发挥具有市场特性的特色农产品产业信息化优势。

5. 特色农产品溯源信息系统缺失

特色农产品产业信息化需要有特色农产品溯源信息系统，其是特色农产品信息化的重要组成部分，特色农产品溯源信息系统缺失，将不能科学地保障特色农产品的安全，消费者权益的保护和企业自我保护将失去有效的途径，同时，政府也将失去直接、有效安全突发事件的应急处理手段和能力，这将直接降低特色农产品产业信息化的效力。

四、信息化助推达州特色农产品产业化路径的建构

构建达州特色农产品产业化生产信息系统、建构达州特色农产品电子商务体和建立达州特色农产品信息追踪系统是信息化助推达州特色农产品产业化的有效路径。

（一）构建达州特色农产品产业化生产信息系统

达州特色农产品产业化生产信息系统的构建应立足于达州特色农业产业数据库的建立与完善以及达州特色农业产业信息链的拓展和延伸。

1. 建立和完善达州特色农业产业数据库

达州特色农业产业数据库的建立和完善是达州特色农业产业数据库建立和完善的基础工程。那么，如何建立和怎么完善特色农业产业数据库？

（1）特色单品数据库化。特色农业产业数据包括多个方面，主要是特色农业产品的数据库，特色农业产业单品数据库化即为一品一库。达州特色农业产业单品数据库化主要是指达州特色农产品单品数据库化，具体来讲就是生猪、肉牛、白鹅、旧院黑鸡、苎麻、茶叶、黄花、马铃薯、醪糟、食用菌、青脆李、草莓、油橄榄、木本药材、香椿、银杏、乌梅、核桃、青花椒、无公害水稻、玉米、双低油菜、烟叶、柑橘、花卉和葛根等数据库化。一品一库的库化内容不仅是指该产品的属性信息库化，还应将该产品所涉及的种养、优配、加工、饮食、功效以及市场等信息的数据库化。

（2）库化信息的有序化。特色单品库化信息应按一定的规则有序地存储在数据库中，其是对单品信息资源的有序加工，有利于用户随时检索、调取有效的信息。

（3）库化信息的挖掘。采用数据挖掘技术、知识挖掘技术、智能检索技术和数据仓库技术等对特色单品库化信息进行深加工，挖掘有效的可以前瞻或预警的信息，其有利于指导用户的劳作。

（4）特色单品库化信息的集成。特色单品库化信息的集成是采用一定的规则和方式将库化的信息进行链接和联结，用户在巡查、咨询和调度信息时，可以享受到“一站式”的农业产业信息服务。

（5）特色单品农产品产销政策法规信息的数据库化。有关特色农产品产销的法律法规和政策数据库为农业产业信息化提供制度保障。

（6）动态商情类数据库的研究与开发。动态商情类数据库要能及时发布反映达州及全国，乃至全球农产品市场交易状况，以此指导达州农产品生产经营者的决策。引进信息高新技术，与农产品市场信息分析预测系统进行匹配融合，提高达州农业市场信息分析预测水平。

（7）特色农产品市场信息数据库功能开发的加强。在对特色单品数据库现有信息进行检索功能的基础上，将数据库智能化，使数据库与模拟模型、专家系统等技术有机地结合起来，以便对无序的、过载的非结构化数据的开采，如对图形数据、文本数据、声音数据、视频图像数据以及其他种类数据的开采，从中提取有效、有序的信息并能及时地发现情报和智能，用于管理、查询、决策和控制，使数据成为决策和战略服务的资源。

达州特色农业产业数据库的建立和完善是一个系统的工程，需要讲求一定的操作原则：需要统一规划、协同作战和多渠道筹措资金。数据库的建立和完善需要人、财和物力；同时，数据库系统之间需要强的兼容性、数据库系统的查询方法需要简单易行、数据库的信息应具有阅读易读性和易理解性、数据库信息的运用应具有流程性。二是数据库的建设和完善应具有一定的标准。三是数据库的建立和完善应具有动态性。动态完善的数据库才能保证信息的时效性。为此，达州农业产业数据库的建立和完善需要统一的政府部门做顶层设计，其涉及数据库建设和完善的方案、规则的制定、标准的拟定、系统间的整合、财务的调度，从而实现政府的引导、协调和监督等功能；同时，达州市政府应该将市场引入其中，从而发挥市场与政府各自优势。

2. 拓展和延伸达州特色农业产业信息链

拓展和延伸达州特色农业产业信息链，使农业产业信息链更加紧密更加完善，以此实现达州特色农业产业链从生产为主的信息产业链到产销一体的特色信息产业链，从单一特色农业产业链到综合特色农业产业链，从短的特色农业产业链到长的特色农业产业链，从小的特色农业产业链到大的特色农业产业链，从单项特色产品的产业链到多项特色产品的产业链，从项内特色产业链到项内外共生的特色产业链，从达州域内特色农业产业链到达州以外的特色农业产业链。达州农业特色产业信息链的拓展和延伸应从三个方面入手：

（1）达州特色农业产业信息链的纵向延展。达州特色农业产业信息链的纵深延展是从纵深方向上进行的，内核是达州特色农业产业信息链的前向和后向延伸，其依附的是达州特色农业产业的前端和后端的信息化。达州前端特色农业产业信息链的触伸更多地指向达州特色农业生产的前期服务的信息化，比如达州特色农产品研发的信息化、市场前景预判的信息化、市场风险管控的信息化等；达州后端特色农业产业信息链的延展主要指向达州特色农产品的深加工环节的信息化，比如达州特色农产品健康价值量的信息化、达州特色农产品深度加工研发的信息化、达州特色农产品广告宣传的信息化等。

（2）达州特色农业产业信息链的横向延展。达州特色农业产业信息链横向延展是就平行方向而言的，指达州特色农业产业各产业环和产品功能扩充的信息化。达州特色农业产业环扩充的信息化指达州特色农业产业融合的信息化，达州特色农业产业融合的信息化实质是将达州的特色农业生产与达州的旅游观光、达州的乡土文化、达州的乡愁文化、达州的康养业、达州的体验文化、达州的农业教育和达州的农业科研等融合而形成的产业的信息化；达州特色农产品功能扩充的信息化指达州农产品核心功能效用、附加功能效用和延展功能效用的研发和广告宣传的信息化。

（3）达州特色农业产业信息链厚度的增强。达州特色农业产业信息链厚度的增强是指达州特色农业产业信息链的加粗，即壮大达州特色农业产业信息链，其实质为规模化、专业化达州特色农业产业链的各个功能主体，并将其信息化。规模化和专业化的达州特色农业产业信息产业链是竞争市场的需要。

（二）建构达州特色农产品电子商务体

达州特色农产品电子商务体的建构应从以下三个方面入手。

1. 转变观念，发展达州特色农产品电子商务体

达州特色农产品电子商务体的发展可通过转变观念，提高认识的途径来实现。达州特色农业电子商务体要发展，首要的是转变人们的思想观念。达州特色农产品电子商务发展的难点不是技术，也不是资金，而是思想观念的转变和管理理念的更新。只有对达州特色农业电子商务有了正确的、积极的认识，才能务实地推动它。农民以及相关政府主管部门管理者的观念转变，能够推动达州特色农产品电子商务的进一步发展。同时要加快农村信息化基础设施建设，改善农民的电子商务诚信状况，建立严格的失信惩戒机制。

2. 创新达州特色农产品电子商务模式

目前达州特色农产品电子商务模式主要有 B2B 及 B2C 两种模式。达州特色农产品电子商务的 B2B 模式是农产品生产企业、销售企业、加工企业间通过商务信息网联系起来，进行电子商务运作的模式。创新达州特色农产品电子商务模式，可以发展 F2C2B 的模式。F 为达州特色个体农户或农民协会、合作社，即达州特色农产品生产个人或企业。该模式尽量回避中间环节，节约了时间，减少了交易成本；同时，也更直接地接触市场，能更有效地减少“牛鞭效应”带来的信息误差。

3. 促进达州特色农产品从电子商务到智慧电商的发展

电子商务有一个发展阶段，其大概经历了五个阶段：电子邮件阶段、信息发布阶段、EC（Electronic Commerce）即电子商务阶段、全程电子商务阶段到智慧阶段即智慧电商。[6]电子商务通常是指在全球各地广泛的商业贸易活动中，在因特网开放的网络环境下，基于浏览器/服务器应用方式，买卖双方不谋面地进行各种商贸活动，实现消费者的网上购物、商户之间的网上交易和在线电子支付以及各种商务活动、交易活动、金融活动和相关的综合服务活动的一种新型的商业运营模式。[7]从空间结构的角度讲，其是内部之间、内部到外部之间的一种信息沟通、交流的平台或者是一种方式；从参与者的角度上讲，其是企业、政府、个人、中介等参与主体之间信息交流的一种途径或模式；从活动内容上讲，其既是商务信息传播、交流的方式，也是事务性信息传播、交流的平台。智慧电商起于 2011 年，互联网信息碎片化以及云计算技术愈发成熟，主动互联网营销模式出现，i-Commerce（individual Commerce）顺势而出，电子商务摆脱传统销售模式生搬上互联网的现状，以主动、动态、自动、互动、用户关怀等多角度与用户进行深层次沟通交流的活动。[8]智慧电商更加考虑到用户的习得，而非参与主体“一方情愿”；智慧电商是一种深层次的交流与传播，其更多地体现用户关怀；智慧电商的传播与交流是一种主动、积极的方式，而非被动、消极的方式。达州特色农产品电商应向智慧电商方向发展，主动、积极地参与到世界智慧电商之中，以此采用智慧电商的方式，将达州特色农产品电商一端引至农村，一端引至全球，以此达到达州特色农产品讯息的全球化，从而实现外向型达州特色农产品，以至达州特色农产品规避“红海”，达到“蓝海”。

（三）建立达州特色农产品追踪信息系统

达州特色农产品追踪信息系统能更好地把握市场反馈，提供更好的特色农产品和服务；社会可以获得安全的达州特色农产品；政府可以良性监管和控制，做到事前、事中监管，从而保障达州特色农产品良性循环。

达州特色农产品追踪信息系统包括硬软件两个方面。硬件技术即关键技术，是指信息标识系统和数据采集技术，其中数据采集技术包括条形码技术、RFID 技术、EPC 技术和数据交换技术。软件技术即为相关的标准和奖惩规制等。

达州特色农产品产业化的信息化是达州信息化与达州特色农产品产业化的结合体，达州信息化有助于达州特色农产品产业化的发展，达州特色农产品产业化需要达州的信息化。

参考文献

[1] 什么叫农业产业化？[EB/OL].土流网 http：//www.tuliu.com/read- 29841.html，2016-10-08.

[2] 达州市农村电商迎来了发展的春天.四川省人民政府[OR/EB]. http：//www.sc.gov.cn/10462/10464/10465/10595/2016/7/21/10388981.shtml，2016-07-21.

[3] 达州市 2015 年全年农村经济形势分析[EB/OL].达州市统计网 http：//www.dztjw.gov.cn/Article/ShowArticle.asp？ArticleID=11338，2016-04-28.

[4] 达州市农业局关于报送“互联网+农业”工作举措的报告[OR/EB].四川农业厅 http：//www.scagri.gov.cn/ztzl/nyxxh/201507/t20150714_349346.html，2015-07-14.

[5] 关于解决宣汉县少数民族乡镇通信难的建议[OR]. 中国人民政治协商会议达州市委员会 http：//www.dzzx.gov.cn/Article/ShowArticle.asp？ArticleID= 5910，2016-10-20.

[6] 于刚. 电子商务跨入“大数据”时代[J]. 中国经贸，2013（06）：30.

[7] 陈云海，黄兰秋. 大数据处理对电子商务的影响研究[J]. 电信科学，2013（03）：56.

[8] 孟小峰，慈祥. 大数据管理：概念、技术与挑战[J]. 计算机研究与发展，2013（01）：89

乡村振兴视域下的川陕革命老区农村土地制度改革

李　维

（四川文理学院　四川达州　635000）

摘　要：社会主义进入新时代后将乡村振兴作为“三农”工作的战略重心，其意义之一就是要实现精准扶贫。川陕革命老区大部分属于集中连片贫困区，区域性贫困问题突出，扶贫任务艰巨，因此，找准关键切入点是实施乡村振兴战略，实现川陕革命老区脱贫致富，走向共同富裕的关键。川陕革命老区农村土地制度改革与创新对于农村生产力的发展具有反作用力，可以有力地促进川陕革命老区农民财产性收入的提高。党的十八届三中全会明确了农村土地改革的总部署，为农村土地制度改革提供了顶层设计。川陕革命老区农村土地改革的关键在于对农村土地“三权分置”的改革，其目的是实现农村土地的市场化，明确土地产权，使土地经营者有“恒产”也有“恒心”。

关键词：乡村振兴；川陕革命老区；土地制度

2018 年中央“1 号文件”确定了乡村振兴的战略部署，川陕革命老区所涵盖的地区范围大多都是“农业大市”，且处于贫困集中区域。“三农”问题在川陕革命老区大范围地呈现，从农村土地着手，可以从根本上振兴川陕革命老区发展。川陕革命老区农村土地改革应该坚持在农村集体土地制度不变的前提下，尽快明晰农村各种土地类型的产权。产权不明晰是造成现阶段土地空置化、土地利用率不高等问题的重要原因。

一、乡村振兴战略在川陕革命老区的实施

川陕革命老区是中国共产党领导的红四方面军在川陕边界建立的革命根据地，是土地革命战争时期第二大苏区。中华人民共和国成立以来，老区面貌发生了巨大的变化，但是由于历史、自然、地理等多方面因素影响，经济社会发展依然面临多方面的困境。川陕革命老区包括 68 个县（市、区），总面积 15.7 万平方千米，截至 2015 年末，户籍人口 3 636 万人，地区生产总值 8 344 亿元，地方财政一般预算收入 463.5 亿元。

川陕革命老区虽然具有区位重要独特、资源丰富、生态良好等优势，但是同时也存在很多问题，比如基础设施建设滞后、自我发展能力弱、公共服务水平低等，脱贫攻坚任务艰巨，生态环境保护压力大。中共中央以及国务院高度关注该地区的发展情

况，国家发展改革委员会于 2016 年发布了《川陕老区振兴发展规划》，川陕老区的脱贫攻坚任务任重而道远。

中国共产党十九大报告中依然将“三农”问题作为工作的重心，同时将“乡村振兴战略”列为建成小康社会的七大战略之一。农村的土地制度作为农村发展的基础和核心，其优化与否，是破解“三农”问题的关键，也是实施乡村振兴战略问题的关键，同时也是下一步全面深化农村改革的重点。

川陕革命老区农业资源丰富，有利于农业资源的开发和特色产业的发展。为了加快推进农业结构调整，应优化农产品区域布局，建设优质粮油和特色农林产品种植加工基地，积极发展具有地方特色的生态畜牧业、水产养殖业和特种养殖业。建设特色经济林基地，大力发展木本油料、林下经济。加强农业科技服务及成果转化，发展立体农业、设施农业、休闲观光农业。在优势农业资源发展基础之上，改革农村土地产权制度，促进农村土地流转，为特色农林产业的发展奠定基础。

二、川陕革命老区农村土地制度改革的意义

（一）为加快推进农业结构调整及农产品区域布局的优化奠基

从马克思主义历史唯物观来看，制度作为一种生产关系反作用于生产力。当然，作为制度的一种，农村土地制度可以促进人们从事农业生产的创造性和积极性。改革开放之后所实行的家庭联产承包责任制虽曾一度起到“拨乱反正”的作用，并大力提升了农民的生产积极性，但是，在大规模的工业化、城市化进程中，原有的土地制度中部分制度已经不能更好地提高农村生产。“一方面，农村土地产权权能缺失，农民收入和农业经济可持续增长乏力，‘增产不增收’和‘种粮不挣钱’现象普遍；另一方面，农村土地产权制度激励功能不足，农民从事农业生产的积极性不高，农业市场化改革非常缓慢，因此，农业生产力难以完全释放。”[1]

（二）增加川陕革命老区农民收入，实现脱贫致富

乡村振兴的重要目的就是增加农民的财产性收入，川陕革命老区大部分地区属于集中连片特困地区，贫困面广，贫困程度深，区域性贫困问题突出。截至 2015 年底，有建档立卡贫困人口 323.4 万人，占区域内农村总人口的 12.6%。更有 106.3 万贫困群众生活在“一方水土养不起一方人”的深山老林区，甚至需要实施易地扶贫搬迁。生活在老区的农民收入普遍不高，大量的农村剩余劳动力已经不再从事农业生产。土地作为农民最重要的要素，需要盘活相关要素，才能产生最大的效用。

（三）明确土地产权，清晰承包者和经营者的权利和义务

推动农村土地的利用，需要对于土地的产权予以明确。因为经营者对土地投入包括各种设备、肥料，还有其他的投入，这些相关的投入有投入大、周期长的特点，因

此对于相关产权的明确可以在土地流转合同中予以约定，进一步明确双方的权利和义务，稳定投资者的投资信心。

明确农村土地产权，除了能规范土地流转，增加农民收入，还能保障农民公平分享土地增值收益、依法获得集体资产股份分红收益，从而持续增加农民的财产性收入。特别是土地确权后，更加便于委托流转、股份合作流转、整村整组连片集中流转，发展更高层次的农业规模经营，从而促进农村土地资本化，补齐农村产权的“交易短板”。

就现今川陕革命老区农村地区来讲，通过明确农村土地产权，一方面能重整农村土地权力分配，吸引外出的务工者回乡进行农业生产，增加创新创业的动力；另一方面，能明确承包者与经营者围绕土地而产生的权利义务关系，解决经营者对土地长期稳定投入的后顾之忧，亦能提高承包者财产收入。

三、川陕革命老区农村土地改革的内容

（一）川陕革命老区农村基本情况

2016 年国家发改委出台了《川陕革命老区振兴发展规划》，2017 年四川省公布了《四川省川陕革命老区振兴发展规划实施方案》，全方位、多角度地对川陕革命老区实施产业振兴的计划。其中，对于农业来讲，就是要转变农业用地的方式，实施多种经营模式，大力开发经济作物的种植，发展农业园区，集生态、种植、旅游于一体的农作物园区。川陕老区生态相对脆弱，山区较多，可利用的土地反而较少，因此要提高老区的土地利用率。

川陕老区农村范围广，帮扶贫困所要重点针对的地区正是广大的农村，为了帮助老区人民脱贫致富，应当提高该地区农民的财产性收入，转变当地农民的生产方式，明确和清晰土地产权，使投资者和经营者有“恒产”也有“恒心”，将精力投入到农业生产当中来。

例如达州市作为川陕革命老区的农业大市，农业人口众多，土地主要用作粮食生产，相比于东部发达地区，土地用于建设的效益也相对较低，因此可以作为粮食主产区。

（二）“三权分置”的改革和试点

2013 年 7 月，习近平总书记在湖北考察时针对当地农村的形势指出，要好好地研究土地所有权、承包权、经营权三者之间的关系，这是“三权分置”的理论雏形。2013 年底，中共中央农村工作会议明确将农村土地承包经营权分为承包权和经营权，实现承包权和经营权分置并行。中共中央及国务院多次发布文件确定了“三权分置”的模型，其目的就是为了解决传统的土地制度重效率、轻公平的弊病，促进农村土地积极入市。

自从在农村实行家庭联产承包责任制以来，土地制度越来越与农村的发展不相符，

家庭联产承包责任制所确立的“两权分离”是在农村集体所有制之下的，但是其弊端日益显现，就川陕老区农村来讲，农业人口众多，扶贫压力巨大，改革其土地制度可以改良生产关系，进而提高生产率。

一直沿用至今的“两权分离”制度所显现的弊端主要有以下几点：

首先，“两权分离”的制度设计重点在于土地承包经营权，对于土地的其他权利则利用较少。农村建设用地使用权、地役权、宅基地使用权、自留地使用权等权利也应该充分的发挥和重视，如果没有对于相关的权利的开发，土地之上的利益空间将会被压缩，不利于提高农民的财产性收入。

其次，产权的模糊性可能会影响到经营者对土地的利用和在土地上的投入。“两权分离”的土地制度更加注重的是土地的利用而非所有，而明确土地的归属与充分利用土地并不矛盾，二者可以相互促进。相反，忽视“物的归属”会弱化所有权人的利用方式，减少了集体土地的经营模式，使得充分利用物的可能性降低。土地的经营者需要有“恒产”也有“恒心”，土地的投入是一个长期的过程[2]，土地利益的回收也需要一个周期，因此如果明确产权，明确土地的归属，对于土地经营者来说是一件促进其有“恒产”也有“恒心”的事。

最后，在一些乡村振兴做得好的地区，土地制度都会有所创新，比如江西省黄溪村就是如此，通过“确权确股不确地”的模式促进农业发展。当然这些尝试都是个例，其是否符合现今的土地法律框架有待考察，但不可否认的是，土地制度的创新，在以前所沿用的家庭联产承包责任制即所谓的“两权分离”制度之上所进行的一系列改革和创新是有所必要的。对于川陕老区的农村，土地作为农民唯一的生产资料，其重要性和敏感性都很高，因此在创新的过程中也要坚持集体所有不变的前提和基础。

基于以上原因，现阶段所推行的“三权分置”的改革和试点，土地的所有权、承包权以及经营权三权的分离虽然在法理上有探讨的余地，但是实践中在各个地区试点的推动有可能逐步成为主要的发展趋势，因为各个地方的差距，实践不同，因此对于所有权、承包权、经营权的权能关系和实现形式也有可能不一样。在东部发达地区，土地利用收益高，非农非粮的土地收益也较高，为了实现土地的最大化利用，在保证国务院耕地红线的基础之上，土地更多地被用到非农非粮用地之上，而作为西部欠发达地区，特别是川陕革命老区集中连片贫困区，对土地的利用基本上都是农业用地甚至是粮食用地。

党的十八届三中全会通过《中共中央关于全面深化改革若干重大问题的决定》提出要健全城乡发展一体化体制机制，在坚持和完善最严格的耕地保护制度的前提下，赋予农民对承包地占有、使用、收益、流转及承包经营权抵押、担保权能，允许农民以承包经营权入股发展农业产业化经营。在符合规划和管制的条件下，允许农村集体经营建设用地出让、租赁、入股，实行与国有土地同等入市、同权同价，完善对被征地农民合理、规范、多元保障机制等政策不仅表现了党中央从土地角度切入对于解决农村问题的决心，也表明党中央在大政方针上鼓励和支持改进农村土地制度、统筹城乡发展。

中华人民共和国成立以来，土地制度经历了一系列的变革，从成立初期的土地私有到 20 世纪 50 年代的社会主义改造，从互助组、初级社、高级社最后到农村土地集体所有制。1978 年改革开放以来，大包干到沿用至今的“两权分置”即联产承包责任制，承包经营权由政策调整到法律调整、由债权性质到物权性质，以 2007 年《物权法》的颁布为标志，确认了这个时期的农村土地改革的成果。[3]

结　论

乡村振兴战略背景下的川陕革命老区的振兴发展任务以农村土地改革为切入点和落脚点，其目的在于增加农民的财产性收入，完成川陕革命老区脱贫攻坚的任务。其中土地改革的内容要以中共中央关于农村发展的相关部署作为顶层设计和制度框架，“三权分置”的土地改革制度是对于传统的“二权分立”的完善和发展，农村土地征收、集体经营性建设用地入市、宅基地改革试点的阶段性目标已经达成，部分成果性经验也将归纳提炼成为推行全国的制度。川陕革命老区结合自身的资源优势和地方的特殊情况，吸取试点地区的经验，推动土地确权及流转，完成易地搬迁，实现乡村振兴。

参考文献

[1] 杜伟，黄敏. 关于乡村振兴战略背景下农村土地制度改革的思考[J]. 四川师范大学学报（社会科学版），2018（1）：13-14.
[2] 高飞. 农村土地“三权分置”的法理阐释与制度意蕴[J]. 法学研究，2016（3）：6.
[3] 朱道林，王健，林瑞瑞. 中国农村土地制度改革探讨——中国土地政策与法律研究圆桌论坛（2014）观点综述[J]. 中国土地科学，2014（9）：90.

第三编

人才队伍

精准扶贫视域下达州革命老区乡镇领导班子思想政治建设研究

朱德莉

（四川文理学院川陕革命老区振兴发展研究院 四川达州 635000）

摘　要：精准扶贫基于对以往扶贫工作的反思，其提出精准识别、精准帮扶、精准管理和精准考核机制，是新时期中国扶贫工作的重要机制。乡镇是党在农村的基层组织，也是当前农村实施精准扶贫工作的重要领导力量。加强达州革命老区乡镇领导班子思想政治建设要紧紧围绕“理想信念、规矩意识、党性原则、为民宗旨、廉洁观念、担当精神”等六大任务，努力形成风清气正、崇廉尚实、干事创业、遵纪守法的良好政治生态，为达州革命老区实施精准扶贫工作提供坚强思想政治保证和组织保证。

关键词：达州革命老区；乡镇领导班子；思想政治建设；精准扶贫

党的十八大以来，以习近平同志为核心的党中央坚定不移推进作风建设，旗帜鲜明开展反腐败斗争，开创了全面从严治党、重塑政治生态的历史新时期。四川省委提出加强领导班子思想政治建设要紧紧围绕“理想信念、规矩意识、党性原则、为民宗旨、廉洁观念、担当精神”等六大任务，通过深入系统的思想政治建设，着力解决好理想信念政治方向问题、严明纪律严守规矩问题、坚守党性原则严肃党内生活问题、为民宗旨公仆情怀问题、廉洁从政严于律己问题、勇于担当勤政务实问题，努力形成风清气正、崇廉尚实、干事创业、遵纪守法的良好政治生态，为实现四川“两个跨越”提供组织保证。[1]当前，达州革命老区正肩负着“精准扶贫、致富脱贫”的重要历史任务和实现与全国同步在2020年全面建成小康社会的宏伟目标，加强达州革命老区乡镇领导班子思想政治建设，对精准扶贫工作的顺利开展和取得实效极具现实性和针对性，意义十分重大。

一、精准扶贫与达州革命老区乡镇领导班子思想政治建设的相关性分析

早在2013年11月3日，习近平总书记在湘西土家族苗族自治州调研扶贫攻坚时

指出，“要精准扶贫，切忌喊口号，也不要定好高骛远的目标。”[2]2013 年 12 月中办、国办印发《关于创新机制扎实推进农村扶贫开发工作的意见》，提出“建立精准扶贫工作机制，国家制定统一的扶贫对象识别办法，切实做到扶真贫、真扶贫，确保在规定时间内达到稳定脱贫目标”。2015 年 6 月，习近平总书记在贵州召开 7 个省区市党委主要负责同志座谈会。他强调，“各级党委和政府必须增强紧迫感和主动性，在扶贫攻坚上进一步理清思路、强化责任，采取力度更大、针对性更强、作用更直接、效果更可持续的措施，特别要在精准扶贫、精准脱贫上下更大功夫。”[3]

“扶贫工作的成败，还要看基层组织的工作效果。抓好乡镇乃至村级组织的配套建设，离不开思想正、作风硬、能力强的优秀人才。创造条件，想方设法地让这些优秀人才把扶贫工作当作事业来做，实实在在发挥精准扶贫的工作效果。”“扶贫开发相关部门要加强思想、作风、廉政和效能建设。”[4]乡镇班子无疑是精准扶贫工作的重要工作力量，关系到中央精准扶贫政策的贯彻落实。要通过加强乡镇领导班子思想政治建设，努力形成风清气正、崇廉尚实、干事创业、遵纪守法的良好政治生态，为实施精准扶贫工作提供坚强的思想政治保证和组织保证。

二、当前达州革命老区乡镇领导班子思想政治建设的主要做法和取得的成绩

“加强川东革命老区乡镇领导班子思想政治建设”课题组先后深入四川省达州市万源市等部分乡镇开展实地考察调研，课题组通过召开乡镇班子座谈会、深度访谈、走访群众等形式，对达州革命老区的部分乡镇领导班子思想政治建设情况进行了一次摸底，从调研情况来看，乡镇党委班子思想政治建设既按照上级统一部署安排完成“规定动作”，又结合地方特色和具体的工作实际，进行“自选动作”的创新和实践，并且还取得了一定的成绩。

（一）注重“引进来”和“走出去”并重的学习教育形式，加强领导班子思想理论武装

乡镇党委班子通过举办党委中心组学习会、“巴山夜校”“巴山大讲堂”等，认真学习领会习总书记系列重要讲话精神和省市系列会议精神，及时把中央、省市的最新政策、最新精神传达到每位班子成员，要求每位班子成员结合自己的工作，谈认识，讲体会，撰写学习心得。在实践中，乡镇班子注重“引进来”和“走出去”并重，加强领导班子思想理论武装。一是积极邀请省、市、县宣讲团成员和高校专家学者为班子成员授课，对最新的政策进行解读，帮助班子成员做好政策的学习和宣传工作；二是加强同区域高校的合作，比如万源市加强同四川文理学院合作，通过举办干部培训班的形式，为万源市乡镇领导开展培训，提升领导干部素质，不断增强班子成员思想理论武装。

（二）积极有效地整合本土红色资源，形成独具地方特色的教育素材，加强领导班子理想信念教育

达州革命老区作为川陕苏区的一部分，是中国工农红军第四方面军1932年12月战略转移到四川、陕西边界地区，在川陕边区党组织和广大劳动群众的配合支持下建立的一块苏维埃区域，是中华苏维埃共和国的第二个大区域。川陕苏区红色资源得天独厚，基本涵盖了政治、军事、文化、宣传以及红军生活、战斗等各个方面。这里具有丰富的红色教育资源。部分乡镇充分结合本土资源优势，整合资源，相继建立了“干部红色实践教学基地”（以革命遗址、红军精神等为主题）、“干部绿色实践教学基地”（以环保生态为主题）、“干部彩色实践教学基地”（以改革开放最新成果为主题），丰富了理想信念教育的学习内容，形成了独具地方特色的教育素材，收到很好的教育效果。

（三）多形式开展警示教育，筑牢领导班子廉洁从政的思想防线

一是积极学习贯彻执行《中国共产党纪律处分条例》《中国共产党党内监督条例》《中国共产党党员领导干部廉洁从政若干准则》和中央、省、市关于领导干部廉洁自律各项规定；二是以党的十八大以来该省市查处的党员干部违纪违规典型案例为素材，开展正反两方面的典型学习，将周永康案、南充贿选案作为班子成员开展警示教育的重要内容，要求班子成员人人发言，谈体会、写心得、立规矩；三是组织班子成员到大竹监狱参观反腐倡廉警示案例展、服刑改造人员学习生活场所，听取服刑人员现身说法和忏悔，时刻提醒要绷紧廉洁自律的弦，增强纪律意识。

乡镇干部通过加强领导班子思想政治建设，凝聚了共识，班子积极团结，干劲足，思路多，尤其是部分乡镇的党政主要领导眼界开阔，理论扎实，经验丰富，在长期的农村基层工作中不仅熟悉了一套工作思路，而且结合农村实际，不断形成符合农村发展的新农村建设发展的“工作法”。

三、当前达州革命老区乡镇领导班子思想政治建设存在的问题

在调研过程中，我们也了解到部分乡镇领导班子在思想政治建设方面还不同程度存在困惑，对加强领导班子思想政治建设的重要性认识还不到位，甚至个别干部还持“观望”态度，对当前形势的紧迫性没有足够重视，在面对农村复杂问题时还不能将上级精神更好地贯彻和落实，尤其是在新常态下，干部工作能力和素质的要求还不能适应形势的发展需要，甚至个别干部已经开始面临“本领恐慌”问题。主要表现在以下四方面。

（一）对加强领导班子思想政治建设还没有足够重视

有的干部认为，当前从中央到地方高度重视领导班子思想政治建设，中央、省委开展巡视工作属于“非常时期”，但过一段时间这些标准和要求自然就会降低，不可能

长期持续下去。因此，在应对态度上，认为当前绝不要“撞枪口”，要好好收敛一下，严格自律，过一段时间就可以放松一些了。在工作的针对性上，有的干部认为，本地经济落后，想贪污受贿、违法违纪也没有门路，针对自己搞什么思想政治建设等是搞错了对象，是“别人生病自己吃药”。

在实际操作上，有的干部认为，思想政治教育内容较“虚”，文字太多，一般性重复性话语多，理论较空洞、抽象、干涩，对本地实际问题结合少，实际操作难度大，提不起学习兴趣；工作好坏标准不易把握，对推动地方经济社会发展成效不明显；老百姓收入得不到提高，什么理论说教都会沦为“假大空”。在工作实效性上，存在着上级热下级冷的现象，触动思想和改变行动的程度不够深。而且各地都缺乏一套科学的操作性强的思想政治建设考核办法，难以对乡镇领导班子思想政治建设成效进行考评。

（二）乡镇职能的具体化同人员要求之间的矛盾还不同程度存在

在干部队伍建设方面，有的乡镇领导班子干部配置不全，有的干部一人身兼数职，事务多，工作量大，责任和压力大。另一方面，应付性的事务多，文字型的干部多，班子搭配不够合理。有的新进干部业务不够熟悉，管经济的干部不懂经济，管纪委的不知道组织处理的恰当程序。用非所长，按理说应该有一个学习适应的过程，但普通干部外出学习考察机会少，限制太多。一些人才本身工作能力很强，但是难以获得合适的身份；现存的用人制度实行凡进必考，这对推动基层工作意义不大，因为有些岗位通过考试未必能够考出需要的人，基层领导无法做到量才用人。

乡镇干部普遍认为，本身权力不大，但是上级党委政府的要求却又非常全面和严格，素质要求高，同时工作过于忙碌，是“五加二”“白加黑”干部，义务性劳动多，经常无法得到正常的休息。

（三）在执行上级要求的同时充分结合实际还不够

乡镇的上级部门多，具体事务多，有时上级部门某些要求让乡镇干部觉得难以适应，如以发展党员数量作为党建任务就不够合理。既要乡镇党组织积极发展党员，保证党组织不断壮大，同时又要保证党员质量，防止把不合格分子吸收入党，这在当前很多青壮年农民外出务工的情况下很难两全。一些入党积极分子有明显功利性，真正合格的预备党员不多，选拔余地不大。有些农村致富能手符合入党条件，但是却不愿意担任村干部，因为收入太低无法吸引人。上级要求每年既要选举先进支部，也要选举后进支部，从操作上来讲，各支部的差别并不显著，评不上先进和被评为后进都可能激化矛盾，不利于同志之间的团结。上级规定纪委每年至少要查处 2 件违法违纪案件，这种规定缺乏合理性。有的干部认为，上级的一些指示要求脱离实际，实施过程中不变通就无法过关，因此变通是不得已的。如农忙季节农村干部事务忙，如遇到开会学习等要求，在时间上就很容易形成冲突。

（四）在处理干群关系和协调发展地方经济能力上还不足

农村的现实状况使得一些干部认为工作中难以成功地干事创业，滋生了有心无力、不求进取的情绪。如现在农村外出务工人员相当多，要推动一些需要农民出钱出力的扶贫开发项目就无法进行，可行的扶贫项目难以实施。在确定低保户对象时，尽管政策规定要应保尽保，但终究名额有限，容易在群众间发生矛盾，最终也可能把矛头转移到干部身上。另一方面，乡镇工作交通不便，条件艰苦，工作不稳定，待遇差。乡镇干部不仅收入低，而且升迁机会少，影响乡镇干部的工作积极性。有位副科干部在同一个地方工作16年，既得不到提拔，又不能像有的干部那样提前退休，难免滋生官场升迁取决于关系的怨言。干多干少一个样，干与不干一个样成为个别干部奉行的“工作准则”。

在干群关系上，一些群众对干部不够理解和信任，习惯性地认为干部做事都是为了自己“有捞头”，存在着一定的仇官心态。个别群众责任意识差，要求自己的权利要最大化，但对自己的义务却推三阻四。有的群众无理取闹，甚至不尊重干部的人格尊严，对干部无理训斥。有的群众信“访”不信“法”，认为信访能够给地方党政施加压力，坚持信访就能达到目的，无形中滋生了“会哭的孩子有奶吃”的侥幸心理，大事小事、有理无理都宁走信访途径不走司法途径。在这种无奈的情况下，有的干部开始滋生少做事少烦恼的想法。有的干部认为，作为干部接触和认识的熟人比较多，一些熟人办事请客很容易请到自己，不去容易得罪人，以后不好开展工作，这就导致干部“人情”支出大，但严格按照规矩办事，自己就不敢收取他人的回礼，长期下去就会形成巨大的亏空。要发展地方经济，干部势必要同社会各方面人士进行交往，一些吃喝或者请客送礼实属难免，但又很难把握准违纪违法与合理合规的界限，干部容易陷入不做事难以推动发展、做事又容易违纪的困境。有时候干部主观上想要坚持原则，做到清正廉洁，但客观上却容易得罪人，因此，有的干部质疑有些要求是不是存在着矫枉过正的问题。[5]其实，从根本上来说，是解放思想还不够，没有及时转变观念，面临“本领恐慌”。

四、加强达州革命老区乡镇领导班子思想政治建设的主要任务与建议

（一）坚定理想信念，解决好“总开关”问题

习近平总书记强调：“理想信念是共产党人的精神之‘钙’，没有理想信念，理想信念不坚定，精神上就会‘缺钙’，就会得‘软骨病’。”坚定理想信念，坚守共产党人的精神追求，始终是每一个共产党人安身立命之根本。党员干部有了坚定的理想信念，就能站得高，望得远，就能胸怀天下，就能牢记为人民服务的宗旨意识，时刻坚持正确的政治方向，时刻同中央保持一致，就能在胜利和顺境时不骄不躁，在困难和逆境时不消沉不动摇，就能经受住各种风险和困难的考验，自觉抵制各种腐朽思想的侵蚀，

就能永葆共产党员的先进性、纯洁性。要不断加强乡镇领导班子思想政治建设，把思想政治建设贯穿领导班子和干部队伍建设始终，坚定理想信念，解决好“总开关”问题。

（二）树立规矩意识，永葆政治本色

人们常说“无规矩不成方圆”。习近平总书记多次提到党员干部要讲规矩，要带头遵守规矩，要按规矩办事，按规矩用权。党员干部要牢固树立规矩意识，用规矩约束自己的言行。“党员干部要主动在思想上划出红线、在行为上明确界限，真正敬法畏纪、遵规守矩。”[1]我们在调研中发现，乡镇基层干部在树立规矩意识方面能“接地气”。比如，对于农村的婚丧嫁娶等涉及的请客送礼问题，加大宣传力度，移风易俗，倡导节俭办事，防止讲排场、比阔气，路边护墙上打出通俗简洁的标语——“你请我喝酒，点都不怕丑，借机想敛财，我就不得来。”以这种“接地气”的方式很好树立了规矩意识。

（三）坚持党性原则，坚持以上率下

坚持党性原则是共产党人的根本政治品格，是政治工作的根本要求。要把坚持党性原则作为立身之本，作为一种政治品质、一种职业操守，不断强化政策意识和纪律意识。要忠诚于党和人民，任何时候、任何情况下，都要保持清醒头脑，经得起各种风浪的考验，坚决与党中央保持高度一致，做政治上“靠得住”的干部。要时刻用党的纪律约束自己，对于坚持什么，反对什么，什么事能做，什么事不能做，必须毫不含糊，对涉及个人得失的问题，坚决从党和人民的利益出发，自觉维护党的政策的严肃性。乡镇党员干部要在贯彻民主集中制，科学决策，化解矛盾纠纷，拆迁、征地等工作中坚持党性原则，要坚持以上率下，带头遵守。

（四）牢记为民宗旨，密切干群关系

全心全意为人民服务是中国共产党的根本宗旨。乡镇党员干部更要牢记这个宗旨，在处理干群关系上，首先要尊重群众，相信群众，依靠群众，要坚持从群众中来到群众中去，牢固树立为人民服务的思想。同时，要多向群众做解释沟通工作，坚持党务政务公开，接受群众质询和监督，让群众了解干部所做的事是为了地方发展和群众利益的；也要向群众说明，现阶段农民的一些要求还不能完全满足，很多问题的解决要经过一定的阶段，具备一定的条件。密切干部群众关系，消除群众对干部的误解和责难，必须推进民生工作，让群众在发展中得到实实在在的利益和好处。这既是改善干部群众关系的条件，也是领导班子思想政治建设的根本目的。

（五）奉行廉洁观念，筑牢思想防线

习总书记讲道：“一个人能否廉洁自律，最大的诱惑是自己，最难战胜的敌人也是自己。一个人战胜不了自己，制度设计得再缜密，也会‘法令滋彰，盗贼多有’。”[6]革命老区的干部要在长期的艰苦条件下工作和生活，甚至还要面对很多困难，一定要

能“耐得住寂寞，守得住清贫，经得住考验”，要时刻守住法律和道德这个底线，不能碰的坚决不碰，要“严以修身、严以用权、严以律己”。要把廉洁从政作为人生准则，养成良好的工作和生活习惯，不搞团团伙伙，不称兄道弟，更不做权力寻租，要营造风清气正的从政环境和清清爽爽的同志关系，时刻警惕不良习气和腐败的滋生，筑牢思想防线。

（六）弘扬担当精神，汇聚发展地方经济的强大精神动力

习近平总书记指出：“是否具有担当精神，是否能够忠诚履责、尽心尽责、勇于担责，是检验每一个领导干部身上是否真正体现了共产党人先进性和纯洁性的重要方面。”敢于担当是领导干部一种高尚的政治品格，一种必备的履职能力，一种过硬的工作作风，一种良好的精神状态。

达州革命老区底子差，贫困人口多，交通不便，后发优势不明显，面临的困难比预想的多。当前，全省上下正紧紧围绕中央、省委制定的扶贫攻坚计划，实施精准扶贫工作。2020 年完成全面脱贫的目标任务十分艰巨，革命老区的领导干部，尤其是乡镇领导干部，他们冲在一线，更要勇于担当、勤政务实，来不得半点虚假，否则就要影响到全局，影响到全面建成小康社会目标的顺利实现。因此，广大的老区乡镇干部和驻村干部，都要自觉传承“智勇坚定、排难创新、团结奋斗、不胜不休”的川陕苏区红军精神，把红军精神、担当精神转化为促进地方发展的强大精神动力，为实现川东革命老区的精准脱贫，实现全面小康社会而奋斗。

参考文献

[1] 张宏平. 为推进“四个全面”实现“两个跨越”提供坚强思想政治保证和组织保证[N]. 四川日报，2015-02-27.

[2] 习近平. 扶贫切忌喊口号 也不要定好高骛远目标[DB/OL]. http：//www.chinanews.com/gn/2013/11-03/5457417.shtml，2013-11-03.

[3] 李全.精准扶贫的宏观视角与微观执行[DB/OL].http：//news.eastday.com/eastday/13news/auto/news/pinglun/u7ai4174585_K4.html，2015-06-25.

[4] 李全.精准扶贫的宏观视角与微观执行[DB/OL].http：//news.eastday.com/eastday/13news/auto/news/pinglun/u7ai4174585_K4.html，2015-06-25.

[5] 中共中央办公厅　国务院办公厅. 关于创新机制扎实推进农村扶贫开发工作的意见[DB/OL]. http：//www.china.com.cn/cppcc/2016-10/14/content_39490014_3.htm，，2016-10-14.

[6] 薛万博. 党员干部必须坚守哪些底线[DB/OL]. http：//dangjian.people.com.cn/n1/2016/0606/c117092-28415047.html，2016-06-06.

乡村振兴战略下人才资源开发研究

——以万源市永宁乡为例

陈　静

（四川文理学院政法学院　四川达州　635000）

摘　要：为深入了解十九大提出的乡村振兴战略中人才振兴在乡村的实现前景，分析其实施过程中面临的困境，以及提出相应的解决措施，帮助乡村实现人才资源开发，特此选择国家贫困县万源市的永宁乡作为调研地点进行为期七天的实地调研。此次调研旨在通过实地考察法、访谈法对万源市永宁乡进行深入调查，了解该地人才资源现状，分析该地人才需求，找到实现人才振兴存在的问题，就发现的问题提出相关解决措施，为万源市永宁乡实现乡村振兴提供助力。

关键词：乡村振兴战略；人才振兴；人才资源开发

前　言

习近平同志在党的十九大报告中提出乡村振兴战略，实施乡村振兴战略要推动乡村产业振兴，推动乡村人才振兴，推动乡村文化振兴，推动乡村生态振兴，推动乡村组织振兴。其中，人才振兴是实现乡村振兴的核心。此外，总书记还强调，人才是第一资源。振兴乡村，必先实现“人才振兴”，让懂农村农业、懂经营、懂市场、懂技术的乡村人才有施展才华的舞台、机会和无限的发展空间。乡村振兴战略是促进国家发展的重要战略，而人才振兴对于实现乡村振兴具有重要意义。人才兴，乡村兴。此次调研通过与村干部、村民进行访谈以及与乡镇部分领导干部进行座谈，认识到万源市永宁乡在实现人才振兴方面存在的问题，探索有益的解决措施，帮助万源市永宁乡引进和留住人才，实现乡村振兴。

一、“人才振兴”的含义

要实现乡村振兴，人才振兴是核心。人才，是指具有一定的专业知识或专门技能，进行创造性劳动，并对社会做出贡献的人，是人力资源中能力和素质较高的劳动者。

目前留在农村的人大都是老年人，学历普遍是初中，也存在少数小学毕业及文盲，而拥有部分技术的人，多是在外务工学到一些技术，算不上是拥有专业知识或专业技术。农村实现振兴首先要有人力作为支撑，有人才有谈经济、谈发展、谈文化的条件。人气旺，乡村才有希望。农村需要一支懂农业、爱农民、爱农村的“三农”工作队伍，还需要懂技术、善管理、有能力的人才。农村基层的管理工作需要有管理才能的人胜任；乡村产业经济发展需要懂经济、懂市场的人来引领。如果有能设身处地为农民着想，为农村发展着想，竭尽全力建设农村的人，那么这些人一定是爱农村、爱农民的人，因为热爱，所以愿意到农村去，愿意留在农村。现在的农村急需一批愿意去并留在农村的人才，让人才自身的知识、技术、力量在农村这个广阔的天地尽可能地散发光芒，让人才在农村这个充满无限可能的舞台上尽情施展自己的才能。[1]“人才振兴”从根本上说就是以人才促发展，以人才兴农村，让人才在乡村振兴中焕发出无穷的生机与潜力，让人才成为振兴乡村的强大动力。

二、农村实现人才振兴存在的问题

（一）人才、劳动力大量流失

在经济快速发展的时代，城乡差距不断扩大，城市经济条件优于农村。大部分农村的年轻人为了更高的薪酬、更广阔的发展空间、更好的发展前景，争先恐后地奔向城市，导致农村老年人居多，劳动力缺乏的现状。从实际的考察中也得知，永宁乡的谱子岭村、铁佛寺村等村每年会产生几个大学生，但是愿意留在乡村从事乡村振兴工作的几乎没有。父母们费尽半生心力，就是希望自己的孩子能够走出重重大山，走出农村，因此其父母是不愿他们留在农村的。如此，本土培养出的人才都大部分外流，人才外流大于人才引进，这进一步加剧了农村人才贫乏的局面。正如柏树坝村李明清书记所说：“目前成为农村发展的最大的瓶颈就是人才和劳动力的大量流失。”

（二）村干部后备人才缺乏

村干部是村内各方面事物的管理者，同时也是一个村的领导者。村干部在一个村的发展过程中所扮演的角色是至关重要的。农村实行村民自治，每到一定期限就会进行村干部换届选举，这就需要一支有能力的村干部后备人才队伍。村干部要起到带头、表率的作用，要求村干部后备人才必须具有良好的品质，并且愿意为乡村工作奉献自己。但是农村基层工作多且烦琐复杂，需与村民进行沟通交流，有时候会因为一点利益问题处理不当导致农民与村干部之间产生矛盾。村干部一心为村民服务，却遭到误解，这让一些人觉得这是“费力不讨好”的事情。因此不少的人便不愿意担任村干部这个重要的职位了。村干部后备人才的缺乏是一个不容忽视的问题，必须采取措施进行解决，否则，农村将会陷入严重的危机。

（三）产业发展带头人缺乏

农村的经济要得到快速发展，必须要有产业。每一个产业的萌芽，都需要有人带头去做。一个产业到底适不适合在这里发展，只有真正实践过才知道。农民大都是现实主义的，趋向于最直接可见的利益。如果适合，则有更多的人愿意去发展，反之，则没人愿意。但是，“第一个吃螃蟹的人”总是承担着很大的风险，一旦失败，耗费的不仅是人力物力，还有自己对于产业发展的信心。村民长期受到传统农业思想的禁锢，惯于墨守成规，用传统的耕作技术，种植传统的农作物。这对于在农村推广新型产业发展来说是一个巨大的阻碍。此外，通过此次调研，了解到部分基层政府对于农村产业的支持力度较小，产业发展资金不足。基于以上种种原因，乡村产业发展的带头人严重缺乏。

（四）各方面师资不足

乡村振兴的各个方面都需要有人来带头指导，而某些方面需要专业的老师。例如在文化振兴方面，就跳广场舞而言，村民需要一个会跳广场舞的老师来教，但是目前的农村缺乏这样的教学人才。农民夜校也面临师资缺乏的现状，为农民讲授相关知识的多是村里的种植大户、养殖大户，他们只能作为有经验的人为其他村民提供一些有借鉴意义的措施，算不上专业。此外，农民夜校有时候只有邀请外界的专家来为村民讲解预防农作物病虫害的技术。在学校教育方面，永宁乡只有一个小学，现有教师十余人。不论是教知识的老师，还是教技术的老师，农村都缺乏。

三、农村难以实现人才振兴的原因

（一）农村人才待遇差

现在许多人不愿意去农村工作，就连农村长大的人也大都渴望去城市打拼，因为农村的“钱途”实在短小。若作为一个地道的农民，其每年的收入就只能看天，没有天灾，粮食收成好，那一年的收入才会有所提高，且在农村收入来源少。若在村里担任村干部，肩上的担子十分沉重，但是却没有工资，每月只有一千多的补贴。村干部在忙完村里事务以后，几乎无暇顾及自家的农活，且基层工作烦琐而复杂，村干部经常早出晚归，花费大量的时间和精力，付出辛苦的劳动后却得不到对等的酬劳。但在城市工作，企业会为职工购买“五险一金”，职工可以放心工作，无后顾之忧。[2]据永乐社区的基层干部所说，当前基层干部福利待遇太差，甚至缺乏社保，年轻时努力工作，年老后却没有生活保障，与城市的工资福利待遇相差甚远，这成为制约吸引人才返乡和留住人才的首要问题。

（二）农村发展空间狭窄

在农村工作，不存在升职涨工资的说法。而在城市企业工作，业绩好，则有可能被上司重用，获得提拔升迁的机会。在高校科研机构工作，若专心从事自己的研究，获得成就、荣誉、地位，甚至可以出国深造，走出国门，走向更加广阔的国际舞台。在农村见识的新事物少，眼界较窄，产业发展环境有限，个人发展空间狭窄。农村缺乏与外界交流，不了解时下新兴产业、技术乃至市场行情等重要信息。对于个人而言，在城市寻求发展的机会远多于农村，且条件更优于农村。一部分村民甚至认为留在农村是限制了一个人的发展，是没有前途的。由此可见，对于大部分人而言，农村提供给个人的发展空间实在太小。

（三）农村基础设施不完善

农村现在正处于建设中，许多基础设施还不完善，尤其是医疗、教育等方面。交通方面，农村基本上实现了“村村通”，仍有部分地区交通较困难，交通条件差，农民进城依旧不是很方便。要想彻底完善交通运输网络建设，还需要很长一段时间。在医疗卫生方面，医护人员、医疗设备、医药品等严重缺乏。现在农村基本上建有卫生室，但是条件较简陋，村民有严重病情或棘手情况，必须去城市的大医院就医。在教育方面，由于农村现有人口较少，子女多随外出务工的父母去外地上学，而农村因学生人数较少，学校多设在镇上，且教学设备落后，师资不足。这些基础设施的不完善与缺乏会令想要来到农村的人“望而却步”，令已经在农村的人“急不可耐”地想要离开。

（四）思想观念落后

时下，大部分人认为留在农村是没有什么出路的，在城市工作，回到家乡在乡邻面前说起才会有面子。而想要在农村发展一种新的产业，由于农民的受教育水平较低，受传统的思想影响，新的种植技术可能不被村民所接受，导致发展的产业也不会被村民们所支持。在实地调查的过程中，从铁佛寺村的天麻种植户张先生的口中得知，天麻需要人工授粉，而这种新的种植技术不被村民们接受，因此愿意种植天麻的农户很少。所以即使当地的气候很适合天麻的生长，天麻种植也不可能作为一种大规模的产业出现在农村。或许在不久的将来，农村迎来新的面貌，农民接受新时代、现代化思想的引导，天麻等需要新的技术进行种植的植物会被农民认可，并大规模地种植，形成大规模的产业，促进农村经济的发展。

四、促进农村实现人才振兴的相关举措

（一）农村基层：发展自身，增强自身优势条件

农村是乡村振兴的主体，要实现乡村振兴，不仅仅是依靠国家社会的支持，更需要农村自身发力，以“造血扶贫”代替“输血扶贫”。农村基层要积极完善自身的条件，一改人们之前对农村“贫穷、脏乱”的偏见，为吸引外来人才搭建一个良好的平台。在经济快速发展的时代，农村要抓住时机乘坐上国家“精准扶贫”这辆快车，依靠自

身力量，借助国家政策扶持，脱掉“贫困”的帽子，拔起“贫困”的根，走上致富的路。

1. 完善基础设施建设

农村要想真正走上富裕之路，道路交通是命脉，俗话说：“要致富，先修路。”硬化道路，改善交通条件，就好比在外界与农村之间牵了一条线，紧紧依靠这条线，农村的村民就有机会走出大山，外界就有机会了解乡村，促进彼此的相互交流。现在是信息化时代，没有网络，没有通信工具就好像与世隔绝，因此，新时代，新农村，网络不可或缺。医疗、教育等重要的基础设施也一定要完善，满足村民的就医、求学的基本需求。走访的永宁乡四个村社，交通条件较好，道路硬化面积广，基本做到“村村通”。各村社积极安装网络通信设施，村庄网络基本达到“户户通”，但因地处山区，地势起伏大，大部分山区仍缺乏网络信号。据悉，路灯、路牌等不急需的基础设施正在陆续修建。过不了多久，当地农村将基本完成基础设施建设。医疗方面的基础设施主要是每个村都建有卫生室，配置一名村医以及相关必需的医疗器材和药品。此举不仅便捷村内居民，更为当地吸引外来人才增添一些优势。

2. 开展技术培训，增强农民自身素质

目前农村均有农民夜校，乡村书屋等有关文化的基础设施建设，村民可以将这些基础设施有效地利用起来。农村最重要的便是发展种植业、养殖业，因此农村最需要的便是拥有种植技术和养殖技术的人才，农民最需要的便是种植技术和养殖技术。只有掌握这些技术，在面临农作物病虫害的时候才不会束手无策。此次调研中，谱子岭村的部分村民合伙种植了大面积的红心猕猴桃，原本今年就可获得收成，但由于猕猴桃在今年开春时感染溃疡病，至今仍未找到治疗之法，种植户损失惨重。[3]在这个时候，如果有这方面很专业的人才，或许所有的问题都迎刃而解了，也可以挽回惨重的损失。当地村干部可以利用农民夜校的场地，或在田间地里，邀请当地在某一方面颇有经验或外界的专家技术人员来讲解相关的知识，进行技能培训；还可以在农家书屋内放置有关时下最新种植、养殖技术的书籍，鼓励村民们多借阅书籍，从书籍中汲取营养，不断提高自身素质，让农家书屋真正发挥作用，而不是作为一种摆设，白白浪费资源。

3. 改变思想，与时俱进

农民是农村的主体，农民的思想对于农村的发展方向具有重要影响，农民心中是怎样想的便会怎样去做。但在如今这个科技化、信息化的时代，农民也要跟上时代的步伐，抛弃过去的封建迷信的传统思想，敞开心扉，接受新的、科学的思想。主动学习科学文化知识，增强自身知识素养，丰富思想。对于乡村新兴的产业，应当持一种包容的态度，并积极学习新的技能技术，用科学思想来武装自己，让自己成为新时代、新农村的新农民。

（二）城乡政府：统筹主导，引人留人多良策

如今农村面临的最严重的问题便是劳动力大量流失。许多村庄已经出现了“空心村”的现象。如果没有人，又何谈乡村振兴？城乡政府相较于基层农村，拥有更大的物力财

力，政府部门应当有效使用这些物力财力，将其更多地投入到乡村建设。所以城乡政府应站在更高的位置，用更广阔的视角，从宏观的角度出发，在农村基层已经“搭好戏台子”的基础上，制定更好的计划或政策，吸引更多的人才“返农”“建农”“兴农”，并将其留在农村，为农村注入更多的有生力量，激发创造活力，培养建设精神，最终实现乡村振兴。

1. 适当提高乡村人才待遇

乡村人才待遇好坏成为能否吸引人才返乡建设的重要因素之一。就目前情况而言，乡村人才待遇着实太差。乡干部每月就一千多的补贴，既劳心劳力，又耽误农活。而每个人都必须要维持自己家庭的生计，因此应适当提高乡村人才待遇，至少达到正常的生活开支，给予在农村工作的人才一份生活保障，让他们干得用心，留得安心。根据永宁乡党委书记王永超提出的措施，还可将返乡建设乡村的人才，依照正当合法的程序将其纳入村领导班子，担村干部职位，给予其一定的权威。

2. 为人才干事创新搭建平台

在乡村发展产业，政府支持是关键。要吸引外来人才创新创业，农村自身就得具有一定优势条件，可以是良好的创业政策，充足的资金支持，也可以是完善的基础设施，优惠的银行贷款制度。政府要对创新创业予以高度重视，在资金技术上，对产业给予帮助，让人才可以安心乐意创业，放开手脚干事。在铁佛寺村、谱子岭村的调研中得知，当地政府对于产业发展并不是十分重视，产业发展缺乏资金，种植户缺乏信心。由此，政府应当为人才创业搭建良好的平台，营造良好的创业环境。

3. 重视人才培养

在现在这个现代化的时代，农业也逐渐走上现代化的道路：农业机械化、生产技术科学化、农业产业化、农业信息化等。要做到这些，劳动者素质的提高是决定性因素。农业的现代化也催生出一个新的群体——新型职业农民。这要求政府建立人才培训基地，对农民进行现代化机械操作、科学技术、实践能力的培训，强化农民自身技术能力，培养农村实用人才。在另一方面，重视普通学校教学培养，提高学校教学质量，注重学生德智体美劳全面发展，让更多的农村学子能够走进大学，继续深造，为乡村振兴的后续发展奠定人才基础。

（三）社会：共同参与，致力于乡村振兴

乡村振兴战略是一个具有时代意义的战略，需要农村、国家、社会等多方共同助力，就人才振兴而言，单单依靠农村现有的人去实现乡村的振兴，可能性是十分渺茫的。农村振兴需要懂农村农业、懂经营、懂市场、懂技术、懂经济的人才，这就要求高校、企业、公益组织等社会力量伸出援助之手，为乡村振兴培育更多优秀的人才，给予农村更多的实用型人才。

1. 高校毕业生赴农村基层实践

2016年，全国高校毕业生人数756万余人，2017年，全国高校毕业生人数795万

余人，2018 年，全国高校毕业生人数 820 万余人。据此数据可知，全国高校毕业人数呈现逐年递增的趋势，就业压力日趋紧张。时下乡村振兴正值用人之际，高校毕业生在校学习了相关的专业知识，具有较高的文化水平，是助力乡村振兴的不二人选，特别是职业技术性专业的毕业生。农村需要有一支懂经济、懂农业、懂市场、懂技术的队伍，这是农村实现后续发展目标的基础和前提，政府和高校要积极引导和鼓励高校毕业生到基层工作，大学毕业生赴农村建设，在某种程度上既帮助乡村实现发展，又缓解社会就业压力。

2. 科研机构援建农村急需型人才

科研机构进行科学技术研究，拥有先进的科学技术和优秀的人才，援建农村急需型人才，可以大幅度提高农村生产技术水平，缓解农村人才缺乏的现状。农村现在急需的人才主要是技术型人才、管理型人才、经济型人才等。科研机构可以为农村提供一批高素质的生力军，将人才、技术用在刀刃上，解决农村现在面临的巨大难题，为农村人才振兴提供强大助力。

3. 企业组织赞助资金

农村要实现乡村振兴，资金必不可少。医疗、教育、交通等基础设施的建设、较好的人才待遇、政府对于产业的资助等每一项都需要资金。企业组织赞助资金，可以成立“乡村人才培养基金”，为乡村人才振兴提供一部分资金。在农村建立正向激励机制，对返乡建设的人才给予部分补贴，并对创新创业的人才进行资助，取得显著成绩后给予奖励。

结　语

乡村振兴说到底是乡村人才的振兴，乡村人才振兴最重要的是要有人，有人才。那人才从何而来？一是充分利用农村现有的人才，二是从外界引入人才。引人是首要，留人才是关键。面对农村现状，留住人才是一个值得深思的问题。乡村人才振兴是一个重大的任务，在短时间内可能难以实现。基于农村现状，农村基层政府在人才引进与留住人才方面或许也只是心有余而力不足。乡村要实现人才振兴，国家必须采取措施让农村与城市达到人口平衡，农村需要有实现发展的足够劳动力。其次，“筑巢引凤栖，花香蝶自来”，农村也要着重发展自身，破除束缚。乡村振兴不是只属于农村的事，它需要农村、国家政府、社会共同参与，共同发力，合力实现乡村振兴。

参考文献

[1] 张晓山. 实施乡村振兴战略的几个抓手[J]. 人民论坛，2017（11）：9.
[2] 陈钢勇. 协同治理背景下乡村社会组织培育发展研究[J]. 江南论坛，2017（12）：328.
[3] 张林山，张长学. 关于创新农业生产经营体制机制的思考[J]. 全球化，2014（12）：683.

推进城市社区依法治理的有效路径研究
——以达州市主城区社区为例

兰　奎

（四川文理学院马克思主义学院　四川达州　635000）

摘　要：城市社区治理中存在着社区治理机制行政化、社区自治浅层化、社区参与初级化、支撑体系薄弱化、发展水平非均衡化、工作队伍低度专业化等现象，这在很大程度上与城市社区治理法治化存在的问题有直接关联。应建立健全相关法律体系，建立社区与居民之间有效互动平台，培养社区公共精神，引导社区居民积极参与社区公共事务，加强同社区多元主体的合作共治，逐步形成“党政善治、居民自治、社会共治和厉行法治”有机结合的社区治理格局，全面推进城市社区治理现代化。

关键词：达州主城区；城市社区；依法治理；机制

运用法治思维和法治方式推进城市社区治理体系和治理能力现代化，坚持法治国家、法治政府、法治社会一体建设，实现全面推进依法治国、加快建设法治中国的战略目标，是我国转型期的重大现实课题。达州市委《关于全面深化重点领域改革的决定》指出：“着力建设幸福和谐社区建设。推进信访制度改革，创新群众工作方法，及时就地依法按政策解决群众合理诉求。”目前，全市中心城区正在积极开展创建“幸福和谐社区”竞赛活动。立足达州主城区城市社区，着眼于达州主城区城市社区依法治理存在的问题及路径诉求，对于推动达州依法治理社区，建设幸福和谐社区具有重要的现实意义。

一、达州主城区城市社区依法治理情况梳理分析

达州市辖 7 个县市区，通常将通川、达川 2 区称为城区，据统计，主城区有城市社区 164 个，占全市城市社区的 35.81%，居民小组 740 户。当前的达州市主城区已经成为一个融合达州原住民、拆迁安置移民搬迁户、新达州人以及外来务工人员等多元城市中心社区。2015 年 7 月至 9 月，课题组对达州市主城区的通川区、达川区所属的红旗路社区、团包梁社区、新酢坊社区、凉水井社区、曹家梁社区、叶家湾社区 6 个

城市社区进行了依法治理情况调研，这 6 个城市社区具有一定的代表性，在一定程度上是达州市主城区城市社区的缩影。调研的 6 个城市社区的依法治理情况主要表现在以下几个方面：

（一）加强组织领导，健全工作机构

根据《四川省依法治省纲要》《达州市依法治市实施意见》和《四川省依法治村（社区）示范创建指导标准（试行）》等文件要求，调研的6个城市社区均成立了依法治理社区工作领导小组，由社区党委书记任组长，社区党委委员和辖区单位领导任成员。为了有力推进依法治理工作在社区的运转，部分城市社区还建立了相应的工作机构，红旗路社区、曹家梁社区、叶家湾社区成立了社区巡逻、网格管理、矛盾纠纷化解、依法治理宣传等工作机构。

（二）整合多方力量，组建法治队伍

由于社区行政性事务繁多，人员缺乏，一人身兼数职现象较为普遍。为了推动工作，部分社区通过整合力量，组建了法治队伍，加强法治宣传、矛盾纠纷化解、社区治安巡逻。凉水井社区与四川文理学院签订战略合作协议，四川文理学院的法律专业教师、学生定期到该社区进行法治讲座和义务法治宣传；叶家湾社区、红旗路社区、团包梁社区等聘请市内知名律师作为社区的法律顾问；叶家湾社区还聘请社区业主作为社区义务协管、巡逻员；曹家梁社区、团包梁社区通过建立网格化管理员，由社区居民代表组成志愿者队伍，聘请社区居民为“法律明白人”等。

（三）多方筹措资金，强化经费保障

截至 2017 年，达州市城市社区没有执行“费随事转”这一原则，没有法治化建设的专项经费，所以在日常的经费开支中，只能和办公经费混用，造成社区在法治化建设中的经费存在一定的缺口。为保障工作的开展，各社区采取多种措施，多方筹措资金。如团包梁社区通过资源转化、工程承包、服务代理、资产整合等办法，大力拓宽增收渠道，提升资产管理效率，扩大增收领域，强化了经费保障。

（四）创建宣传载体，加强法治教育

新时期，互联网已经成为人们生活中的一部分，手机、电脑普及率不断提高，利用互联网管理社区，加强法治教育和宣传比传统的手段更为有效。凉水井社区创新宣传载体，建立了社区依法治理 QQ 信息平台、飞信平台、微信公众平台和社区官方微博。坚持每周给居民发送一条法律知识，让居民在潜移默化中学习法律。通过平台与居民互动交流，讨论生活中遇到的实际困难和法律问题，引导居民依法表达合理诉求，依法维护合法权益，通过信息化实现社区依法治理。

（五）加强制度建设，构建长效机制

为确保各项事务在法治的轨道上运行，团包梁社区以强化制度建设为抓手，建立健全了《居民议事规则》《财务管理制度》《民主评议制度》《党务公开制度》《居务公开制度》《财务公开制度》等，切实做到事事有章可循，有据可查，有规可依，强力规范决策程序、执行程序。红旗路社区建立"四议两公开一监督"机制，凡社区重大事务、工程项目、重大开支等由社区居民代表、党员代表、"廉勤委"及社区"两委"成员按照议事制度共同商议决定。同时加大监督考核力度，确保社区依法治理工作落地见效。

（六）制定居民公约，注重"软法"治理

在日常生活中，常常出现社区居民的行为无法用法律法规进行约束，于是通过制定一份大家都共同认可的《社区居民公约》便成为很多城市社区的普遍做法。笔者调查的 6 个城市社区，都制定了《社区居民公约》，有的社区还通过征求意见的形式，定期对居民公约进行修订完善。居民公约相较于宪法、法律，则突出了"软"的功能，在城市社区治理中，除了注重法律的严格执行外，更要注重软法的治理，对构建和谐幸福社区具有重要的意义。

（七）不断优化治理，创新治理模式

凉水井社区通过探索总结了"123"依法治理社区的特色模式，即"一人两网三平台"。大力开展"一户培养一个法律明白人"法治细胞建设活动，充分发挥传、帮、带的良好示范作用，增强普法宣传的针对性、广泛性和经常性；利用互联网建立社区依法治理 QQ 信息平台、飞信平台、微信公众平台和社区官方微博，将辖区划分为 8 个网格，实行网格化管理；建立了商业市场平台、"众爱家园"平台、继续教育中心平台，增强居民法律意识，提升社区依法治理工作水平。

总的来说，达州市主城区的城市社区认真贯彻落实党的十八届四中全会精神和《四川省依法治省纲要》，坚持系统治理、依法治理、综合治理、源头治理，不断提高社会治理法治化水平。近年来，多个主城区城市社区在依法治理工作中取得显著成绩，受到省委领导的肯定和表扬。省委常委、总工会主席李登菊称赞凉水井社区创新服务群众的理念超前，特别是"众爱家园"平台很有创意，有效解决了留守、托管儿童的监管问题以及家长的后顾之忧，在全省都具有典型性。团包梁社区依法治理工作经验得到时任省委副书记柯尊平的高度评价，要求全省推广。2015 年，达州市通川区红旗路社区、达川区曹家梁社区被省民政厅表彰为"四川省依法治村（社区）示范村（社区）"。

二、达州主城区城市社区依法治理存在的问题探讨

（一）城市社区依法治理缺乏指导性意见和相关配套的法律法规

2015 年 5 月 31 日，中共中央办公厅、国务院办公厅印发了《关于深入推进农村社

区建设试点工作的指导意见》，这是自 1998 年 11 月 4 日通过的《中华人民共和国村民委员会组织法》之后，又一部指导农村社区法治建设的指导性意见。通过梳理发现，关于城市社区至今仅有一部 1989 年 12 月 26 日通过的《中华人民共和国城市居民委员会组织法》。多年来，我国城市社会结构、社会管理方式已经发生深刻变化。但城市居委会组织法自颁布至今近三十年来，从未修订过，与社会发展进程及社会管理创新要求不相适应，特别是居委会角色定位出现偏差、职能不清导致立法本意丧失。城市社区依法治理还处于起始探索阶段，许多方面还无法可依，城市社区在探索依法治理过程中，除按照《居民委员会组织法》运作外，更多是按照宪法、法制的原则，立法本意以及政策操作。城镇化建设步伐加快，城市居民委员会组织法却没有跟上，社区自治与政府行政强制矛盾愈加明显。城市社区治理立法滞后，已经严重影响到了城市社区的有效治理和和谐发展。由于指导性意见的缺失，在社区的很多工作中出现了难执行、难治理的情形。

还有就是关于社区干部身份问题如何认定？按现有的规定，社区干部既不属于公务员，也不属于事业或企业人员，身份问题影响到工资福利待遇和个人发展等一系列问题，很难吸引那些有知识、有能力、有思想的人才主动到社区工作，人员流动大，留下难。在缺乏系列合理、合法的制度规范的情况下，城市社区依法治理工作还有很长的路要走。

（二）城市社区依法治理缺乏有效互动平台和社区公共精神缺失

城市社区是城市社会的基本单元，每个城市人都是这个单元的一部分，是人们日常生活不可或缺的归属和家园。但现实中，很少有人认识到这点，总觉得社区的职能就是搞搞卫生、看看门、看家护院等。多数人把社区治理当成政府、居委会的事，有与己无关或怕给自己增加负担的思想，社区居民很少想到参与社区自治是维护自身的法律权利和义务。表面看，是居民的思想认识不到位，其实，深层次的原因是社区公共精神的缺失。在调查中，被问及社区居民“有事第一时间想到找社区”的不到 10%。缺乏公共事务的参与和有效互动，在一定程度为社区安全留下隐患，社区盗窃案件时有发生。

（三）城市社区依法治理缺乏专项经费投入和专业化队伍

据调查的 6 个城市社区，关于依法治理经费的投入，大多没有作为专项经费进行支持。在一定程度上，有限的资金就没法更好地用在依法治理中。缺少专项经费支持，在法治宣传教育和专业化队伍上就很难实施，只有通过联系辖区的公安、司法或高校等单位，邀请义务宣讲员定期进行法治宣传和讲解，这种传统的宣讲方式，覆盖面难于保证，教育效果也不甚明显。在有关政策解释、矛盾纠纷化解中，由于专业化队伍的缺乏，让本该可以消除化解在社区的事，却可能会演变成一起上访事件，甚至出现社区居民对社区干部的不信任情况，久而久之，居民就会信上不信下、信闹不信理、信访不信法。

（四）城市社区依法治理缺乏考核指标体系和有效评估

据初步了解，目前关于达州市城市社区依法治理方面的考核评价，有 3 个文件。一是《四川省依法治村（社区）示范创建指导标准（试行）》，包含“组织建设、民主建设、法治建设、和谐发展”4 个一级指标和“组织健全、职责明确、运转良好、民主选举、民主决策、民主管理、民主监督、法制宣传教育、依法管理、平安建设、经济发展、公益事业、文明和谐”13 个二级指标；二是四川省依法治省领导小组办公室、中共四川省委组织部、四川省民政厅、四川省司法厅《关于深入开展示范创建活动全面推进依法治村（社区）工作的通知》；三是《达州市中心城区开展创建“幸福和谐社区”竞赛活动》的通知。以上 3 个文件对社区依法治理进行考核，仅仅作为考核的一部分，考核的侧重点和一级指标的针对性，考核的二级指标体系还不够细化。另外，对社区依法治理进行有效评估的运行机制还有待进一步建立，尤其是缺乏专业化的第三方评估机构的参与。

三、推进达州主城区城市社区依法治理的有效路径

“将法治意识融入公民血液，浓厚法治社会建设氛围。建设法治社会，推进全社会树立法治意识，其核心内容就是遵守宪法和法律。”[1]通过建立健全相关法律体系，确保“硬法+软法”在城市社区依法治理的有效运用，推动“互联网+”同城市社区依法治理有机衔接，建立社区与居民之间有效互动平台，培养社区公共精神，引导社区居民积极参与社区公共事务，加强同社区多元主体的合作共治，以合作治理引领城市社区依法治理，逐步形成“党政善治、居民自治、社会共治和厉行法治”有机结合的社区治理格局，全面推进城市社区治理体系和治理能力现代化。

（一）修订完善《中华人民共和国城市居民委员会组织法》，建立健全相关法律法规

“法律是治国之重器，良法是善治之前提。”要准确定位社区居委会的职能，健全社区自治制度，充分调动居民自治的积极性，明确社区居委会的职能，包括自治职能、协作职能、监督职能。要通过实地调研的方式，就现有《中华人民共和国城市居民委员会组织法》在社区 20 多年的运行情况进行分析，结合城市发展和社区实际，进一步修订完善《中华人民共和国城市居民委员会组织法》，切实做到社区有法可依，切实保障社区居民的权利和义务。同时，要针对城市社区担负的职能，通过建立配套的法律法规予以保障，有效解决居委会的行政化问题，建立社区治理事务的分类机制，通过设立社区工作服务站等形式担负街道办的行政事务下沉，逐步推进“权随事走，费随事转”的原则，让居委会的角色更加明确，自治职能得到充分发挥。要积极探索社区

干部身份改革，逐步提升社区干部福利待遇。

（二）充分发挥社区居民公约、公共规范的契约作用

十八届四中全会指出："应充分发挥市民公约、乡规民约、行业规章、团体章程等具有普遍约束力的社会规范的作用，努力使法治精神、法治意识、法治观念入脑、入耳、入心，使公民确立法律至上的现代法治观念。"[2]

卢梭认为："一切法律之中最重要的法律，既不是刻在大理石上，也不是刻在铜表上，而是铭刻在公民的内心里。"小到文明过马路，大到依法治国，法治的根基在于公民发自内心的拥护，法治的伟力源于公民出自真诚的信仰。"只有这样，才能营造全社会办事依法、遇事找法、解决问题用法、化解矛盾靠法的社会氛围。增强公民的维权意识和法律观念，改变人们信访不信法的错误观念和行为，正确引导人们依法表达利益诉求、解决矛盾纠纷、维护合法权益。"[3]通过社区居民共同商讨、共同修订的居民公约不但体现了居民的参与性，同时也体现了居民的认可性、公共性、权威性，一定程度上突出了"软法"的效用。

（三）推动"互联网+"同城市社区依法治理的有机衔接，建立有效互动平台

新时期，互联网的快速发展，已经成为人们日常生活的一部分。《中国互联网络发展状况统计报告》显示，截至 2015 年 6 月，我国网民规模达 6.68 亿，互联网普及率为 48.8%。"互联网+"已经越来越广泛地应用到社会的各个领域，城市社区依法治理要探索实施同"互联网+"的有机衔接，建立居民同社区的有效互动平台。在调研中，虽然有部分社区通过建立微信、微博、QQ、飞信等信息平台加强同居民的互动，还有通过网格化进行管理，但还处在初级化阶段，效果还不是很明显。有关主管部门，要切实按照国家智慧城市试点建设意见，结合城市发展前景，要有预见性地进行整体设计和科学规划，通过"互联网+"，把有效的法律服务、法律宣传、法治教育等连为一体，不断整合现有法治资源，逐步形成合力，为社区居民提供更加全面的法律服务。

（四）以合作治理引领社区依法治理

城市社区在其作为人类文明发展的一个重要场域时，它更需要以多元主体的合作来推进其文明的不断向前发展。[4]人们需要与他人合作行动，出于合作的需要去了解他人和被他人了解。然而，当合作双方都意识到对方的需要时，它们之间将会建立起高度的信任关系，这一信任将使双方的关系得以继续。[5]充分发挥城市社区多元主体的作用，加强政府与社区组织、社区居民、辖区单位（公安、司法）、高校的合作，以合作治理引领社区依法治理。"合作治理是社会各种力量不断成长的一种结果，通过社会的充分自治从而走向一种合作的治理将是一个确定无疑的历史趋势和发展潮流。"[6]

以多元合作、高度互信为核心的公共精神是现代社会对公民提出的一种最基本、最重要的美德要求。随着城市化进程不断加快，人与人之间，人与社会之间的交往越来越重要，社区是人们日常生活不可或缺的重要场域，要不断培养社区公共精神，以规范的公共意识推进社区依法治理，使社区依法治理适应新常态。

（五）构建长效机制，推动城市社区依法治理工作落地生根

一是积极探索以社区居民满意度为标准，以绩效考评为导向，以依法治理为目的，进一步完善以居民评价为中心的社区依法治理考核评价机制。要制定科学合理，又便于操作和反映考核目的的考核指标体系，突出法治宣传教育、法治工作队伍建设、法治建设组织领导、法治经费保障、社会治理法治化等指标，细化各二级指标。一直以来，社区治理的好坏不是由社区居民自己说了算，那么，下一步，有条件的城市社区，可以先行先试，引进专业化的第三方评估机构对社区依法治理进行评估，建立科学有效的评估机制。二是充分发挥社区党委、居委会、社区居民在依法治理中的主体作用，同时，要进一步建立问责机制，对在依法治理中发挥作用不突出，责任意识不强，对依法治理工作重视不够，社区盗窃案件、刑事案件等发案率高，卫生状况差，居民满意度低，集体或个人上访始终得不到解决，居民法治素养变化不明显，依法治理工作人员、场地、经费等落实不到位的部门或人员实行问责，并纳入年度考核和个人述职，与晋职、评优、评先相挂钩。三是逐步建立政府治理和社会自我调节、居民自治良性互动机制，逐步形成“党政善治、居民自治、社会共治和厉行法治”有机结合的社区治理格局，全面推进城市社区治理体系和治理能力现代化。

参考文献

[1] 谭日辉. 推进法治社会建设的基本路径[N]. 光明日报，2015-02-04（13）.
[2] 中共中央关于全面推进依法治国若干重大问题的决定[N]. 人民日报，2014-10-29（01）.
[3] 谭日辉. 推进法治社会建设的基本路径[N]. 光明日报，2015-02-04（13）.
[4] 翟桂萍. 社区共治：合作主义视野下的社区治理[J]. 上海行政学院学报，2008（2）：81-88.
[5] 罗德里克·M·克雷默，汤姆·R·泰勒. 组织中的信任[M]. 北京：中国城市出版社，2003：76.
[6] 兰奎. 基于合作治理视域下的我国城市社区治理路径探析[J]. 理论观察，2013（8）：39-40.

第四编
文化传承

达州巴文化特征调查研究及开发保护

彭金祥　王绍林

（四川文理学院巴文化研究院　文化与传媒学院，四川达州 635000）

摘　要：以四川东部达州一带的巴文化遗址考古发现为资料，分析巴人的文化特征，厘清巴文化源流，研究巴人的社会生活、文化交流、丧葬制度、生产资料等方面的特点，指出巴人创造的文化与其他文化的区别与联系，阐明巴人的活动区域，提出在继承巴人遗产、弘扬巴文化方面应该注意的问题与建议，为开发保护巴文化景观、发展达州地方旅游经济服务。

关键词：达州；巴人文化特征；考古遗址；景点保护

四川省达州市位于州河之滨，而州河又是渠江的支流，渠江在合川流入嘉陵江，然后在重庆汇入长江。达州的州河两岸，自古以来就是巴人的主要活动区域；在渠江流域生活的巴人，与外界的联系很少，具有独特的民族文化特征。

一、达州巴人及巴文化遗址

西晋时期，蜀人常璩在其巨著《华阳国志》中专门记述了巴人的历史情况，由于巴人、蜀人都在华山的南面，古代山南水北叫阳，所以书名叫《华阳国志》。如果常璩所言非虚，那么巴人早在大禹王的时代（史前时期）就形成了自己的国，有了自己的统治。目前有人认为“巴人”最初活动在陕西南部的汉水一带，最早在那里定居下来，并建立自己的国家。当然，我们认为他们建立的还不是国家，只不过是一个部落罢了。中国最早的国家形式是大禹王的儿子启建立的夏朝，在此之前的政权形式只能够叫作部落或者部落联盟。

我们研究达州的巴文化特征，首先应该弄清楚两个问题：第一，达州巴人的历史情况。达州的巴人历史悠久，根据城坝遗址的文物来看，商周各个时期的考古发现都有，可以说明达州很早就有了巴人的活动，直到中古时期。第二，达州的巴人是从哪里来的？达州的巴人不管是从汉水流域还是清江流域来的，无非有两个线路，一是从陕西南部南下翻越米仓山到达州，另外一条是从三峡经重庆到四川东部而来到达州。不管是从哪条线路而来，巴人的川东之旅注定是充满艰辛的。因为不管是米仓山还是大巴山当时都是莽莽苍苍的原始森林，人迹罕至，要翻越它们不是一件容易的事情；从清江流域或者是峡江一带逆流而上，在当时也是很困难的事情。

根据语言学上的研究我们知道，巴人的语言属于藏面语族的语言，他们最初在陕南一带活动。根据《左传》的记载，巴人在春秋战国时期以前，一直在鄂西的汉水流域一带活动，后来受到楚国的威胁才进入四川东部的。[1]他们从陕南到川东，或者逆流而上都是有可能的，也有可能是这两个线路他们都走过。当然，关于这一点，目前学界还缺乏明显而确凿的证据，只能根据遗址出土文物加以推断。

在巴人来到达州之前，这里生活着另外一批部族，根据史书记载，应该是属于濮人集团。濮人一般生活在中国的南方，濮人的语言是属于苗瑶语族的语言。賨人就是濮人的一支，但是他们的武器没有巴人先进，在文化上相对落后，后来被巴人征服并同化了，賨人于是成为巴人的一个组成部分。賨人的祖先就是历史上有名的板楯蛮，在达州的渠江流域一带生活。賨人被巴人征服的时间，大概在西周时期。《华阳国志·巴志》说，巴人建立的国家里面包括濮、賨、苴、共、奴、獽、夷、蜒等不同的民族或者部族。[2]据《华阳国志》等史书记载，在秦统一天下以后的一段时间，虎患盛行，危害一方，秦人招纳勇敢善战的巴賨武士射杀老虎，消除了大患，秦统治者允许他们用自己生产的纺织品抵税，赋税政策极其优惠，以示褒扬，这种纺织品叫賨布，生产这种纺织品的人称賨人，他们的都城在今天达州市渠县的賨人谷一带。

杨雄《蜀都赋》:“东有巴賨，绵亘百濮。”[3]看来他也清楚巴賨与濮人之间的交错关系，或许他认为賨人就是濮民族的一个支派，或者賨人就是巴民族的一个支系。据史书记载，刘邦在被封为汉王期间，曾经在四川阆中人范目的游说之下，招募汉中南部、四川北部的很多賨人参加平定三秦的战斗，这些賨人英勇战斗，冲锋在前，消灭了秦三个降将，为刘邦夺取天下奠定了基础，刘邦大封賨人，并免除其税赋。[4]他们的族名是因汉代夷赋名目而后起的，据谯周《巴记》载:“夷人岁入賨钱，口四十，谓之賨民。”因巴人称赋为賨。这样看来，賨人之名远比巴人为晚。

我们假期考察的三个巴人文化遗址是达州巴文化中最为重要、历史最为悠久的古城遗址，它们能够充分体现川东巴文化的价值，向人们展示巴賨悠久的历史和灿烂的文化。城坝遗址位于达州渠县的土溪镇，在渠江沿岸，这里在很长一段时间内都是巴賨人民的都城，出土的文物既有殷商时期的，也有西周和东周的，还有两汉时期的，时间跨度很大，有人把它誉为巴地的“三星堆”。但是，城坝遗址的挖掘清理工作还没有最后完成，从目前来看还达不到三星堆的规模。这里发掘的考古文物颇具生活气息，包括各种生产、生活用具和兵器，如他们的墓葬、水井、地基、钱币、漆器、陶俑、大量铜铁工具等，应有尽有。另外，从出土文物的时间层来看，可以分析出他们在秦朝以后很明显受到来自蜀文化、楚文化的强烈影响。

賨人谷在渠县东部，基础条件相对较好。不管是从达州方向还是从渠县方向到賨人谷都有双车道的柏油路，里面的基础设施基本齐备，如游客接待、宾馆饭店等，可以基本上满足游客的需要。这里是賨人2000多年以前的都城，体现了賨人先祖穴居的特点。在这里，游客可以想象当年賨人先祖的生活场景，可以领略到賨民聪明勤劳、勇猛刚健的性格特征，可以体会到他们亲近大自然、敬畏天地和祖先的原始“萨满”思想，这里有他们丰富灿烂的文化。

罗家坝遗址位于宣汉县境内，出土文物颇丰，各种生活用品、祭祀用品应有尽有，其最大的特点是时间跨度很大，从新石器到战国时期的文物都有，有几十座巴人的墓葬，可以为我们研究巴文化的特点提供较好的例证，如了解他们的经济水平、祭祀习俗、丧葬特点、生活习惯等，被称为川东的金沙考古遗址。[5]

二、达州巴文化特征

巴賨民族文化丰富，源远流长，其文化特征主要包括下面几个方面。

（一）性情剽悍，骁勇善战

巴人集团包括很多不同的部落，生活在达州的主要是賨人，因此我们把川东的民族文化称为巴賨文化。由于生活的环境主要是荒草丛生野兽出没的地方，因而他们民风剽悍，能征善战。应邵在其《风俗通》里面盛赞巴人身强体壮，勇猛非凡。

巴賨民族身体强健，应该与环境有关。他们生活在自然条件比较恶劣的地区，交通不便，人烟稀少，直面野兽，与外界的联系主要靠双腿，练就了他们强壮的身体，也练就了他们过人的胆量。他们不管是在帮助周武王讨伐殷纣王的战斗中，还是在帮助刘邦平定三秦的战斗中，都是作为先锋，一直冲锋在前，所向披靡。

巴賨民族喜欢制造强劲的弓弩，他们拉弓搭箭，臂力过人。精于搏击，本是他们的游猎生活方式使然，用在战场上，可以震慑敌人，具有很强的杀伤力。在巴人的西周墓葬中，发掘出不少的青铜兵器，可以体现他们有全民皆兵之势，不过，他们并不喜欢滥杀无辜，而是用战争来制止战争。

巴人除了浓烈的尚武精神以外，他们还崇尚巫术，喜欢鬼神，有着原始的萨满教信仰，认为万物有灵；也喜欢在自己的身上刺青，满身的花纹图案除了表示自己的勇敢以外，还认为具有驱除妖魔的功效。

（二）生性豁达，能歌善舞

《华阳国志·巴志》在“宕渠郡”条目下记载：长老言，宕渠盖为故賨国，今有賨城。当时的宕渠辖今天的渠县、达县、平昌、大竹等渠江流域几个县市，是巴賨民族聚居之地。不管是巴人还是賨人，他们都性格开朗大方，相互之间互相帮助，不计前嫌，豁达爽朗；同时，他们喜爱舞蹈，喜欢跳能够发出巨大响声的舞蹈，在打猎以后跳，在祭祀的时候跳，在战争的时候也跳这种舞蹈。

巴賨民族生活在植被良好的大自然之中，芳草青青，流水潺潺，蓝天白云，莺歌燕舞，性情方面率性而为，非常质朴善良，就像今天的藏族、蒙古族一样，能歌善舞，豁达开放。他们有自己的语言，但没有自己的文字系统，因此他们的歌曲无法流传下来[6]。今天重庆、阆中一带的巴渝舞，是后人的加工创造，并非他们古代的艺术作品的留存。

巴人打败殷人的前歌后舞到底是什么样的，现在不得而知。根据分析，应该是在其队伍的前面，每个人发出非常响亮的声音，节奏强烈，大有振聋发聩之势，气势宏大，令人顿生畏惧之心。殷人听见这巨大的响声，毛骨悚然，斗志顿失。巴人队伍的后面，每个人跳起激烈而夸张的舞蹈，动作很大，惊人心魄，加上每个巴人脸上有吓人的面具，身上都有很恐怖的文身，使殷人觉得如鬼魅来临，十分害怕，结果巴人赢得了这场战争。

（三）经济发达，生活丰富

巴人生活的各个不同时期都处在相对发达的状态，社会相对稳定，经济繁荣，武器先进，文化昌明。在罗家坝出土的文物中，有大量青铜器，另外还有大量生活用品、祭祀用品、社会用品，充分反映了巴人社会经济发达，生活丰富多彩。

巴賨民族生活的地方温润多雨，阳光充足，气候较好，盛产一种特殊的作物，就是今天的苎麻，它能够制作丝织品，他们叫作賨布。賨布质量很好，耐磨耐穿，可以御寒，后来还卖到北方的三秦大地。

巴賨民族崇尚自然，喜欢山水，他们所建的各个不同时期的都城都在江河之滨，今存的三个遗址都在水边，在当时这三个地方都是巴賨民族的聚居之地。《太平寰宇记》卷 138 记载："古賨城在流江县东北七十四里，古之賨国都也。"流江县就是今天达州市的渠县，其东北賨国都城就位于今天渠县的土溪镇。板楯蛮居此，当从嘉陵江东进而来。在古代楯又称为"渠"，《国语・吴语》："奉（献上）文犀之渠。"韦昭注曰："文犀之渠，谓楯也。"宕渠、渠江等名称，当由板楯蛮所居而得名。巴賨人民居住的地方一般有虫蛇出没，因此他们建筑高高的干栏式房子居住，下面一层除了堆放柴草以外，是不会住人的，既避免了潮湿，又可以预防虫蛇叮咬。进入农耕社会以后，下面一层还可以饲养一些牲畜。

从三个地方的出土文物来看，巴賨民族在较为广阔的历史时期中，不管是兵器还是礼器或者生活用品，质量较高，数量较大，可以想象他们的经济很繁荣，社会很稳定，百姓安居乐业，生活富足，如出土的金银制品、青铜器、油漆棺板、鼎、凿、锯、刀剑、玉石等，充分展示了巴賨民族的社会安定、生活富足、经济繁荣。

（四）尚船棺葬，有生殉遗风

研究巴人的丧葬习俗和特点，我们需了解罗家坝遗址的出土文物。由于罗家坝既有贵族墓葬，又有平民墓葬，因此可以说这里是巴人的主要聚居地，或者是某个时期的都城。我们通过对其中的 M33 号墓葬分析，推断出古代巴人有生殉之风。达州其他地方出土的文物、甚至其他省市出土的文物都发现有殉葬现象，其实不仅是巴人，当时的很多原始部落都有殉葬现象。在多处发掘的巴人墓葬中都有殉人之习，从大量的巴人墓葬发掘来看，很多尸体都是以头部朝向东方。至于为什么古代巴人死后脸部朝向东方，其最可能的原因是古代巴人从东迁徙而来，死后就会朝向东方，以示不忘祖宗，不忘根本，就像狐死首丘一样。

城坝遗址、罗家坝遗址出土的很多文物如兵器、生活和生产用具中，很多器物是呈多件套的，这些反映了古代巴文化的特点，是这里独有的。此外，这里出土的许多器物反映了巴文化组成的多元性，表明巴人与外界的交往是极为频繁的。包括罗家坝在内的这些遗址在墓葬方面都能够反映出巴文化的殉人、船棺、朝向等独特的丧葬习惯。

另外，这里出土的文物以及峡江流域一带出土的文物反映出巴人喜欢船棺葬这种独特的丧葬方式。古代巴人为什么喜欢船棺葬？船棺葬是否是当时很多原始部落都喜欢的丧葬方式？现在还没有定论。至于为什么棺材做成船形，我想也许是因为这些民族大都生活在河流旁边或者水系附近。船棺葬分为两个类型，一类是船棺天葬，流行于福建一带南方地区，是古代百越民族盛行的丧葬方式；一类是船棺土葬，流行于巴賨民族之中，是古代巴蜀等民族喜欢的丧葬方式。严格说来，船棺葬是一个流行时期很长的丧葬形式，除了巴人的船棺葬以外，还有遍布全国各地的船棺葬，如金沙船棺葬、东北的鄂伦春船棺葬，等等。

此外，巴人在法治文化方面，还处在较为原始的时期，一般是以牙还牙。巴人缺乏严格意义上的法律条文，一般是不成文规定。而同时期的秦国以及后来统一天下的秦朝，有明确的法律条文，如秦人犯巴人该怎么处罚，巴人犯秦人该怎么处罚，都是明确刻印在石碑上，清清楚楚。[7]

三、调查后的建议与思考

达州的巴文化不仅丰富多彩，而且源远流长，既是川东人民的骄傲，也是全国人民的珍贵遗产，我们应该进行科学的保护，并要加以继承和发扬，为和谐社会的建设服务，为当今的经济建设服务，为川东旅游事业的发展服务。

（一）深入挖掘巴賨文化内涵，服务当代

如上所述，巴賨文化源远流长，内涵丰富，我们应该深入挖掘其宝贵的文化内涵。从民族融合方面来说，其实他们的精神早已渗透进我们的血管里，今天我们很多人的血管中也许流着他们的血。他们英勇善战，敢于拼搏，努力进取，热爱家乡，心怀祖国，崇尚自然，生性豁达，都值得我们学习，值得我们发扬光大。

（二）全面征求各方意见，科学规划合理布局

对于现今还留存的巴賨文化景观，我们要科学规划、合理布局，听取不同阶层、

不同职业、不同文化程度和不同专业人员的意见，广泛交流，多方听取建议，群策群力。要有长远的眼光，比如在规划城坝遗址的时候，要把渠江对面的汉阙一起进行合理的规划，统筹起来，全面设计，使其成为珠联璧合的一对宝贝，供游人参观；賨人谷在景观打造方面花了一些力气，下了一些功夫，其成功的经验值得借鉴，但是賨人谷在内涵方面，还有所欠缺，也缺乏配套的旅游景点，现在渠县政府开始引进相关开发商打造万花谷，与之配套，成为相同线路上的明珠，值得大力发展。罗家坝遗址要陈列相关文物，要与其他景点共同开发，主要是与宣汉县的其他景点一起考虑，设计路线要科学，内涵要丰富，景观要配套。

（三）重视基础设施，改变交通条件

达州现存的巴人文化遗址大都位于渠江流域两岸，交通条件较差，加上这些年达州整个交通建设滞后，严重影响了文化景观的推广。比如城坝遗址在土溪镇的河对岸，坐车需要从三汇镇绕道而行，多花很长时间；坐船速度更慢，建议从土溪镇修一座桥到城坝遗址，解决两地交通问题；賨人谷的交通条件稍微好一点，但是道路太窄，只有两车道，如果骑行的人或者行人多，交通压力很大，在万花谷试运行期间，就出现大面积的拥堵，影响游客出行，必须加以完善；而罗家坝遗址的条件就比较简陋，首先是下了高速以后从普光开始，到遗址所在的村子之间的道路还没有修成柏油路面，道路坑坑洼洼，迂回狭窄，下雨天就泥泞不堪，难以通行；到村子需要经过一座桥梁，桥体质量不好，且桥面离水面距离不够，雨季一到，影响通行。

在基础设施建设方面，要加大力度，如秦砖汉瓦可以反映当时的时代特色，可以在这些文化遗址景观区域修建一些亭台楼阁和一些游览参观附属设施，方便游客观赏、凭吊，还可以在城坝遗址、罗家坝遗址旁边修建文物陈列室，展出重要文物复制件，摆放出土的部分文物，供游人参观。

（四）再现当时场景，突出时代特色

可以在景观区域通过一些现代科技手段，再现古代巴人的活动场景，重现巴賨文化，让后人对当年的巴賨人民的生活情况有个大致的了解，如编排巴人的独特舞蹈，或者生产賨人使用的强弓劲弩等，既反映达州地方文化特色，也体现当今时代特色。另外，巴人当年生产的清酒比较好喝，可以通过今天的米酒生产工艺来加以复制，使游客能够体念当年賨人的生活。另外可以通过编写出版反映巴賨文化的神话故事大型画册，或者通过壁画、沙画等不同的方式来再现巴賨人民当年的生活场景，以起到很好的宣传效果，更能够让大家接受。

（五）认真搞好网络宣传工作，大力推进远程宣介

达州各地有很多巴文化景观，但是养在深闺人未识，我们可以通过各种媒体对巴賨文化进行多种形式的宣传，就像当年宣传红军文化一样深入到相关地区进行大力宣传，

让大家对曾经在这里生活数千年的巴人有个基本的了解，对巴賨文化有全面的认识，对民族精神也有个深入的领会。要利用各种旅游产品推介会进行大力推广，使大家了解巴文化景点，喜欢巴文化景观。

参考文献

[1] 春秋左传集解[M]. 南京：江苏凤凰出版传媒集团，2010：584.
[2] 常璩. 华阳国志[M]. 成都：成都时代出版社，2007：215.
[3] 班固. 汉书：卷 87・列传 57[M]. 北京：中华书局，2000：322.
[4] 萧统. 文选：上[M]. 北京：中华书局，1981：104.
[5] 彭金祥. 从罗家坝等川东考古遗址谈巴賨文化[J]. 广西社会科学，2011（8）：82-87.
[6] 林向. 四川盆地巴文化的探索[J]. 中华文化论坛，2005（4）：69.
[7] 彭金祥. 开发与保护并重，建设与服务共举——达州巴文化景观调查研究报告[J]. 四川文理学院学报，2014（6）：43.

嘉陵江沿口古镇商贸码头文化源流及变迁梳拾

陈 岗 李 维

（四川文理学院川陕革命老区振兴发展研究院 四川达州 635000）

摘 要：嘉陵江沿线大量的商贸活动兴盛于水，水是码头文化的纽带。码头是商贸活动从萌芽到繁盛的有力见证，码头文化中包含着深刻的历史文化内涵，展现了嘉陵江水运商贸发展的全过程，同时也推动着商贸活动的发展变迁。沿口码头作为嘉陵江重要的传统水码头，其兴衰变迁的历史轨迹，是研究水码头文化兴衰的活化石。沿口古镇的产生和发展依赖于历史上的嘉陵江航运商贸线路的开发，沿口原生社群与外界之间的互动过程，便是沿口码头文化变迁动力机制。对沿口古镇开发和保护，从其历史文化中抢救和挖掘即将被忘却的中国传统文化是极其有意义的，利用文化为当地人民谋福利，符合习近平在党的十八大以来所提出的发扬中华传统文化并赋予其新的时代内涵的主题。

关键词：嘉陵江；沿口古镇；码头文化；变迁

一、沿口古镇码头商贸文化形成背景

（一）空间线索——嘉陵江的水运商贸活动的分布

嘉陵江古称阆水、渝水，是长江北岸的主要支流，自北向南纵贯四川盆地中部，于重庆注入长江。嘉陵江发源于秦岭山地和岷山，其河源有东西两源，东源发源于秦岭北麓的宝鸡市凤县代王山，西源出自甘肃省天水寨子山，称西汉水，东源为正源。两源之水在陕西汉中市略阳县两河口合而为一。[1]嘉陵江二源合流以后，经宁强县阳平关一路南下，穿大巴山，从广元大滩乡进入四川境内，在广元昭化纳支流白龙江，再向南穿越苍溪、阆中、蓬安、南充、武胜，抵达合川以后，又先后汇纳左岸支流渠江和右岸支流涪江，浩浩荡荡汇入长江。嘉陵江干流全长 1 119 千米，全流域面积 16 万平方千米。嘉陵江主干明显，枝杈清楚，被称为典型的枝状水系。

嘉陵江分为三段，自广元昭化以上为上游河段。上游河段流经陕西、甘肃、四川三省的凤县、两当、徽县、略阳、宁强等县，长 357 千米，约占总河长的 30%左右。江水穿行秦岭、米仓山等高山地区，水流湍急，“险”为其主要景观特征。该江段河道处于秦岭山脉之中，山高谷深，河道狭窄，水流湍急，河床中多礁石、岩滩，险滩较多，形成清风峡和明月峡等深长的峡谷，谷坡陡度达 400 米，天然落差 1 531 米。

广元昭化至合川为中游，流经广元、苍溪、阆中、南部、蓬安、南充、武胜、合川等县市，河段总长 633 千米，天然落差 284 米。江水流经区域为盆地丘陵区，“曲”为其主要景观特征，河道自上而下逐渐开阔。河段宽约 300 ~ 800 米，呈现凹形或不对称的 U 形，河床多为卵石、砂砾所覆盖，间或有基岩出露，河曲发育特征明显，从广元张王庙到合川龙洞沱，流域直线距离只有不到 200 千米，而蜿蜒的河道长达 600 千米，有大小河曲 29 个，且多环形曲流，其中，尤以武胜 119 公里的河段最为典型，“千里嘉陵，武胜最长，武胜嘉陵，曲流回肠”，人们平常所说的“九曲回肠”就是指这一段流域。

合川以下为下游段，嘉陵江干流下游河段总长 129 千米，江水流经区域为平行岭谷地带，“奇”为其主要景观特征，水面宽 150 ~ 400 米，河流横切华蓥山，伸向西南的 3 条支脉，形成嘉陵江“小三峡”，即沥鼻峡、温塘峡和观音峡。小三峡以下，丘陵起伏、谷地有卵石河漫滩、沙洲、河岸多阶地，河道中峡、沱、碚、滩相间连续分布，形成了滩沱相间的河道特征。。

不同河段的自然景观特征共同构成了嘉陵江流域集山、水、林、泉、瀑、峡、洞等为一体的自然景观特征，影响着嘉陵江流域文化的萌发与形成。

嘉陵江上中下游的地理状况决定了其上中下游的航运发展，上游航运发展由于险滩较多，港口码头不易形成，而中下游九曲回肠，多形成码头港口，商贸活动较之上游更为频繁。

表 1　嘉陵江沿线传统古镇分布表

所在省市	市、县（区）	古镇名称	所处位置	古镇性质
四川省	广元	昭化古镇	上游中游交汇点	军事、交通
	南充	阆中古镇	中游地区	交通、商贸
	南充	周子古镇	中游地区	商贸
	广安	沿口古镇	中游地区	交通、商贸
重庆	合川	钓鱼城	下游地区	军事
	沙坪坝	磁器口古镇	下游地区	商贸

1. 嘉陵江上游的航运状况及商贸活动

嘉陵江上游河段水流较深，但是由于礁石险滩棋布，船舶航行困难，整个上游河段落差比降为 7.01‰，河两岸山岭坡度一般在 40 ~ 70 度，高出水位在 200 ~ 600 米。嘉陵江上游又称白水江。嘉陵江在略阳县白水江段以上，河床狭窄，不易行船，白水江下至阳平关，水流量小，多险滩，急弯多，航行仍有些困难。在唐代，嘉陵江上游就可以通航到兴州长举县（今略阳县与甘肃徽县交界的长烽村）；宋代可以上溯到长举县东北、徽县东南30余千米的虞哭；而到清代，更可以上溯到徽县以东数十里永宁河与索陵；今天可以上溯到略阳县。

嘉陵江航道在中华人民共和国成立前是陕甘川运输的大动脉，当局曾经多次疏导，根据民国二十七年（1938年）四月孙绍宗整治嘉陵江航运报告称“嘉陵江纵贯甘陕川，其可通航者，北起陕西白水江、南至四川重庆市，航程长达千数百里，自古为水上运输要道。”白水江至广元就成了当时上游最佳的航运段。有资料记载：白水江至广元航程三百三十里，载重三万斤木船，约十至十五日可达，有木船三百只，船工1 600人，运西安、甘肃等地客商货物至川，返回运川货物至陕、甘。[2]

嘉陵江上游经过陕西、甘肃和四川，在陕西境内，流经凤县，入甘肃再回陕西，经略阳县和宁强县出陕。其在略阳县境内的河段，经过三镇六乡，是甘、陕、川的水陆交汇地，极具有代表性。

清末民国时，从甘肃、青海、宁夏等地驮运来的毛皮、药材、青盐、绵烟等货物经木船转载四川。当时沿嘉陵江畔，设立堆栈三处：一是白水江栈“和盛行”，经理刘延骥，“复兴行”经理惠子桓；二是略阳县城堆栈“隆顺老行”，经理苏学悟，“隆顺新行”经理苏学武；三是四川广元堆栈。上述各行店互相联系，凭运单提货办理交接手续，以昭信誉。进入民国后，西秦两帮合作共事，嘉陵江航运事业有了进一步发展。在白雀寺码头，靠岸船只数十条，各船载重量，大船20吨左右，中型船只15吨左右，小船载重10吨左右，一个月每只船至少从略阳至川往返运货三次。江面的船只川流不息，码头上装卸货物的人忙个不停。运载行日夜加工，办理运载业务。货物来源有西安客商的布匹、日用百货等工业产品，还有来自甘肃天水、兰州、青海、宁夏等地的药材、青盐、皮张、绵烟等。

嘉陵江上游航运串联起陕、甘、川三地，在长安为首府的朝代，都是从京都入川的水上故道，运输地位重要，由此产生的商贸活动有明显的南北地域特色，物资也是南北互补。

嘉陵江上游水运交通形成了嘉陵江水文化，在陕西略阳县内，有一座江神庙，这座江神庙是用于船帮祭祀活动和聚会的场所，见证了嘉陵江上游水运事业的兴盛。略阳的江神庙建于明代，清道光年间重修。

2. *嘉陵江中下游的航运商贸活动*

嘉陵江在中游的特点为“九曲回肠”。嘉陵江从广元昭化流出以后，全是弯弯曲曲的河道，古人有用“篆水”来形容嘉陵江，就是说的中下游河道的水绕峰回的特点。在中下游形成了许多文化古城和码头，昭化古城、阆中古城、沿口古镇、磁器口古镇、朝天门码头，嘉陵江滋养了这些流传千古的文化古城。

相对于上游，中下游不仅水流平缓了很多，而且多凹岸，凹岸由于水流冲刷，往往河水较深，比较适宜于港口的建设，因此大多港口码头江面宽，河床深，水势平缓，沱弯环抱。

武胜沿口古镇位于嘉陵江中游地区，水流平缓，河水较深，嘉陵江在中游特别是南充至武胜段，曲流发育明显。就整个嘉陵江来讲，河道蜿蜒达到 600 多千米，而多在中游地段，这也反映了中游地区地形特点。武胜沿口码头，根据《广安市志（1993—2005）》记载：沿口码头位于武胜县城西嘉陵江左岸，长 1 000 余米。沿口码头形成于明朝中期，晚于沿口建镇，1973 年前属于自然岸坡，江宽水深，水势平缓，所泊船舶只上驶南充、广元，下航重庆等地。1973 年，修建固定码头，2002 年重建。

（二）时间线索——嘉陵江航运商贸开发的脉络

1. 萌芽期

嘉陵江流域整体上来讲，大多处于山区，地势极不平坦，因此嘉陵江的航运及商贸必将是一个历史的开发过程，有商贸活动的促进，也有官方对于航运的开发，对河道的疏通，两个因素的共同推进，才使嘉陵江航道呈现历史的变迁。

先秦时期，古代巴与蜀就有了交易往来。因此嘉陵江航运贸易开发萌芽于先秦部落的交易，在有人类活动的早期，就有制造航运工具，利用工具在嘉陵江上运送货物的活动。这个时期也就是所谓的上古时期，古代巴人生活在四川盆地，嘉陵江就成为其主要的水上道路。《尚书·禹贡》记载“西顷因桓是来，浮于潜，逾于沔，入于渭，乱于河。”描述了经由嘉陵江航运的一系列过程，其中潜水就是今所谓的嘉陵江。另外，《华阳国志·巴志》“巴子时虽都江州，或治垫江，或治平都，后治阆中。”可以看出，无论古代巴国定居何处，都在嘉陵江畔，很难说不是为了利用河滩平坦的地形以及嘉陵江便捷的水运交通。

2. 形成期

秦汉时期，统一中国版图下的巴蜀之地，交易逐渐稳定，几朝定都长安，水运就成了四川运输的主要方式。当时作为国都所在地的关中平原成为全国的政治和经济中心。根据《汉书·武帝纪》“舫下巴蜀之粟致之江陵”，当然目的地还有不止江陵，还有关中平原。汉初，四川漕运发达，“川北漕运经嘉陵江上，沟通古贡道，达中原；东下入长江到江东，供给京师及边塞粮饷，且运粟赈灾”[3]。公元 212 年，东汉刘备经长江、嘉陵江、涪江至绵阳，张飞经嘉陵江至阆中。

秦汉时期，有史料对嘉陵江内河航运进行开发的记录，武都太守虞诩在上游“开漕船道”，根据《后汉书·虞诩传》记载，“后羌寇武都，邓太后以诩有将帅之略，迁武都太守，引见嘉德殿，厚加赏赐”。虞诩在武都“先是运道艰险，舟车不通，驴马负载……，诩乃自将吏士，案行川谷，自沮至下辩数十里中，皆烧石翦木，开漕船道……，于是水利通利，岁省四千余万。……二三年间，遂增至四万余户。盐米丰贱，十倍于前”。

3. 发展期

唐宋时期，国家政局稳定，生产水平提升，各地的交流也愈来愈多，物资交换也越来越频繁。嘉陵江流域作为主要的粮食产区，茶叶、桑、麻等物产通过嘉陵江运往关中地区，南宋时，每年经过嘉陵江运送粮食 150 万石，占全国军粮的三分之一。唐宋时期，嘉陵江成为川北与陇右之间重要的水上交通要道，由于商品交换频繁，盐、茶等大宗商品，通过漕运以及民间商船使嘉陵江的航运业兴旺发达。元明两朝，嘉陵江连接各县，将丝、油、绫等商品运往各地，甚至远销日本。在清乾隆至嘉庆年间（1752—1804 年）的 52 年间，经四川水运出米粮 775.3 万石，其中嘉陵江输出的米粮上至西北各省，下达长江各省。嘉陵江流域的南部县开采井盐，苍溪县、阆中盛产桐油。

因此，在不同的时期，嘉陵江的开发都源于商贸活动，由于嘉陵江流域内，多山地，地势险要，发展陆路交通成本较高，而水路运输则有运量大，成本低的特点。自古以来，天府之国都有物产丰富的美誉，嘉陵江流域内的各县物资也较为丰富，丝毫不落后于沃野千里的成都平原。

嘉陵江航运业不仅依靠自然水道，官方民间也会对航道进行修缮，嘉陵江河运业的发展是时代所决定的。

4. 繁荣期

清朝到抗战时期是嘉陵江航运商贸文化的鼎盛时期，清朝在经历了明末战乱后，大力发展生产，在四川盆地出现了第二次“湖广填四川”的移民高潮，大量的外来移民为四川盆地的生产带来大量的劳动力，随着耕地面积的扩大，农业、手工业全面开花，推动了经济贸易的全面发展。

雍正六年（1728 年），四川的耕地面积由清初的 1.18 万多顷，扩大到 43 万多顷，粮食产量大增。北方及长江中下游各省发展经济作物，亟须从四川购粮，年运出达 20 万～30 万石，粮米成为嘉陵江航运业长期稳定的大宗货物。

同时，南充南部县内开采的井盐，在清康熙年间，产量大盛，官定销区（亦称引岸）有四川省内 14 县及陕西，甘肃两省，均从嘉陵江外运，食盐成为沿嘉陵江外运的重要贸易物资。

清末重庆开埠后，嘉陵江沿江航运及贸易更加兴旺，粮食、山货、桐油、酒、油、柴、炭、棉花、药材等物资出口大增，大量的民船航行于嘉陵江上，上至广元，下至重庆。

资料记载：阆中县（现为阆中市）木船吨位达 20 至 30 吨级，航行在嘉陵江下游及长江上游，阆中城关洪水季节每日通过商船达数百只，船商在广元等地采购粮食、药材、煤炭、木材、桐油等，下运四川南充、重庆合川、重庆等地销售。同时，大量的、来自长江的 30 多吨级木船也上驶阆中。

南部县在民国元年至 5 年（1912—1916 年），木船从 179 只、4 000 多吨发展到 290 只、8 000 吨，货运量 17.4 万多吨，其中粮食 3.5 万吨，食盐 1.5 万吨，煤炭 10.4 万多吨。

抗日战争爆发后，在国民政府开展的川陕水陆联运中，嘉陵江成为沟通四川与西北各省的重要通道。众多抗战所需的战略物资，如钨、砂、茶叶、食盐及军工器材，通过嘉陵江航线输送到所需的地方。

广州、武汉沦陷后，长江航运受阻，四川的丝、桐油、茶、钨砂等出口物资，主要由嘉陵江木船上运广元，经西北运销国外；西北的棉花、汽油、皮革等商品要运往内地，90%以上依靠嘉陵江下运重庆及周边地区，特别是宜昌沦陷后，重庆原用湖北棉花改由陕西供应，经嘉陵江运入，每年运量逾万担。据民国三十三年（1944 年）统计，四川共有木船 16 436 艘，266 600 吨。其中航行于嘉陵江的木船达 1 500 艘、21 000 吨。

抗战胜利后，国民政府还都南京，嘉陵江所设军运机构相继裁撤。国民党发动内战，社会动乱，经济萧条，捐税沉重，货源大幅度减少，航运日趋衰败。1949 年，嘉陵江苍溪、阆中、南部、蓬安、南充、武胜 6 县共有木船从业人员 4 000 余人，木船 1 712 只，23 266 吨，完成货运量 23.15 万吨，周转量 588.84 万吨公里。

5. 转型期

中华人民共和国成立后，国家对嘉陵江再次进行了大规模整治。嘉陵江航运能力较之过去有了大幅度提升，航运成为嘉陵江沿线城镇客货流动的主要通道，在 20 世纪 80 年代中期，嘉陵江运量年达 500 万吨，有船舶 10 万多吨，共 3 万多马力。20 世纪 90 年代以来，随着国道 G75、G210、G108、G318、G319 线和成南、广南、渝武、渝万高速等川渝陕公路网的衔接，加之嘉陵江水运线上连宝成、安阳铁路，下与襄渝、成渝、川黔、遂渝、渝怀、达成铁路相接，嘉陵江航运日益衰败萧条。如今，在嘉陵江下游的合川到重庆间，尚可见到以旅游为名的航运，其余江段的航运全部萎缩、沉寂了，但嘉陵江在陆地、空中交通极不发达的时代对人类的奉献，是不可忽视的，其历史功绩是无法磨灭的。

二、沿口古镇商贸码头文化的源流及源头

四川武胜沿口古镇最大的特色及亮点在于其码头以及码头文化。如果将码头文化作为沿口的主文化，那么其形成、演进与发展是若干亚文化合力推动的结果。其中，沿口水文化、商贸文化、巴文化、移民文化是古镇亚文化重要的表现形式，其蕴含的价值、观念，不仅与主文化相通、相融，而且也有属于自己的独特的价值与观念。同时，亚文化是直接作用于某一特定区域，影响人们生存的社会心理环境与生活方式，其影响力往往比主文化更大，它能赋予某一地域或群体特殊精神风貌和气质。

（一）水文化——沿口码头文化的载体

水文化暨是沿口码头文化的重要载体，也是沿口码头文化形成的重要源头。从特征上看，该区域的水文化既有与其他区域水文化相同的共性，也有作为沿口这一区域特有的个性。概括言之，沿口码头水文化具有三个特点：一是栖息繁衍；二是河曲发育；三是水上活动。

文化作为人类文明的复合体，其本源具有自然的、生态的、经济的、社会的、历史的多重规定性。流域文化萌发于水及其生态系统，形成于经济社会演化，积淀于历

史时间限度中。

嘉陵江作为具有自然属性的集水区域，流域水文化是其核心的文化特质。早期嘉陵江沿岸人居空间（城镇）的产生无不与水有着密切的关系，昭化、阆中、周口、沿口等现存嘉陵江古镇无不留下早期人类生活的印迹，如嘉陵江武胜县沿口段、山水岩汉代崖墓群出土的文物则再现了嘉陵江武胜段早在春秋战国时期，就已经有人类在嘉陵江两岸栖息繁衍；而汉唐以后开始成为人口密集的聚居区，在漫长的历史发展长河中，人们从逐水而居到依水而居，河流的功能由最初的农业灌溉及饮用逐渐扩展到交通运输及商业等。

嘉陵江武胜段 117 千米长的江岸上，因曲流发育的缘故，至今仍有规模较大的古城（镇）11 处，其中，沿口古镇最为著名。考察武胜沿口嘉陵江的河段，不难发现此段江面河道开阔、水势平缓，呈现出最为典型的河曲特征，利于航运和货物集散，同时也利于水上祭祀及龙舟竞赛等活动的开展。这些无疑推动了码头及其文化的形成。

沿口古镇三面环水，文化活动以每年的龙舟赛最为著名，据民国十九年的《新修武胜县志》上记载："5 月 5 日端午节，人人家门悬菖蒲、陈艾，裹角黍（粽子），饮雄黄酒，县治及傍江之乡市，午后并作龙舟竞渡……"相传龙舟活动于唐天宝初年在汉初县（武胜县最早名汉初县，元置武胜军，后设定远州、至元二十四年降州为县，民国三年更名武胜县）兴起。据当地人称，每到五月初五日，大江两岸众人云集，争看龙舟竞赛和抢鸭子。到清末民初时期，龙舟竞赛活动日渐兴盛，一直沿袭至今。

"码头"在词典中的含义有二：一为海边、江边专供船只停靠、乘客上下、货物装卸的建筑物；二是水陆交通发达的商业城市。码头在发展演进的过程中其含义已经远远不止它产生初期所包含的，码头与人类活动的联结，还体现着经济、宗教、民族、风俗等功能，在码头这样一个特定空间领域内，形成了多元的文化的交流碰撞。因此，我们对码头的认识，不仅要考虑其物质心态层面，更应该侧重从非物质层面思考其蕴含的文化内涵。

作为依托嘉陵江河曲地带所形成的沿口码头，其核心是以沿口古镇的商贸集散功能为中心的一种水运交通商贸文化。商业贸易、龙舟水文化是沿口码头文化的标志性符号。

商贸文化暂不作阐释，这里重点探讨沿口区域的水文化。嘉陵江沿线的码头无一不是因水而生，即码头最初的产生离不开水（商业贸易孕育了码头的发展与繁荣），而码头也因以"水"为纽带，孕育了各种文化现象，催生了码头文化的内涵与外延的延展。沿口古镇兴于水盛于水，水运不仅带来了码头商贸的兴盛，同时沿口也以水为纽带形成了嘉陵江水文化，沿口传统的码头文化经过水文化的滋养，才得以繁盛。沿口的水文化现象最突出的特征就是一年一度举行的龙舟比赛。

据资料介绍，武胜沿口龙舟竞赛从发起、准备到实施，前后长达 3 个月之久，从每年的三月就开始忙乎，岸上水中都在为五月的龙舟大赛精心筹备，活动程序步骤大致为：祭祀、挂旗、下水、挂红、划船、抢鸭等系列活动。

清末民初的龙舟赛由行会发起，龙船分配到码头，行会具体办理。民国年间，当地的袍哥出面，由掌旗大爷负责，红旗管事具体操办，龙船以码头、行会摊派落实。

在挂旗之前，组织者与参与者都必须到沿口水神庙中祭祀水神，以祈求平安与祝福。这一过程，契合了水文化的产生本质，即人类与自然和谐共生中产生的对于自然的崇拜，越是古老的水文化，越是依赖水的文化都表现出对于水的敬畏与珍惜。中国古代传统文化都从水文化中吸取养料，从神话传说到生活习惯均离不开水，大禹治水，临水而居，“天人合一”“天人感应”之说，都对中国古代人的生活产生了巨大的影响。古人崇拜水神。沿口码头不仅在龙舟赛上祭祀水神，还修有庙宇祭祀大禹，祭祀李冰。概括说来，这些都是沿口水文化的体现。

（二）移民文化——沿口码头文化的气度

码头文化的形成需要码头这样的物质空间载体，因此没有商贸交易，码头和码头文化不复存在，但码头文化在漫长的发展过程中形成的开放性与包容性，离不开移民文化的助推。移民文化总结为三个特点：一是宗教融合；二是多民族杂居；三是饮食多元。

著名德国文化传播学派拉策尔认为：“一切民族连同自然民族都有其历史性，有必要研究他们的遭遇，这些遭遇大部分是迁徙的结果。民族及文化在迁徙时互相接触，互相影响；其相互影响的程度，往往出乎我们的意料。”[4]纵观嘉陵江沿线一些码头与码头文化的形成，大都跟宗教移民文化有莫大的关系，沿口古镇也概莫能外而且沿口文化是一种典型的“外来型文化”。一般来说本土型文化，排外色彩较为浓厚，而外来型文化则体现更多的包容性和开放性，古往今来，越是外地文化多元的地方，则更加开放和包容，古代的唐王朝是多元开放的典型，而今天的深圳特区也是个很好的例子。

沿口码头为嘉陵江的一个区域场镇，货物集散地，本土文化如商贸文化、巴文化、水文化等，都是由其特殊的自然地理位置逐渐形成的，而这些都不是沿口码头文化的全部，如果没有移民，没有外来文化的影响，码头文化就会相对封闭，不可能出现包容、开放的特质，沿口码头正是在吸收其他文化的过程中才会具有强劲的生机和活力，。

因此，从以上角度而言，沿口码头文化是典型的外来文化和本地文化交融的结合体，其外来文化是历史上的移民带来的，外来移民不仅带来了不同的文化生活、宗教体验，从更现实的角度，移民大潮还带来了劳动力，促进了商贸的发展。

陈天宁在《武胜县文化初探》一文对沿口所在区域的移民文化进行了较为翔实的阐述，认为：因为战争、瘟疫和自然灾害，在秦、西晋、北宋、元末明初、明末清初这五个历史阶段，嘉陵江流域出现了五次移民浪潮。

尤其是明末清初的“湖广填四川”大移民，大量回民的迁入，使得武胜成为嘉陵江流域第二大回民聚居区，为沿口码头的多元包容文化重新注入了新鲜的血液。随着移民的到来，沿口当时多了很多同乡团体——会馆，会馆通常会选择祭祀原籍的神灵，有的叫作庙，有的叫作宫，有的叫作祠，但通常称作会馆。

沿口古镇作为著名的回民聚居区，在仅有0.4平方千米的土地上，就有两座清真寺即是明证，同时当地也存在有基督教和佛教，无论是从宗教和民族文化来讲，这些移民多元文化为码头文化带来了更多的包容性。码头文化的气象可谓多元和博大，码头文化的气度可谓包容，胸襟可谓宽阔。

（三）巴文化——沿口码头文化的遗存

据《山海经·海经》载："西南有巴国，太昊生咸鸟，咸鸟生乘厘，乘厘生后照，后照始为巴人。"传说伏羲、女娲以其所生婴儿为原型，捏黄土为人，并教其"击石推石，率为兽舞"，用以炼智锤勇。"天下多兽，故教民以猎"。这些被锤炼过的黄土捏成的人即为巴人祖先。故巴人刚勇善舞。据此，巴文化有三大特点：忠、武、舞。忠是巴人的精神特质，团结互助，忠厚淳朴是巴人精神基础，在巴人生活的大巴山地区，自然条件恶劣，团结协作可以从恶劣的自然条件中生存下来，到后来，从嘉陵江上众纤夫一声声的号子声到龙舟赛上健儿们团结协作，无一不是巴人忠勇精神的真实遗存。武，代表了勇争一流的气概，巴人就有传统的尚武精神，武胜本身得名于元军攻打钓鱼城，后来作为战略要地，常有驻军把守。舞，表现了巴人能歌善舞，具有丰富的文化生活。

武胜沿口镇嘉陵江对岸的永寿寺台地上，采集到的旧石器时代砍砸器（现保存在县文管所），说明在远古时代巴人已居住于武胜。

武胜古賨人地，先秦时属蜀国，后归巴国。蜀汉时地属宕渠郡，与巴西郡（今阆中一带），巴郡（今巴县至忠县一带）相邻。巴郡、巴西郡与巴东郡（今云阳、奉节一带）史称"三巴"，故武胜为"三巴"之地。《华阳国志》评价巴地之民为"民质直好义，土风敦厚""人多劲勇，少文学，有将帅才"。在"惟月孟春"，必备"旨酒嘉谷"，肥牛美食，进行祭祀，乡人共享，即巴人重义轻利，具有质朴刚毅、不怕流血流汗的性格特征。

这一性格特征在后来抵御蒙古南下攻伐的过程中有着生动的体现。为抵御蒙古铁骑南下攻川，嘉陵江中下游的众多州县建立了军事要塞，这些防御工事形成了互为犄角之势的"抗蒙十八柱"，使得蒙古骑兵在合川钓鱼城受阻达36年之久。

巴人忠勇好客、豪放粗犷的性格，无疑契合、适应了沿口作为区域水码头聚散"人与物"的作用与功能；同时，三巴之地传承下来的刚毅勇敢、乐观开朗的巴人古风，对于沿口码头贸易的发展、航运的推动有着重要的作用。

在陆路交通不发达的时代，嘉陵江中行驶的木船承担了物资联运的重担，船工、纤夫们长期行走于嘉陵江边，拉纤、推船，苦不堪言，其从事的工作是一般人难以承担的。但这些难不倒水码头的码船工、纤夫们，在他们身上展现巴人刚勇善舞的生活遗存，赋予了其克服困难的勇气。嘉陵江船工号子使得船工们忘记疲劳，苦中作乐。"一声号子一声胆"，号子成为码头上辛勤劳作的船工、纤夫们的一剂精神食粮，是船工们与险滩恶水搏斗时用热血和汗水凝铸而成的生命之歌，是嘉陵江码头水文化的一部分。

文化学者薛新力在《重庆文化史》中，将嘉陵江船工、纤夫号子声中展现出的精神特质总结为：刚勇坚毅、重义守信、团结协作、开放创新。从本质上讲，这些正是巴人刚毅的性格、乐观的精神在后世的传承，对沿口码头文化的形成、演进的影响极为深远。

此外，沿口古镇地方名肴：三巴汤、英雄烩、渣渣鱼，以及庖汤节，无不体现巴文化的遗存。

（四）商贸文化——沿口码头文化的内核

码头文化本质上就是一种商贸文化，其内核是通过繁荣的商业贸易以及各类民俗活动来展示、体现，如果说码头与码头最初的出现与水有关，但码头及其文化的发展与繁荣与商贸文化发展密不可分的。商贸文化的三个特点为：一是大量不同地域货物商品的集散；二是沿口空间的拓展，街道的形成；三是专业市场的出现。

同时，沿口商贸文化的发生发展繁荣，也不是孤立、单向的，它与沿口水文化、移民文化、巴文化等亚文化，相辅相成，不断交融，从而为沿口码头文化延续和发展注入新的活力与内容。

三、武胜沿口码头的历史沿革及沿口码头商贸文化兴衰

（一）武胜县的历史沿革

武胜县沿口镇地处四川东部嘉陵江中游河曲带，东临岳池，西连蓬溪、南接合川，北交南充。其历史文化悠久，在远古时期就有人类居住，从事渔猎，农业等生产劳动。

据《华阳国志·巴志》记载：秦汉以前，沿口所在区域为巴国属地（巴国疆域：東至鱼复，西至僰道，北接汉中，南极黔涪，即今重庆全境、湖北恩施、川东北地区）；公元前 361 年秦惠王灭巴，设巴郡，沿口所在区域行政上隶属为郡；汉取代秦后，据马以愚所著民国《嘉陵江志》记载：汉帝设巴郡垫江县，沿口镇及所在区域成为其管辖范围。

据《齐书·州郡志》记载：南朝齐（479—502 年）时，析垫江县以北地，始置汉初县，属益州东宕渠獠郡，沿口及所在区域为汉初县统辖。

随后在数百年的历史演进中，随着朝代的更迭，汉初县的行政隶属不断变化，先后经历了楚州新兴郡、合州青居郡、涪陵郡、巴川郡、合州、定远州等郡州。

沿口所属地县名的演进，直到元二十年（1283），汉初县改名定远县，意为“永远安定”。元灭亡后，中国王朝先后经历了明、清时代，但定远县因之，数百年沿用未变。

民国三年（1914），因安徽、甘肃、云南等省也有“定远”同名，除安徽省的定远县历史悠久，又非元人命名而保持原名外，其余省份凡有“定远”之名的县份一律改名，四川的定远县乃据元代曾置武胜军、县治东北又有武胜山，遂更名武胜县，治所在今中心镇。

1953 年，鉴于中心镇位置偏僻，加之三面临江，交通不便，缺少发展空间，而沿口位处全县中心地带，陆有岳武公路贯通，水有嘉陵江环绕，自古都是重要的物资集散地，商贸活跃，已成全县经济中心，县城便由中心镇迁至沿口。千年古镇于是迎来了又一次发展的机遇，成为武胜县的政治、经济、文化中心。

（二）沿口码头的发展

1. 码头的初创

据现有史料记载：沿口码头始于宋代、繁荣于清末民国、转型于当代。考究码头初创缘由，分析如下：

传统农业时代，商品经济不发达，农民自给自足，尽管嘉陵江有航运之利，舟楫之便，除广元、阆中、南充、合川、重庆等城市发展较快外，但相当长时期沿线绝大多数场镇，因民间商业贸易不发达，因而形成缓慢。

一般而言，中国地方性场镇的形成受资源、地理位置、水陆交通、人口等多方面因素的影响，但是区域性场镇的形成与商业贸易的发展密不可分。

汉晋时期（唐宋以前），中国政治中心在北方黄河流域中游的关中平原地区，唐“安史之乱”后，北方地区生产力遭到极大破坏，人数急剧减少，以致唐后期、五代，尤其北宋以来，中国政治经济中心逐渐东移南迁。这种变化左右了四川乃至西南的政治经济发展格局与走向，嘉陵江流域的中游及下游地区的政治经济地位大大上升，农业开发的力度加大，商业贸易获得较大发展，嘉陵江中下游沿线的场镇数量增加较快，同时，嘉陵江漕运日趋重要，且数量较之唐宋前有较大的增长，成为转运米粮、布帛、马纲的重要运道。

如南宋时，每年调运川粮 150 万石，占全国军粮的 1/3，绍兴二年（1132 年）东西两川所征“对籴米夥 60 余万石，在合川设置转船舱，溯嘉陵江上运至阆州、利州（广元），再运往关中、中原，此后持续 30 余年，定远县所属合州成为转运川米的中转仓，城镇商务日繁。

正是在这种背景下，沿口古镇在宋代始建，沿口码头成为过往漕运船只的水驿，成为纤夫、官员歇脚之地。

到了南宋末年，因为战争，武胜嘉陵江沿岸地区成为大量人员、物资汇聚和流动之地。1236 年，宋元之间在此区域开始了长达 43 年的合川钓鱼城攻防之战，嘉陵江中游的武胜至合川段成为宋元两军的水上战场，两方调兵遣将，攻战进退和供应军需给养的船舶往来不绝。元军为达成长期围攻钓鱼城的目的，特在此区域置武胜军，“武胜”县名也由此而来。元军鉴于沿口位置独特，可以成为其切断宋军扼守的合川钓鱼城与广安大良城联系的重要据点，更可以成为蒙军兵员及战争物资的重要集散地，为此，扩充了沿口镇所在的区域，将其建为攻击四川宋军的军事要塞，其发展规模、集聚人口快速增长。

宋元战争结束后，元朝为供军食，沿嘉陵江的保宁（阆中）、顺庆（南充）屯田军垦，漕运粮食未尝断，但漕运的规模较之过去有较大的下降，沿口镇作为要塞的地位丧失，重要性降低，发展陷于停滞。

明末清初，四川战乱频繁，先后经历明末张献忠入川、清军八旗屠川、吴三桂叛乱，以及嘉庆年间川楚陕白莲教大起义，嘉陵江流域成为这些战争的主战场，尽管战争期间，为满足军队粮食的需要，嘉陵江漕运频繁，航运再兴，但是，战争使得沿江人口锐减，民不聊生，经济凋敝，场镇荒芜。

据《武胜县志》记载："张献忠破重庆及成都，民先归服者，得偷免一死，稍违者即发兵捕剿，定远被屠，庙社为墟，时重庆总兵曾英，以辅明为名，诛求无艺，逼民充兵，危害闾阎，故县民死于贼半，死于明兵者亦半。"武胜沿口所在的"河东一带，蹂躏迨遍"，"定远县仅余人口 7 702，死亡率高达 80%"。

同样，嘉陵江沿线其他区域也因战争人口减少，经济凋敝，商业贸易几乎绝迹，康熙二年（1663 年）年底，顺天府尹张德地调任四川巡抚。他从陕西出发，经过四川盆地北部的广元进入四川，沿嘉陵江赴保宁府上任。沿途看到的是："境内行数十里绝无烟爨。迨至郡邑，城鲜完郭，居民至多者，不过数十户，视其老幼，鹄面鸠形。及抵村镇，止茅屋数间，穷赤数人而已。"次年，他又从顺庆府沿嘉陵江而下到达重庆，沿途巡视，调查民情。数日行程所见到的皆是空山远麓、深林密箐而已，少见人烟迹象。他说："臣初至保宁，见民调耗，城郭倾倾，早不胜鳃鳃忧惧悸。迨泛舟遍历，日歉一日。惟重属为督臣驻节之地，哀鸿稍集，然不过数百家。此外州县，非数十家，或十数家，更有止一、二家者。寥寥孑遗，俨同空谷。而乡镇集市，昔之棋布星罗，今为鹿豕之场。"[5]

2. 沿口镇的繁盛

针对四川各地，尤其嘉陵江沿线地区经济凋敝、场镇荒芜的局面，从康熙初年到雍正朝差不多六十年的时间里，清政府颁布"鼓励地方官吏招省外之民入川、无偿授予农民土地所有权、放宽起科年限、减免赋税"等一系列优惠政策，希望以此招民垦荒，以恢复经济、增加人口、繁荣贸易。

在上述措施刺激下，四川社会经济迅速恢复和发展，劳动人口大量增加。由于招民垦荒政策的推行，吸引了周边省份如湖广、陕西、贵州，乃至福建、广东、江西、河南、直隶等省的农民入川落户，从事农业开发与生产，四川外来移民以湖广籍所占的比率最大。

在此招民垦荒浪潮中，大量移民也涌入定远县（武胜县），定远县人口明显增加，"乾隆六十年，户 11 924，丁 23 524，其中增入花户 7 551，丁 23 524；嘉庆十六年，户 20 156，丁 31 223"（注：按黄桂《四川通志》载，定远县员额增添 53 688 户，男妇 168 823）。期间，大量的移民来到沿口垦荒种植，享受"官给牛种免课"的待遇，到嘉庆年间，多达 33 个少数民族移居武胜，散居在县域内各地，其中，沿口成为嘉陵江流域第二大回民聚居区。

据史料记载：沿口镇回民以马、黄两姓为主，均是明末清初从湖南搬迁而来，最初他们以宰牛、贩牛为生，后来渐渐从事其他行业，比如码头搬运、船只运输以及其他买卖生意，清嘉庆、道光年间，回民在沿口镇半边街、半崖山分别建清真寺，以作回民礼拜之用。

随着劳动人口的不断增长，嘉陵江流域各地耕地面积也不断扩大。雍正八年（1730），“川东道（定远县行政划归川东道）属报垦荒田三千九百四十九顷，荒地九千八百六十二顷六十八亩，其中，定远县共开垦田地五千八百九十三顷三亩九毫”……四川的农业有了长足的发展。过去荒凉不毛、虎狼出没的地方，逐渐变成为殷实繁盛，人丁兴旺的富庶之区。

四川布政使窦启英在为雍正《四川通志》作的序文中说：“百余年间，海宇升平，人民乐业。向之荒寂者，今皆已垦辟；向之川民凋瘵者，今皆已生聚。熙熙然，郁郁然，享太平之福矣。”[6]

可见招抚安民，鼓励垦荒的政策促进了社会的稳定和经济的发展。人民安居乐业，为商贸的发展提供了良好的社会环境和丰富的物质基础。随着农业的发展，定远县及周边地区的手工业、商业也呈现复苏之势，并在道光时期获得较快发展：

1）陶瓷业

明代嘉陵江中下游地区的陶瓷业比较发达。由于历经明末清初的动荡战乱，生产遭到严重的破坏。清政府利用几十年时间才平定叛乱，随后招抚安民，劝课农桑，社会开始稳定，各项陶瓷生产逐渐恢复，武胜、合川及周边地区为该业发展最盛区域。陶瓷为人们家居用品，产品主要为人们日常所用的各类器皿，如砂锅、碗、水缸、钵、盆、罐、香炉、蜡台等。定远县（武胜）所产窑罐在嘉陵江流域享有盛誉：“县西万善、复兴有瓷土，拣泥之无渣滓者制成胚，晒干入窑烧之，家居多购此，成为外销志大宗。”其下游合川“麻柳坪、龙潭槽、塞子项、车山口、聂家山、李家山等处多碗厂，杯、盘、盂、盎皆备，黔省近境，利其廉美，负贩络绎于道”；上游南充生产家用陶器，主要分布在曲水湾、林岗坝、荆溪坝、雷打石。[7]工徒人数为十几到二十人。陶瓷业的发展不但满足了当时市场的需求，也给许多人提供了谋生出路。

2）纸、油、醋、蜡烛等日用品

嘉陵江流域造纸业发达，造纸原料有斑竹、苦竹、水竹、嫩慈竹、黄竹、桑皮、稻草等十余种。

定远县（武胜）所出纸“以各种嫩竹为原料，加石灰泡池中两三个月可成，分常用纸及摇火炮纸，主要在本地或运往合州、重庆等地销售”……[8]同样，嘉陵江沿线其他地区，广元“县境多纸料，乡人小经营者数十，细者供冥财及他用，粗则厚劣供苞苴，所出滤草纸由稻草制成。合川县东里草街子、龙潭漕、龙洞沱、摊子砌、太和场、车山口、狮滩场，永里盐井溪、十塘、深水井多纸厂”。

此外，嘉陵江流域中下游的榨油手工业较为发达，其中武胜沿口菜油，为该县最知名的特产。据县志记载：武胜产穗油、桐油，皆为燃灯原料。此外，菜馆常用的油还有苏麻油、花生油和芝麻油。沿口菜油“取菜子（籽）煎熟碾细退其皮，榨而出之，其油宜燃灯煎菜”，是当地的一大特产，多运往重庆、万州（今属重庆）两地销售。花生油、苏麻油和芝麻油除在本地销售外，也行销合川（今属重庆）、重庆等地。

江津（今属重庆）“菜油、芝麻油、花生油俱由压榨而成，业此者俗谓之榨房，县属游溪各场多有之，销路颇广”。

合州“唯菜油一宗出产最多，销 路亦广”。由于各类油的销量较大，清后期四川开始收油税。“光绪三十年，护川督赵尔丰经营川边，改油厘为油捐以充经费，斤捐钱四文，据四川财政录，宣统二年捐最旺，民国时改为油税，菜油每笮六十五斤征二角六，仙桐油每笮六十斤征银二角四”。

3）棉麻纺织、桑蚕丝绸业

桑蚕丝绸在嘉陵江流域的发展具有悠久的历史。据中国现存最早的一部地方志《华阳国志》记载，周初，嘉陵江中游沿线之今南充、阆中、广安、武胜等地所产蚕丝织物已经成为周王朝贡品。

秦汉时期，各县令皆劝课农桑，丝绸业一跃成为嘉陵江流域各县社会经济的一大支柱。其中，广安县从汉章帝时起，就实行了以布帛为租，是历代用丝绸为田赋的开始。“巴蜀人文胜地，秦汉丝锦名邦”，则真实反映了这一时期的社会现状。

清初，四川虽产棉花，但纺织业却不甚发达。乾隆十三年，四川总督阿尔泰以“川民不谙纺织，地间产棉，种植失宜，或商贩贱售，至江楚成布，运川重售。饬各属劝谕乡民，佩依法芟锄，广招织工，教习川民妇女，得旨嘉奖”。到了乾隆时期，四川织布业后来居上，与蚕丝业成为大宗。重庆府下属合州、岳池、定远、江津等地的丝织业发展迅速。据武胜县志记载：“境内盛产苎麻、火麻、铜麻，桑树遍布县城近郊，武胜棉布销川西的郫县以及邻近的渠县、晋官场等地；而麻布与丝销往重庆。”

定远县有的农家，“虽嗷嗷十口，田不过半亩，而晨夜纺织，子妇合作，衣食悉待给焉。出贾他乡，利虽倍，弗养也，以是安之，鲜有轻去其乡者”。纺织业发展为人们提供了就业机会，增加家庭财政收入，人们不愿再跑到别的地方去另谋职业。

正是由于农业、手工业的发展，在商业贸易的刺激下，康乾以来沿口镇日趋繁荣，据《武胜县志》记载：“沿口场位于县东北 30 里，市集期 2、5、8，商务繁盛，为河东之冠。场北有太平铺，即明太平里，汉初太平镇”，每到场集，附近农民或陆路，或乘船，云集沿口，进行山货或者农畜产品交易。乾隆二十五年，时任四川提督岳钟璜，鉴于沿口商贸繁华，“准在嘉陵江中游定远县沿口开设塘汛，并配有七只哨船，以确保过往船只航行及贸易安全……”

1894 年重庆开埠，外国商业贸易机构逐渐进入重庆，开展商业贸易活动，重庆日渐成为西南地区最大的贸易商埠和货物集散中心。重庆周边区域，尤其是嘉陵江流域各县的经贸活动开始卷入世界资本主义市场，其出产的商品不仅仅是满足国内市场，随着西方洋行对川省原料初级产品开发力度的加大，嘉陵江流域的贸易物产种类、数量及贸易结构发生了较大的变化：

一是通过嘉陵江运输的商品种类大增，出口国外的产品有蚕丝、桐油、猪鬃、白蜡、鸭毛、羊毛、牛羊皮等；销往江浙湖广等地的以粮食为大宗，此外还有夏布、丝绸、盐、糖、山货、药材等。

同时，大量的来自西方国家的钟表、化肥、水泥、煤油等工业品进入嘉陵江沿线的城乡，正如《重庆海关十年报告（1996—1906）》所言："每年在一定的季节里，商人从偏僻和遥远的城镇如成都、保宁府、潼川府、叙宁府、嘉定府、叙州府、绵州、合州及其他重要地方，有的由陆路，有的由水路来到重庆，运来他的土产……并带回洋货。"

二是贸易数量及货物价值明显增长，生丝、夏布、桐油、牛皮、羊毛、猪鬃等山货成为嘉陵江沿线城市、场镇输出的大宗。如，南充所出桐油"有毒不可食用，供灯用或用为涂料以代紊。县属产之甚多，近有油商运以销行国外者"；"菜油、花油、麻油、桐油等地方物产，顺庆、三汇、渠县、武胜、广安所出甚多，皆运油至合销售，销桐油为大宗，菜油次之，麻油又次之"；沿口镇牛皮贸易兴盛，"黄姓回民在古井建宰牛场和'牛皮晾晒场'，晒干牛皮在沿口码头装船后，通过贸易商行，销售到重庆，出口海外"。

据重庆海关统计，四川 1885 年土货的出口总值为 1 056 790 海关两，到 1916 年已上升到 17 803 414 海关两。

三是沟通城乡的商品贸易网络的形成，推动了商品贸易的发展。

开埠后，西方洋行入川后对川省各地农特产品的大力开发。洋行虽设在重庆，但辐射全川，为打开四川市场，扩大商品交易，纷纷把触角伸向全川。他们通过设于各地的分支机构或代办处，依靠佣金与买办制度，利用各种特权，对四川传统的商业流通渠道进行改造，逐步建立起一个以洋行和代办处为核心，由腹地各层次商人组成的洋货分销网和土货购销网。在外贸要求下，一些字号、行栈改变了原有的经营方向，转而从事进出口贸易，成为这个购销网络中不可或缺的流通环节。洋行利用买办为其攒货，而买办又依靠字号，字号又依靠行栈，行栈依靠中路，中路依靠产区贩商和各地山客。它们一方面代售洋货，另一方面收购土货。

在此大背景下，嘉陵江沿线的城市与场镇迎来了贸易繁荣的鼎盛时期。与此同时，沿口镇码头因其在嘉陵江中段的江湾处，因曲流水面宽阔，流速平缓，是一个非常优良的河港，因而其转运的作用越发重要，上行的货物、下行的商品以及沿口及周边临近地区，如岳池、广安、蓬溪、合川输出、输入的物产，都要通过沿口码头中转与集散。

在贸易的推动下，沿口镇获得较大的发展，在清末民初成为嘉陵江流域物资集散地和商品的转运地，沿口码头进入其商贸的繁盛期，"南来北往的货物汇集于此，如毛货、盐、丝、米、药材、山货等商品，种类繁多，交易十分的兴旺，日日为市……当集之日，辰刻末，乡之老者少者扑而干者，托庖代者，操物贾者，为交易者陆续至"。特别是四月新丝、小麦、油菜、豆等出后，场镇内"操物贾者为交易者，肩有担，手有提，真是拥挤不通，场内各茶房酒肆，生理一旺”。

同时，由于交易的发展，往来人员的增加，场镇空间开始迅速拓展，形成了贾家岩、禹王宫、胜利街、半边街、锅市街、寿佛殿、石家湾、太平铺、贾家街等 12 条街巷，街道尺度宜人、商铺林立，油市、布市，茶市、药市、牛市、米市、菜市、盐市、果市等市场分布其中，这些街道及专门市场的出现一定程度反映了沿口镇转运贸易发展以及转运商品交换的扩大。

这些专业市场的出现及转运贸易扩大，离不开贸易的主体——行帮。民国初年，沿口场镇商人已有盐帮、米帮、菜油帮、船帮、杂粮帮、瓷器帮、山货药材帮、糖帮等行业帮会，这些行帮大都产生于清末民初，他们大都从事转运贸易，直接经营或转运四方运来的商品，如瓷器帮主要从事瓷器的贸易。

尤其是米帮和杂粮帮，由于当时的米、杂粮的贸易额相对较大，他们一般以钱帮为中介进行交易，“一切交易凡买卖后由钱帮代付货，买卖商必先存银在铺，始能写账，写账后于次日上灯时开铺门后始能付银……斗载之利也”。此段引文说明钱帮虽不直接从事转运贸易，但却是转运贸易不可缺少的重要组成部分，起着中介作用。

同时为了禁止行帮内部的恶性竞争，行帮一般都定有帮（行）规，如药帮帮规：“市钱则照行帮所议之银价合银……，而广药……则又赴渝购之，其规约照各售货处作议，近或派人出外采买者办回之货整卖零卖均不可独本地咀片铺通销……”帮规规定统一以钱为价，同时对某些药统一购买不得垄断经营。

运输业的发达是转运贸易的重要特点之一。嘉陵江武胜段 117 千米长的江岸上，因曲流发育的缘故，在晚清时形成了“石盘沱（县北 65 里，市集期 1、4、7），旧县场（县北 15 里，市集期 3、6、9），安福场（县西 75 余千米，属走马场，与南充临界），沿口场（县东北 15 千米，市集期 2、5、8，商务繁盛，为河东之冠），烈面溪（县西 45 千米，市集期 1、4、7，商务繁忙，为河西之冠）、乐善场（县东 20 千米，市集期 1、4、7）等 11 处场镇”，成为沿江的水码头或津渡，船行、船户较多。这些船行、船户航行在嘉陵江及支流上，所加入的船帮称为小河帮，隶属合川帮、顺庆帮、渠县帮，其行船范围大致在嘉陵江中游及下游河段……约计共有船只三百余只左右，这些船帮大小船只，概属装运货物，下水以米粮为大宗，上水以富盐为大宗；下水每大船装米 256 石……上行运盐……，小河船帮船夫以木船为终身业务者约占十分之七八，大约船夫在 2 300 余至 2 500 余之间。”

这些船帮是在转运贸易较大发展的条件下壮大的，反之，它的壮大也推动了沿口转运贸易的发展及沿口商业的繁荣。通过商品的来源、去向，我们能更好地了解合州转运贸易的情况。

① 盐：清代严如熤著《三省边防备览》里载“四川之货殖最巨者为盐”。“四川井盐大多为汲卤煎制”。川北之南部、西充、射洪、乐至、蓬溪；川南之犍为、富顺、荣县、资州、井研……为四川产盐之区。[9]定远县食盐主要来自保宁、顺庆等产区，于犍为、射洪、蓬溪等县买盐运至本县各个场镇行销，或者从沿口镇沿水路转运重庆。历

史上曾发生过三次重大的“川盐济楚”事件，分别是清乾隆年间、清咸丰年间以及抗日战争时期，嘉陵江航运业在这几次事件的影响之下获得了历史性的发展机遇，沿口古镇的发展也在这几次事件中获得了发展。

② 糖：糖可分为白糖、水糖和桔糖。嘉陵江沿江各乡均种甘蔗，亦多糖房。但年出产有限，仅能满足本地零用。定远县所需的漏水白糖多产自内江，也有部分来自资中县，而水糖则由阳县运来，同时，部分糖在沿口集散后，沿嘉陵江方向多转运至广元、甘肃等地。

③ 粮食：定远县种植的水稻品种也比较多，主要有富贵黏、桂阳黏、油黏、鲜黏、和尚谷、乌脚早、堆子糯、乡谷糯、寸糯、蛮子糯、白谷糯、鸭黏、大河南黏、香谷、百日早、矮子糯、黄谷糯、猪油糯、红谷糯、阴阳糯、落乌黏等二十多种。每到收获季节，买客在各乡收购，在沿口镇集中后，再下运合州、重庆、涪陵、万县及下游一带，如果下游滞塞则转销至遂宁、广元等上游。此外，沿口镇还集散外县运来的粮食，如杂粮中黄豆、黑豆，由渠河、保河、重庆运来，再由此转销至遂河泰潼等处，年约四五万石；小麦由广元碧口及渠河，三汇等处而运来，而销往重庆等，年约六七万石，胡豆、豌豆、绿豆则出自渠河保河，运销富顺等地，年约一万余石。

④ 山货药材：西药如甘草、当归、黄芪、黄岑等由陕甘运来；广药由长江运来如沙仁、安桂、桂芝、广皮等；淮药由河南运来，如地黄、连翘等；山货木耳由广元磊霸、绥定巴州等外地运来，行销下江；吴菜由渠县运来，行销四川省西南各处；倍子由绥定运来行销本地。土瓜子由潼南运来，行销川东南各处。

此种货物贸易状况，民国《新修武胜县志》记载更详：“沿口为通商巨镇，广岳出口地也。在昔清平时代，商船往来，停泊江岸，动以百计。凡秦陇药材，湘鄂棉纱，内江之糖，本地之杂粮，上抵南充、阆中、广元，下至合川、重庆，靡不捆载麇集。居民千有余家，皆经商为业，商会设此。”这些文字虽然简洁，却让我们看到了沿口镇当年的繁华景象。

1953 年，鉴于中心镇位置偏僻，加之三面临江，交通不便，缺少发展空间，而沿口位处全县中心地带，陆有岳武公路贯通，水有嘉陵江环绕，自古都是重要的物资集散地，商贸活跃，已成全县经济中心，县城便由中心镇迁至沿口。千年古镇于是迎来了又一次发展的机遇，成为武胜县的政治、经济、文化中心，尤其是嘉陵江河道大规模的疏通，动力船只取代木船后，在 20 世纪 80 年代，依然发挥嘉陵江流域码头物资贸易、人员输送的作用。

3. 沿口码头的衰败与转型

随着社会发展，嘉陵江沿线大量水电站修建，嘉陵江航运的功能开始弱化，尤其是随着公路、铁路在嘉陵江沿线的修建，货运、客运存在多种选择，沿口古镇码头已渐渐不能适应发展需要，衰败不可避免，转型势在必行。尤其是改革开放后，古镇上方新城的修建，渐渐取代了当年的码头建筑。古镇居民先后离开旧宅住进了新城，原先喧嚣的小街开始冷清，无人居住的房屋也渐渐破败起来，古镇一步步走向衰落。当年的电影院、供销社、仓库、商店、庙宇、酒坊、铁匠铺……便成为人们不时路过驻足怀旧之处。

尽管如此，这里有一个行业却一直未曾衰败，那就是餐饮。自古以来，沿口的美食即声名远播，马氏牛肉、醉仙牛肉干、三巴汤、渣渣鱼、烈面盘鳝、赛马秧鸡、麻油豆花、永寿寺烟熏豆干、敖皮蛋……各种美味佳肴，数不胜数。倘若夜幕降临，流连于古镇，你可见到古镇小街上家家食店灯火通明，热气腾腾，让游客们流连忘返，令文人墨客喜不自禁。那众多的美食佳肴伴着壶壶武胜龙女白酒，不知催生出多少诗文佳作，醉倒了多少南来北往之客。除了这些，沿口久负盛名的还有菜籽油、菜刀等，据说沿口菜刀当年可与张小泉菜刀、王麻子剪刀媲美。每到端午，沿口最热闹的盛事到来，那就是龙舟大赛。一到这天，四面八方的人们蜂拥而至，立于沿口码头的嘉陵江两岸，观看龙舟竞渡，感受世代传承下来的民俗风情，那盛况可谓万人空巷。龙舟赛发展到今天，已演变成享誉海内外的国际龙舟节，成为当地一个知名文化品牌。

四、结　语

沿口古镇码头的成长鼎盛和消逝变迁是偶然也是必然，从“九曲回肠”的嘉陵江中游小镇到嘉陵江连接上下游的贸易中转站，从“水运商贸，码头为心”的形态雏形到“行帮会馆，龙舟竞渡”的多元文化，沿口伴随着城镇的发展，码头文化逐渐发展定型，稳定，这其中吸收了水文化、商贸文化、移民文化、巴文化，民族的融合、不同文化交流与碰撞丰富了码头文化的内涵，也造就了沿口众多的物质或非物质遗产。

沿口古镇是由码头发展而来，码头文化是其主导文化，因此追溯沿口码头文化的源流，梳理沿口码头文化的变迁，从历史中挖掘在地文化，不仅可以从传统文化中吸取养料，同时也可以对沿口古镇有更多的了解，对其进行保护性开发大有裨益。本文从现存的档案、历史资料以及民间传说当中挖掘沿口古镇昔日的繁华，还有那些遗存的青瓦白墙的建筑、一条条青石板街道、那江边停靠的船舶诉说的故事中吸收养料。

从沿口古镇历史发展和变迁的历史中，可以发现其变迁的机制和特点：

一是沿口的码头文化变迁是一部集中反映嘉陵江航运商贸活动的微型史，其重要的地理位置足以反映嘉陵江在水运时代的“黄金水道”作用。

二是沿口古镇的主文化是码头文化，码头文化不仅是沿口古镇发展变迁过程中最长久、最主导、最持续的动力机制，也是沿口古镇的特色所在，具体又体现在交通文化、行帮文化、街市文化中，但其最本质的是商贸文化。

三是沿口码头文化又是水文化、移民文化、巴文化合力推动的结果，特别是沿口经历了历史上的移民潮，大量的商业移民以及回族移民，深深地影响了沿口码头的文化构成和价值信仰。没有外来文化的融入，沿口码头文化就没有那么富有生机和发展的动力。正是有了码头文化，才产生了活态的沿口，像沿口古镇的建筑、民俗、商业等都应该是码头文化的延伸而已。

总结沿口古镇的文化变迁机制和特点，明确对于沿口古镇进行保护性开发的主题，是打造沿口古镇的“基础知识”。古镇现在已经不复往日的繁华，但其建筑形态，古码头，民居都得以保存，文化也有好的延续性。为了服务当地经济，开发新的经济增长点，古镇在定位和挖掘历史文化方面因该注重以下几个方面：

首先，要凸显嘉陵江这样一个背景主题，树立嘉陵江线性文化的保护意识。嘉陵江不仅是一条交通线路，同时也是一条文化线路，而沿口古镇就是在嘉陵江历史交通体系这条文化线路上一个个物质和非物质文化赖以生存的“文化生态区”。在找准沿口古镇在嘉陵江沿线的定位和特色之后，将沿口古镇的保护和开发纳入嘉陵江“文化生态区”中进行保护和思考，展现沿口古镇有别于嘉陵江沿线的其他古镇的文化特色。

其次，要强调沿口码头文化，码头文化是实现沿口古镇文化遗产活化与传承的突破口。具体来讲是要更好地活化和传承沿口古镇文化遗产，在保护性开发过程中对于当地的建筑修复、民俗活动的举办都要以码头文化为核心，比如对于王爷庙的恢复，王爷庙集中展现了码头文化的精神内核。赛龙舟本身就是一项保留较好的民俗活动，自 1980 年，武胜恢复了“端午赛龙舟”的习俗之后，沿口的龙舟活动越办越好，龙舟活动成了一项传统的民俗活动，成功完成了“文化搭台，经济唱戏”的文化商贸性质的转型，起到一个聚人气、集商气的作用，特别是在 2004 年成为了一个高潮，成功举办了“中国·嘉陵江龙舟旅游”文化节，当时观赛者如云，引来多家媒体的报道。沿口在现代有举办大型活动的经验，如果在龙舟赛当中更加凸显码头文化，讲好沿口故事，不仅可以提升龙舟文化节的文化内涵，同时也可以达到当地所期望的招商引资目的。还可以在沿口古镇水文文化方面做文章，用新的思路解决好古镇保护和水资源利用之间的矛盾。沿口由于地势较低，在嘉陵江水位高涨期可能会对古镇造成破坏；另外，嘉陵江的一些水利工程可能会引起水码头、老街汛期水涝灾害。在水文化的利用方面，可以开发水上特色体验活动，但要结合沿口码头的船工、纤夫的日常工作或是底层文化（如江陵江号子）。

最后，突出沿口古镇码头商贸的闹市特点，沿口古镇在一定的历史时期内是非常繁华的，川东各种物资都在沿口码头进行转运和集散，南北的奇珍异货，古玩奇宝都能在这里找到，沿口当地集中了大量的手工艺者，手工艺技术的展现，让游客进行体验不同的手工艺制作，也是一种新的模式。

参考文献

[1] 马以愚. 嘉陵江志[M]. 北京：商务印书馆，1946.
[2] 马强. 嘉陵江流域历史地理研究的意义[N]. 光明日报，2012.
[3] 南充市交通局. 南充市交通志[M]. 成都：四川人民出版社，2007.

[4] 黄淑娉，龚佩华. 文化人类学理论方法研究[M]. 广州：广东高等教育出版社，2004.
[5] 康熙《四川总志》卷三十五《筹边》
[6] 嘉庆《四川通志》卷六十二
[7] 陈桦，清代区域社会经济研究[M]. 中国人民大学出版社，1996：327.
[8] 民国新修《武胜县志》卷十一《土产・植物表》
[9]（清）严如煜《三省边防备览》卷九《山货》

四川达州市非物质文化遗产传承与保护

王　睿

（四川文理学院马克思主义学院　四川达州　635000）

摘　要：四川达州市有“巴人故里”之称，非物质文化遗产数量众多、内容丰富。由于主客观条件的制约，达州市非物质文化遗产传承、保护存在一些问题，其对外影响有限。为构建人文达州、幸福达州，推动文化、旅游的发展和繁荣，达州非物质文化遗产传承与保护已迫在眉睫，刻不容缓。

关键词：达州；非物质文化遗产；传承；保护

达州位于大巴山南麓，地处川、渝、鄂、陕结合部，上古属巴人和賨人之地。巴賨文化源远流长，经过数千年的发展、传承、荡涤，不少传统文化元素已演变为具有达州地方特色的民俗文化和生活习惯，成为区域内弥足珍贵的非物质文化遗产资源。整合这些隐藏于民俗、民风中的非物质文化遗产，挖掘其蕴含的社会价值、文化意义，对于增强文化认同感、提升文化软实力，构建幸福达州，繁荣达州文化事业，践行社会主义核心价值观具有重要的意义。

一、达州市非物质文化遗产现状

达州是四川省下辖的地级市，位于四川省东部，辖四县二区一市（宣汉县、开江县、渠县、大竹县，通川区、达川区，万源市），人口 690 万。据统计，目前全市共拥有非物质文化遗产保护名录 248 个，其中，国家级非物质文化遗产保护名录 3 个；省级非物质文化遗产保护名录 29 个；市级非物质文化遗产保护名录 45 个；县级非物质文化遗产保护名录 117 个。[1]

这些非物质文化遗产按其内容可分 7 个类别：一是民间文学类，如王幺贡爷系列故事、水族闹春、巴渠童谣；二是民间音乐类，如巴山背二哥、开江盘歌、竹唢呐、石工号子等；三是传统舞蹈类，如蚌鹤舞、翻山饺子、安仁谭氏子孙龙；四是曲艺类，如钱棍、川东土家族薅草锣鼓、耍锣鼓；五是传统体育与杂技类，如土家余门拳、游艺、拗棒；六是传统手工技艺，如渠县刘氏竹编、达县灯影牛肉传统加工技艺、渠县呷酒酿造技艺、东柳醪糟酿制作技艺、开江豆笋制作技艺；七是民俗类，如石桥烧火龙、三汇彩亭会、达州元九登高等。[2]

非物质文化遗产传承人方面，有国家级非物质文化遗产代表性传承人 2 人，省级 41 人，市级 54 人，县级 114 人。不少传统文化元素已演变为具有达州地方特色的民俗文化和生活习惯。

二、达州市非物质文化遗产传承保护存在的问题

近年来，基于继承、传承、有效保护达州市非物质文化遗产，相关部门对达州非物质文化遗产开展了普查与挖掘工作，出版了反映区域非物质文化遗产的《民俗志》《民俗图典》等著作，每年 6 月 9 日的世界文化遗产日，巡回开展“巴渠记忆——达州市非物质文化遗产名录展”等系列宣传活动，并通过图书馆、博物馆等平台建立具有互动性和开放性的非物质文化遗产资料库，一些濒临消失的民俗文化、宗教礼仪得以保存和再现，众多民俗文化和生活习惯成为国家、省、市、县级非物质文化遗产。但由于各方面的原因，达州非物质文化遗产工作还存在着一些问题和不足。

（一）机构不健全

还没有设立专门的非物质文化遗产保护机构。达州市文体广新局、文化局、旅游局、博物馆及各县文物管理所等部门不同程度涉及相关工作，多头管理、“九龙治水”的现象较为突出，多部门管理的协作性、专业性难以适应非物质文化遗产保护工作。同时，非物质文化遗产保护工作大多还停留在文件上，围绕普查、申报、保护、传承各个环节，缺乏系统、完整的目标和计划；全面的群众性、社会性的普查工作还没有深入进行，相关意识在民众中还没有形成共识。

（二）传承人危机

许多民间艺术和传统手工技艺属独门绝技，口传心授，往往因人而存，人绝艺亡。如川东土家族薅草锣鼓唯一的传承人张老师，已经 80 岁高龄，身体状况欠佳；还有很多传承人迫于经济压力而改行，或外出打工远走他乡，这对于靠“人带人、手把手”传承的非物质文化遗产是致命的危机。

（三）经费保障困难

长期以来，非物质文化遗产传承保护宣传是一项耗资较大的系统工程，从普查到挖掘提炼，从人员培训到资料整理，从规划保护到抢救利用，都需要有较大的投入，有限的经费难以保障工作的开展。

（四）非物质文化遗产专业人员紧缺

非物质文化遗产的挖掘、整理、研究和项目申报，专业性极强。区位的劣势制约

了达州对相关的专业技术人员的吸引，开展相关工作时，专业性、针对性不强，非物质文化遗产传承与保护技术支持不足，申报各级非物质文化遗产保护名录力不从心。

（五）民间参与度较小

达州每年举办的“元九”登高节都要举办登高比赛，但参与登高节的大都是事业单位或者政府机关部门，也就是说，参加此次比赛的大都属于“单位人”，很少有“社会人”。而且不少人是被单位拉来凑数的，并非真正想来参加登高比赛，因此参与面不广。而在音乐诗会现场也同样如此，参加者几乎全是演出者，可谓“自演自赏”，达不到对达州市民进行非物质文化遗产文化熏陶的目的。

三、达州非物质文化遗产传承与保护的措施

随着文化的发展与繁荣，非物质文化遗产的抢救和保护工作已迫在眉睫，刻不容缓。为此，提出以下建议措施。

（一）健全非物质文化遗产开发保障、激励机制

为使非物质文化遗产传承、保护工作可持续发展，必须在经费、机构、人员等方面提供完善的保障机制。应根据实际情况成立专门的机构，设立非物质文化遗产保护专项资金，用于重要的非物质文化遗产的专项保护、传承人的资助和培养等。非物质文化遗产传承人多为普通农民，以务农维持生计，只有保障了他们的生计，才能确保他们将时间与精力用于传承工作上。

（二）加强非物质文化遗产的宣传与普及工作

大力营造全社会重视非物质文化遗产的氛围；在节庆文化活动中大力宣传非物质文化遗产，请有关非物质文化遗产项目的传承人到现场讲解并表演技艺；开设非物质文化遗产方面的讲座或课程，做好非物质文化遗产的普及、培训。例如，四川文理学院将抬工号子挖掘整理后，编排的舞蹈《巴山抬工汉》获得了“四川省首届声乐舞蹈大赛金奖”“全国大学生艺术节一等奖”；安仁板凳龙挖掘整理后，2011 年参加联合国教科文组织在成都举办的首届国际非遗节展演获得成功。四川电视台与中央电视台合作，制作了《远方的家》《走遍中国——达县》专辑，对石桥火龙、真佛山的传说等一批非物质文化遗产进行了宣传，在全国播出后，引起了较大反响。[3]

（三）正确认识非物质文化遗产的时代变迁，不必强求其内容上与历史上的非物质文化遗产完全相符

历史是不断演变的，而民俗亦然，它也必然有个演变的过程，同时与一个时代大背景直接相关。因此，在面对民俗文化的演变时应该保持理性客观，不必强求民俗活

动内容完全效法古代。实际上，随着时间的流逝，演变后的民俗文化仍然是一种具有自身特色的文化，我们应该承认并合理引导其演变，而并非强硬“复古”，否则将得不偿失。例如，作为非物质文化遗产的登高节，从它最早开始沿袭至今，其间经历了登高地点的演变，并非因此而失去自身价值。保护并非一味“复古”而阻止其演变，演变是正常的，这才是使其具有自身的魅力。在处理非物质文化遗产的保护与开发问题上，两者如何有机结合起来，使它们相辅相成，不仅是一个方法论的问题，还是一个认识论的问题。

（四）加强对非物质文化遗产传承人队伍的培养

重视传承人的发掘及其培养，开展对掌握主要表演艺术、传统技艺、知识实践类的代表性传承人的认定工作，保障老一辈传承人的利益及其知识产权。对认证的传承人给予一定的经费资助，以形成良性的激励机制，同时为其提供必要的传习活动场所和条件，以提高他们的传承积极性。同时，重视对从事非物质文化遗产工作的人员和民间文化传承人的教育培训，培训时分清重点与主次，构建一支素质较高的保护和传承队伍，鼓励民间艺人在传承的同时发展创新。

（五）合理开发利用，大力弘扬历史与时代文化

达州具有历史悠久的巴渠文化，也有象征攻坚克难的红色文化，两者实际上有着相似的内在逻辑，古代巴人性格坚韧，与红军所拥有的不畏艰险、勇攀高峰的精神直接相关。政府部门可以利用举办登高节之机，大力弘扬达州的巴渠文化与红色文化。如达州政府利用登高节举办巴渠、红色文化作品展览（如民间艺术作品等）、巴渠与红色文化戏剧表演、达州历史与文化知识竞答，邀请达州著名文化界人士在登高节期间举行达州历史文化论坛（如命名为“凤凰论坛”）等。登高节由来最早是为了纪念著名诗人元稹，他在达州以为官廉洁而深受百姓爱戴，达州市委市政府可以借此来大力弘扬廉政文化建设，表示反腐决心。如利用登高节举办廉政文化展，必将在省内外引起广泛关注。

（六）吸引多方主体参与非物质文化遗产传承保护工作

非物质文化遗产具有多重学术价值，值得认真学习、研究，深入发掘其文化底蕴和艺术价值，只有在正确认识和评价各类民间文学艺术作品的基础上才能弘扬、借鉴和开发利用。各民间学术团体、学术研究机构及四川文理学院等高等院校，要加强对普查整理出的非物质文化遗产资料的研究，确立重点，选题立项，成立相应的项目课题组，由相关学术专家牵头，扎实开展研究工作，以填补民间文学艺术研究领域中的诸多空白。市、县政府及相关部门应当在政策、项目和资金上给予支持。

此外，可通过商贸活动吸引商家参与，扩大影响，让更多的人认知非物质文化遗产，从而自觉参与非物质文化遗产的传承与保护。如每年达州“元九登高节”期间，

组委会可以联合各大商家开展达州特产促销活动，将灯影牛肉、旧院黑鸡蛋、巴山雀舌、东柳醪糟酿、开江豆笋等带有达州特色的商品作为促销的主体，展示其制作技艺。

（七）加强非物质文化遗产旅游资源开发

非物质文化遗产是重要的、不可再生的旅游资源。其内涵挖掘有助于推动旅游深度开发，提高旅游文化品质。以旅游为牵引开发非物质文化遗产，通过旅游和非物质文化遗产的互动，能够促进旅游者对非物质文化保护的热情，同时，非物质文化遗产旅游开发也是对旅游行业的巨大推动，能提供非物质文化遗产传承、保护必要的资金。但要看到，非物质文化遗产作为旅游资源的开发要有所选择，不是所有的非物质文化遗产都适合进行旅游开发。就目前而言，表演艺术类、工艺美术类和民俗类的非物质文化遗产是比较理想的可开发的旅游资源。此外，开发非物质文化遗产旅游产品时要充分考虑民众的解读与呼应以及参与能力，要使其更具有亲和力。另外，要注意开发的品位，防止开发中的低品位和“庸俗化”倾向，避免对民俗资源的消极影响。

四、结　语

达州市非物质文化遗产为农耕时代的产物，体现着悠久的历史文化传承特征，有着与生俱来的农业文明标志，也体现了达州地域历史文化底蕴。但在当代工业社会与互联网时代的大背景下，它会面临着众多的冲击与变迁，从民俗学上观之，亦是一个值得关注的问题。达州非物质文化遗产的传承必须多管齐下，采取系统的方法与手段，实现保护与开发并重，以保护促开发，以开发推进传承、保护的目标。

参考文献

[1] 达州市举办非物质文化名录展[EB/OL]. 四川新闻门户网站，http：//local.newssc.org/system/20140410/001376758.htm.

[2] 马宁. 国家非物质文化遗产“三汇彩亭会”重出江湖[EB/OL]. 中国经济导报，http：//www.ceh.com.cn/shpd/2014/04/359784.shtml.

[3] 谭宏. 我国非物质文化遗产经济价值开发中存在的问题和对策研究[J]. 理论探讨，2008，(02).

基于巴文化视角下的城市广场景观设计

彭洪斌

（四川文理学院建筑工程学院、生态旅游学院 四川达州 635000）

摘 要：巴人文化是巴民族独特的精神标识，是中华传统文化的重要组成部分，是巴人文化广场景观设计的文化母体，为巴人文化广场景观设计提供了主题思想、价值范式、文化标识和设计源泉。应弘扬农耕文化元素，挖掘田园文化元素，彰显山地文化元素，浓缩渔猎文化元素，从而打造具有浓郁巴文化特色的城市广场景观设计。

关键词：民族文化；巴人文化；景观设计；品质提升

文化是民族的血脉，是人民的精神家园。文化自信是更基本、更深层、更持久的力量。[1]巴人文化是巴民族独特的精神标识，积淀着远古巴民族最深沉的精神追求，是中华传统文化的重要组成部分，是巴人文化广场景观设计的文化源泉。近年来，随着中国传统文化的复兴，在远古巴人曾经生活过的地区，人们为了怀念先祖，传承巴人文化传统，在城市广场打造的过程中，巴人文化广场如雨后春笋般地涌现。但由于人们对巴人文化内涵把握不到位、对巴人文化特征认识不清晰、对巴人文化符号表达不丰富、对巴人文化价值认识不深入，导致巴人文化广场景观设计主题不鲜明，文化特色不突出。巴人文化广场景观设计急需巴人文化元素的提升，这就迫切需要深化对巴人文化内涵的深入把握，进一步增强文化自觉与文化自信；迫切需要对巴人文化特征和元素的深入挖掘，进一步激发巴人文化的生机与活力；迫切需要着力构建巴人文化在巴人文化广场景观设计中的主题作用，这对于延续巴人文化文脉，有效提升巴人文化广场景观设计的文化品位，具有重要的现实意义。

一、巴人文化特征

（一）巴人文化是一种山地文化

巴人生活的川东、陕南、鄂西、湘西、重庆地区，山峦起伏交错，绵延逶迤千里，孕育了巴人文化的山地文化特性。从地形来看，境内有秦岭、巫山、大巴山、米仓山、华蓥山、武陵山、齐跃山等山系，其间森林密布、沟壑纵横，属典型的山区地形；从地貌来看，境内有山地、丘陵、河谷平原，以及三峡画廊、巴山画廊、乌江画廊，形成天然美景。巴人耕种在山，居住在山，吃喝在山，烧伐在山，交往在山，造就了巴人文化的山地文化气息。因此，有学者认为巴人文化赖以产生和发展的自然基础属于西南山地地形，其文化类型必然属于山地文化。[2]这是巴人文化的特点之一。在巴人文化不断发展演变的历史长河中，即使自然地理环境起不了最终的决定性作用，然而它却深深地植根于巴民族的心理结构中，是巴人文化共生发展的天然制约因素与依托，同时又是巴人文化不断加工改造的对象。

（二）巴人文化是一种渔猎文化

巴人渔猎，历史久远。早期的巴人以船为家，沿水而居，被喻为船户鱼凫民。巴人所居住的川东、鄂西地区，山峦起伏，沟壑纵横千里，又有清江、巴河、汉江、长江三峡等大江大河。这里不仅有极其丰富的鱼类资源，而且有种类繁多的植物动物，鱼类和动物成为巴人主要的食物来源，打鱼和狩猎就成为巴人获取生活资料最主要的方式之一。据《世本》记载，首领廪君乘土船从夷水北上，盐水女神禀告廪君：此地广大，鱼盐所出，愿留共居。[3]所以，巴就是鱼，鱼就是巴。[4]廪君时代，由于夷水流域出产丰富的鱼和盐，巴人在其首领务相的率领下，乘土船捕鱼，鱼是他们主要的食物来源，过着捕鱼为生的生活，多子多福的鱼便成为巴人崇拜的对象，所以捕鱼是巴人最重要的生活方式之一。同时，巴境内除了异常丰富的鱼类资源外，还有极为丰富的野生动物资源。高山峡谷孕育了数量庞大、种类繁多和生活习性各异的野生动物，各种野生动物资源也成为巴人赖以生存的物质基础。早期巴人遗址中出土的数量较大的兽骨和鱼骨生活用具与生产工具可以为证。因此，巴人文化又是一种充满豪迈气息的渔猎文化。

（三）巴人文化是一种农耕文化

农耕文化是巴人在漫长的农业生产进程中所创造和逐步积累下来并充分体现了巴人生产生活智慧和独特农耕劳作传统的一种文化，也是巴民族在千百年农耕生产过程中形成的一种风俗文化，它包含了耕作技术、生产工具、民俗民风、口头俚语等。巴人虽然主要以渔猎为生，但是随着渔猎资源的逐渐减少和人口的日益增多，巴人逐渐开始了农耕生活，而且成其为渔猎生活的重要补充。居住在山地河谷的巴人，在进行渔猎生产的同时，也开始了水褥火耕的农耕生活。尤其是巴人向西迁徙，同农业生产较为发达的蜀人接触后，不仅从蜀人那里得到了很多生产工具，而且还学到了许多生产技术，从而使农耕生产获得了较大的发展，随着四季的变化而耕种不同的农作物。所以，巴人文化又具有浓厚的农耕文明特征，充分体现了尊重自然、热爱自然、保护自然，以及天人合一、自强不息、和而不同、自我认知、自我反省的精神与价值，随着时间的推移，农耕文化逐渐成为巴人文化的根本。因此，巴人文化是一种充满乡土气息的农耕文化。

（四）巴人文化是一种田园文化

田园文化是巴人文化多元复合体系中极其重要的组成部分。巴境内有许多海拔在500米以下的丘陵河谷地带，在这些丘陵河谷地带，有山地，有河谷，有坝子。在这些坝子、浅丘以及江河峡谷岸边，巴人不再大规模地渔猎，而是通过一代一代的辛勤耕耘劳作，开垦出层层的梯田和旱地，他们栽种水稻、蔬菜、茶叶与水果，在房前屋后山青水秀的空地上养猪养牛养羊养鸡；在河边、池塘或田里养鹅养鱼养鸭，享尽鸟语花香与田园生活的乐趣，形成了独具特色的田园梯田景观。他们也不再以船为家，而是以“干栏”为居，夜不闭户，渔樵耕读，过着日出而作日落而息的定居生活，老人们寄情于茶园桑圃，小伙们徜徉于林间乡野，少女们欢歌于林下果园，孩子们嬉戏于草地河谷，采菊东篱下，悠然见南山，充满着浪漫的田园牧歌式的诗情画意。因此，巴人文化也是一种充满浪漫气息的田园文化。

二、巴人文化在巴人广场景观设计中的价值

在巴人文化广场景观设计中，应大力挖掘、弘扬和传承巴人文化，充分发挥巴人文化的价值。

（一）把握巴人文化内涵，为巴人文化广场提供景观设计主题思想

巴人文化历史悠久，内涵极其丰富神奇。巴人文化中的田园文化、山地文化、农耕文化和渔猎文化元素，是巴人的文化基因，彰显了巴人文化的独特个性，也成为巴人文化不断向前发展的文化底蕴。巴人神话瑰丽飞扬，巴族图语密码难解，巴国铜器古朴精巧，巴人技艺巧夺天工，巴地乐舞惊心动魄。[5]巴人文化中那些保留下来的田园文化、农耕文化、山地文化和渔猎文化元素，既是巴人文化的历史积淀，又是巴人文化广场景观设计的源泉，也是巴人文化广场景观设计必须表达的主题。景观设计师应深入把握巴人文化内涵，用巴人文化的各种文化元素艺术化地表达巴人文化广场景观设计的主题思想，设计田园文化、农耕文化、渔猎文化和山地文化为元素的景观小品，让广场的构筑物、水体、铺装、景观小品成为巴人文化的完美载体，不仅使巴人文化广场的主题更加突出，而且使巴人文化广场在市民心中成为一种文化象征，唤起市民对田园、农耕、渔猎、山地的美好回忆与感情，让巴人文化广场成为年长者看得见山，望得见水，记得住乡愁的田园农耕之地；让孩子们欣赏的不仅仅是现代都市广场的景观设计，而是承接我们华夏民族传统文化的载体，让他们在巴人文化主题广场的游玩中，潜移默化地留下对田园文化、农耕文化、渔猎文化和山地文化的文化认同和文化自信。

（二）弘扬巴人文化精神，为巴人文化广场贡献景观设计价值范式

文化精神赋予了广场景观设计价值范式。巴人文化精神既是田园文化、山地文化、

农耕文化和渔猎文化元素在最高抽象层面的精神集合体，也是巴民族精神气质、独特文化内涵和美学意蕴的符号系统，更是我国传统价值观念与思想道德集合体的组成部分。巴人文化的田园文化元素、山地文化元素、农耕文化元素、渔猎文化元素，是巴人文化广场景观设计的精神内核和价值范式，为巴人文化广场景观设计提供了丰富的营养，而巴人文化广场景观是巴人文化精神的有效注解和载体。所以，当设计师将田园文化、山地文化、农耕文化和渔猎文化元素化作景观设计元素符号注入巴人文化广场景观设计中的时候，既体现了巴人文化精神的存在价值，又是对巴人文化精神的弘扬。注重田园文化、山地文化、农耕文化和渔猎文化元素在广场景观设计中的运用，是打造巴人文化广场、凸显巴人文化精神的重要途径。同时，巴人文化广场景观中由于有了田园文化、山地文化、农耕文化和渔猎文化元素的注入，也增加了巴人文化广场景观的吸引力和内在魅力，可以使市民在休闲娱乐的同时了解巴人文化、品味巴人文化与感受巴人文化的历史，使市民、巴人文化广场景观和巴人文化精神之间形成良好的互动关系。巴人文化精神在巴人文化广场景观设计中不仅规范了价值范式，而且在一定程度上唤起了市民对巴人文化的探寻兴趣，从而激发市民对巴人文化的认同感。

（三）提炼巴人文化符号，为巴人文化广场赋予景观设计文化标识

巴人文化广场应该是巴地城市的名片和文化标志。巴人文化广场与巴人文化是密不可分的，巴人文化又决定着巴人文化广场景观设计的方向。而要提炼巴人文化符号，必须首先确定巴人文化广场景观的构成要素，以便明确巴人文化符号在巴人文化广场景观设计中的定位。只有那些最能体现巴人文化特征、反映当下市民需求的巴人文化元素，才能纳入巴人文化广场景观设计的符号系统。通过前面对巴人文化特征的分析，巴人文化的构成元素大致可以分为四大类：一是田园文化元素，二是山地文化元素，三是农耕文化元素，四是渔猎文化元素。这几类文化元素具有文化标识的作用，这些文化元素就是巴人文化的符号元素。在进行巴人文化广场景观设计时，所谓的提炼巴人文化符号，就是景观设计师将自身对巴人文化元素的强烈体验和感受，内化于广场的景观规划设计之中，将巴人文化内涵化为核心设计理念，通过对巴人文化中的田园文化、山水文化、农耕文化、渔猎文化元素进行提炼并进行艺术化的加工，形成田园文化、山水文化、农耕文化和渔猎文化元素符号系统，以此来设计巴人文化广场的山石、水体、植物、铺装和景观小品，使巴人文化广场最终形成具有浓郁巴人文化标识的城市广场。

（四）延续巴人文化文脉，为巴人文化广场提供景观设计源泉

巴人文化是巴人文化广场景观设计的不竭之源。巴人文化广场景观设计，必须遵循溯源—提炼—升华—延续的规划设计思路，对巴人文化的山水文化、田园文化、农耕文化和渔猎文化元素进行深入分析与解读，在此基础上将其有机地融入水体、植物、铺装、雕塑、小品构筑物、广场设施和特色景观建筑上，使巴人文化广场的巴人文化

主题更加突出统一，从而建造出具有浓郁巴人文化特色的巴人文化广场。挖掘巴人文化元素，保护巴人文化元素，升华巴人文化元素，是延续巴人文脉的有效途径，是政府和景观设计师义不容辞的责任。巴人文化符号元素是塑造巴人文化广场景观的重要手段，是巴民族重要的精神气质，是景观设计师不竭的设计源泉，是巴人文化广场景观设计应有的文化身份，有利于巴人文化广场的景观设计在城市广场景观设计之林中占有一席之地。巴人文化广场的景观设计只有延续了巴人文化脉络，才能为设计师提供源源不断的设计灵感和源泉，也才能使巴人文化广场的景观设计具有别具一格的特色。

三、提升巴人文化广场景观设计品质的路径

在对巴人文化内涵、特征和价值有了初步了解的基础上，巴人文化广场景观设计应该以农耕文化为母体，以田园文化为灵魂，以山地文化为根本，以渔猎文化为源泉，选择适合于当下巴人文化广场的造景元素，以提升巴人文化广场景观设计品质。

农耕文化元素是巴人文化广场景观设计的母体，而农耕文化元素又是巴人文化的基石，因而要紧紧围绕农耕文化元素规划、设计、建造巴人文化广场，使其有别于其他的城市广场。在巴人文化广场的景观设计中，应充分汲取与借鉴农耕文化的劳作理念，保护巴人传统农耕文化特色，发扬与传承农耕文化的传统精神，维系广场景观设计的和谐发展。

田园文化元素是巴人文化广场景观设计的灵魂。田园是理想的和谐社会，是国人的审美母题。田园文化体现为向往自然，感受自然，回归自然的和谐、健康、快乐的精神，田园文化元素在巴人文化广场景观设计上应该充分体现。在巴人文化广场景观设计中，以田园文化为载体，通过设计菜园、稻田、花园、果园等元素，让游客在种菜、摘菜、摘果、赏花的过程中，尽情享受田园采摘中无限的乐趣，接受田园文化熏陶，以达到对田园文化的独特诠释，以此来激发游客采菊东篱下，悠然见南山的乡村情怀，充分体现田园之美。

山地文化元素是巴人文化广场景观设计的根本。山地文化是人们以自然山地为素材而创造的精神成果，是中国传统文化的重要组成部分。雄伟壮丽的大巴山、秦岭、华蓥山、米仓山、光雾山，无不体现了其独特的山地文化特征。这里的一石一山、一花一草，一木一林，均是大自然的馈赠与灵性之物，都可以成为巴人文化广场景观设计中重要的山地文化元素。景观设计师在巴人文化广场景观设计中，应从城市的海拔高度、坡度以及地势、地形、地貌出发，以该城市的自然山地环境为根本，可设计巴人文化主题山景，置石叠山，让山脉与叠水瀑布、驳岸等相映成趣，形成错落有致的山地相依、叠山叠水景观。在巴人文化广场浑然天成的自然山地景观中，其景观设计的品位无形中得到了提升。当然，如果广场只有山而无水，那么就缺乏灵气；如果仅有水而没有山，那么也缺乏大气，如果山地文化元素均缺少，不论广场景观多么好，也很难得到市民的称赞。因此，应山中有水或水中有山，或面水背山或山环水绕，形

成山美、水美、小品美、广场美。

渔猎文化元素是巴人文化广场景观设计的文化源泉。巴人文化广场景观设计中应提炼和应用渔猎文化元素，将其运用到广场景观小品设计中，向人们传达广场的巴人渔猎文化特色。渔猎文化元素是巴人文化广场中独特的景观，它内涵丰富、题材广泛、形式多样，是农耕文化、山水文化、田园文化元素难以替代的。在巴人文化广场景观设计中，应坚持以人为本，突出地域性渔猎文化的原则。

总之，巴人文化广场是城市广场的一种特殊形式。巴人文化广场应当是以巴人文化为主题，以巴人文化中的田园文化、山水文化、农耕文化、渔猎文化元素为载体的有机结合整体，缺少巴人文化的巴人文化广场是没有灵魂和内涵的广场。在巴人文化广场巴人文化缺失的今天，我们应该去深入挖掘巴人文化内涵，重新审视巴人文化价值，打造具有浓郁巴人文化主题的城市广场。因此，巴人文化让巴人文化广场更自信，巴人文化广场因巴人文化更精彩。

参考文献

[1] 中共中央办公厅、国务院办公厅. 关于实施中华优秀传统文化传承发展工程的意见[OR]. http：//www.scio.gov.cn/zxbd/wz/Document/1541575/1541575.htm.
[2] 周兴茂、张晶晶、丁益. 论巴文化在中华文化发展史中的地位与作用[J]. 重庆邮电大学学报：社会科学版，2011（3）.
[3] 朱世学. 巴蜀文化的差异性探析[J]. 重庆三峡学院学报，2011（2）.
[4] 张勋燎. 古代巴人的起源及其与蜀人、僚人的关系[J]. 南方民族考古，1987.
[5] 李明泉. 巴文化的历史意义与当代价值[N]. 四川日报，2017-01-03：（8）.